数 量 经 济 学 系 列 丛 书

可计算一般均衡（CGE）模型

理论与GAMS编程

娄峰　主编

汪昊　刘宇　副主编

清华大学出版社

北 京

图书在版编目（CIP）数据

可计算一般均衡(CGE)模型：理论与 GAMS 编程 /
娄峰主编. -- 北京：清华大学出版社，2024. 7.
（数量经济学系列丛书）. -- ISBN 978-7-302-66711-7

Ⅰ. F224.0

中国国家版本馆 CIP 数据核字第 2024AG9352 号

责任编辑：陆浥晨
封面设计：常雪影
责任校对：宋玉莲
责任印制：刘海龙

出版发行：清华大学出版社
　　　　网　　　址：https://www.tup.com.cn，https://www.wqxuetang.com
　　　　地　　　址：北京清华大学学研大厦 A 座　　　　邮　　编：100084
　　　　社　总　机：010-83470000　　　　　　　　　　邮　　购：010-62786544
　　　　投稿与读者服务：010-62776969，c-service@tup.tsinghua.edu.cn
　　　　质量反馈：010-62772015，zhiliang@tup.tsinghua.edu.cn
印　装　者：三河市人民印务有限公司
经　　销：全国新华书店
开　　本：185mm×260mm　　印　张：15.25　　　　字　　数：340千字
版　　次：2024 年 7 月第 1 版　　　　　　　　　　印　　次：2024 年 7 月第 1 次印刷
定　　价：55.00 元

产品编号：105310-01

前　言

经济是一个十分复杂的系统。从经济系统出发，研究各种经济问题，一直是众多经济学家追求的目标，由此形成了一般均衡理论。亚当·斯密（Adam Smith）、里昂·瓦尔拉斯（Léon Walras）、肯尼斯·阿罗（Kenneth Arrow）、杰拉德·德布鲁（Gerard Debreu）、西蒙·库兹涅茨（Simon Kuznets）、华西里·列昂惕夫（Wassily Leontief）、理查德·斯通（Richard Stone）、里夫·约翰森（Leif Johansen）、彼得·迪克森（Peter Dixon）、钱学森等均为一般均衡理论发展做出了杰出贡献，他们推动一般均衡理论不断发展，并使其得到广泛应用。

可计算一般均衡（computable general equilibrium，CGE）模型，是在一般均衡理论基础上，随着投入产出核算、社会核算矩阵、国民经济核算数据系统的完善，以及大规模非线性优化方程组求解软件的完善而出现的将一般均衡理论转化为可进行定量分析的模型。自1960年约翰森建立世界上第一个CGE模型以来，CGE模型获得了快速发展和广泛应用。

目前，CGE模型已经成为国内外经济政策量化分析的重要工具。世界银行、国际货币基金组织、世界贸易组织、欧盟等重要国际组织，以及各国政府和科研机构均将CGE模型作为一个重要工具使用。在我国，国务院发展研究中心、国家信息中心、中国社会科学院、中国科学院及众多高校均构建了各种中国CGE模型用于政策分析。百度学术搜索"CGE"显示，共有37.9万篇相关文献，其中2020年以来的文献有9755篇；Elsevier电子期刊库显示，共有11 307篇文献与CGE有关，其中2021年的文献有877篇，2022年的文献有319篇；ABI经管期刊数据库显示，共有30 762篇文献与CGE有关……由此可见CGE模型的重要性。

对于CGE模型的学习者来说，一本好的教材必不可少。目前，国内外有关CGE模型的专著和教材逐渐增多，且各有所长。本书作者在广泛吸收已有教材成果的基础上，结合自身多年实践经验，潜心编著了此部CGE教材。本书特点如下。

第一，内容系统、全面、简洁。本书包含17章，其中，第一章为概述。第二章至第十章分别从生产函数、居民效用函数、国际贸易、政府部门、宏观闭合、不完全竞争、动态一般均衡、多国一般均衡、国内多区域一般均衡对CGE模型的各组成模块进行了介绍。第十一章和第十二章介绍了CGE模型所需均衡数据集（SAM表）的构建和模型参数的估计。第十三章至第十七章介绍了GAMS程序的命令、编写方法，并结合应用案例和完整的程序代码，分别介绍了封闭经济的CGE模型、开放经济的CGE模型和省区域经济的宏观CGE模型。各章内容层层展开、由浅入深，从理论到操作再到应用，包含了CGE模型构建中所涉及的各项重要内容。

第二，分模块详细介绍模型原理。CGE模型是以微观和宏观经济学为基础构建的经济系统。其中涉及生产、消费、交易、政府等微观主体。本书对这些微观主体行为的方程描述、最优化求解进行了详细介绍。经济主体在微观层面平衡后构成的经济系统还需要在宏观层面实现均衡。对于根据新古典经济学、凯恩斯主义经济学等不同宏观经济理论所形成的不同的宏观经济运行机制，本书也进行了详细介绍。CGE 模型原理是后续深入理解一般均衡数据集和 GAMS 程序方程的基础。

第三，详细说明 CGE 模型均衡数据集的构建。定量分析需要以数据为基础，本书对 CGE 模型涉及的众多数据问题均进行了详细介绍，包括投入产出表的结构、每个账户的含义、投入产出分析，并在投入产出表基础上重点介绍了 SAM 表的结构、账户含义和数据来源、处理方法，以及 SAM 表的平衡方法，并以 2020 年 SAM 表的构建为例，详细介绍了 SAM 表的构建流程和方法。在 SAM 表基础上，进一步介绍通过计量方法和校准法估计模型参数，给出校准法下各参数的方程，以及参数的敏感性分析方法。

第四，提供完整的程序代码和应用案例。为了使读者真正掌握 CGE 模型的构建和应用，本书详细介绍了 GAMS 程序语言和编程技术，给出 CGE 模型 GAMS 程序结构，对编程中所使用的命令逐条讲解，并举例说明。在此基础上，基于之前所介绍的 CGE 模型各模块方程原理和 SAM 表构建，对封闭经济、开放经济和省区域经济模型给出完整的 CGE 模型方程、完整的 SAM 表、全部参数的估计公式、完整的 GAMS 程序，最后结合实际案例，进一步介绍如何利用 CGE 模型分析和解决实际问题。

本书的出版是多位学者共同努力的结果。本书第一章至第十章由汪昊编写，第十一章和第十二章由段梦编写，第十三章至第十七章由娄峰编写。

在本书的编写过程中，我们参考了国内外大量相关文献，这些文献为我们的研究提供了坚实的基础，在此向相关文献的作者表示衷心的感谢！本书获中国社会科学院学科建设"登峰战略"资助计划数量经济学优势学科（编号：DF2023YS29）资助，是国家社科基金重点项目（23AJY021）、国家自然科学基金面上项目（72273162，72125010，72243011）和中央财经大学青年科研创新团队支持计划的成果之一。由于作者水平有限，难免存在疏漏甚至错误，我们诚恳地希望能够得到各位同行专家和广大读者的批评指正！

目　　录

第一章　CGE 模型概述

第一节　一般均衡理论发展历程

CGE 模型以一般均衡理论为基础,具有坚实的微观经济学和宏观经济学基础和广阔的发展空间。

在现代经济学发展的历史上,众多学者为一般均衡理论的发展做出了杰出贡献,推动一般均衡理论不断发展,并使一般均衡理论在今天获得广泛的应用。这些著名的学者有亚当·斯密、里昂·瓦尔拉斯、肯尼斯·阿罗、杰拉德·德布鲁、西蒙·库兹涅茨、华西里·列昂惕夫、理查德·斯通、里夫·约翰森、彼得·迪克森、钱学森等。

一、亚当·斯密

亚当·斯密,英国经济学家,1776 年出版了经济学名著《国民财富的性质和原因的研究》(即《国富论》),其中包含了对经济系统一般均衡关系的精辟论述。

斯密认为,在自由经济制度下,每一个人都从自己的利益出发从事生产经营活动,在这个过程中,受"看不见的手"的指导去追求自己的利益,往往使他能比在真正出于本意的情况下更有效地促进社会利益。自由制度和经济自由主义是令"看不见的手"充分发挥效力的重要保障。

斯密认为,通过分工提高劳动者技能、促进技术进步,能够提高劳动生产率,实现经济的快速增长和民众的普遍富裕,这是市场经济不同于自给自足的传统自然经济的重要特征。分工伴随着交换。在市场经济条件下,人们必须通过平等自愿互惠的市场交易才能获得各种各样的生活必需品。在斯密看来,只有以利己心和平等的交换行为为基础的表现形式的市场交换才能够保持持久的常态。

斯密指出,市场价格随商品供求关系的变化而变化,工资、利润、地租等价格均受市场供求影响,最终由其供求的均衡状态决定。价格发挥着信号的作用,引导市场主体行为,并通过供求双方的价格竞争,最终形成均衡价格和数量,使市场达到均衡状态。

斯密的一般均衡思想为之后的经济学发展奠定了基础,然而,其关于一般均衡的理论尚停留在语言表述上。

二、里昂·瓦尔拉斯

里昂·瓦尔拉斯,法国经济学家,1874 年出版了《纯粹政治经济学要义》一书。他将数学引入经济学,将亚当·斯密等学者的一般均衡思想用数理方法进行表达和研究,提出了使一切市场(指所有商品的市场)都处于供求相等状态的均衡,即一般均衡,开创了一般均衡理论，成为西方数理经济学和一般均衡理论的创建者和主要代表。

瓦尔拉斯将经济学区分为纯粹经济学、应用经济学和经济伦理学。纯粹经济学，本质上是在完全自由竞争制度假设下确定价格的理论。由于有用性和稀缺性，使得一切物质和非物质的事物能够被设定一个价格。事物总和构成了社会财富。纯粹经济学就是社会财富论，它的研究对象是商品交换和交换价值，核心内容是价格分析。应用经济学研究生产技术和生产管理两方面。经济伦理学，即社会财富的分配理论，核心是研究公平。

一般均衡理论是瓦尔拉斯对西方经济学的独特贡献，这一理论的提出使他成为西方经济学史上不朽的人物。熊彼特对其评价："经济均衡理论是瓦尔拉斯的不朽贡献。这个伟大理论以水晶般明澈的思路和一种基本原理的光明照耀着纯粹经济关系的结构。在洛桑大学为他竖立的纪念碑上只刻着四个字：经济均衡。"[①]

瓦尔拉斯的一般均衡理论的核心是在存在无穷多商品种类的市场条件下，确定各种商品均衡价格形成的条件。

瓦尔拉斯运用供求分析法和线性代数分析法作为一般均衡理论分析的基本工具。他提出有效供给和有效需求两个概念，有效供给是指数量确定和价格确定的商品供给，有效需求是指数量确定和价格确定的商品需求。他认为，市场中商品均衡价格形成的条件有二：一是每一种产品、每一种服务、每一种资本品的有效供给和有效需求相等；二是居民（包括地主、工人和资本家）实现收支平衡和消费效用最大化，企业家的产品价格和产品成本相等并实现利润最大化。

瓦尔拉斯认为，经济学与物理学、天文学等精密自然科学一样，天然地具有数学的特征。经济学理论可以用通常的语言加以叙述，但其证明必须采用数学方法。他认为，数学方法不是实验方法，而是推理方法。纯粹经济学理论应从经验中提炼某些类型概念，如交换、供给、需求、市场、资本、收入等。数学语言可以做出简洁、精确且清楚得多的表达。然后从这些现实类型的概念中凝练出理想类型的概念，为之下定义，并进行推论。科学推论完成后，再回到现实，进行实际应用。纯粹经济学理论能够解决应用经济学中的一些极其重要的问题。

20 世纪 30 年代以后，大多数西方经济学家都接受了瓦尔拉斯的一般均衡理论，并且在理论和实用两方面加以发展。第二次世界大战后，西方一般均衡理论的发展尤为迅速。在理论方面，西方经济学不仅从微观经济学，而且从宏观经济学的角度对一般经济均衡理论进行了探讨，研究了一般均衡理论的动态化问题、一般均衡体系的稳定性问题、一般均衡体系的存在性问题。在实用方面，西方经济学运用一般均衡理论，创立了最优分析法、博弈分析法、线性规划分析法、投入产出分析法、资源最优配置理论等多种具有高度实用价值的分析手段和经济理论。

瓦尔拉斯提出，有必要把社会科学托付给既精于推理，又熟悉经验的人们，那时，数理经济学就可以同数理的天文学和力学并列，我们的工作就会得到公平的评价。

三、肯尼斯·阿罗与杰拉德·德布鲁

里昂·瓦尔拉斯将亚当·斯密"看不见的手"的思想表达为一组看得见的方程，这组

---

①　熊彼特.从马克思到凯恩斯的十大经济学家.北京：商务印书馆，1965：79.

方程的解就是均衡状态。通过求解方程就可以分析经济系统。为此,需在数学上回答解存在性及唯一性问题。为了回答这个问题,瓦尔拉斯简单地认为,只要方程个数与未知数相等,即可保证均衡解存在。但后人发现,他给出的证明并不严谨。

1954 年,美国经济学家肯尼斯·阿罗与杰拉德·德布鲁在一篇著名论文"Existence of Equilibrium for a Competitive Economy"中给出了一般均衡存在性的数学证明。他们运用集合论、拓扑学等更加抽象的数学工具精炼过的思想,并用角谷不动点定理证明了在有限经济中存在符合帕累托最优的均衡价格。这是 20 世纪 50 年代理论经济学里程碑式的成果,对经济研究具有划时代的意义。

阿罗和德布鲁因为在证明一般均衡方面的贡献分别于 1972 年和 1983 年获得诺贝尔经济学奖。

四、西蒙·库兹涅茨

西蒙·库兹涅茨,俄裔美国经济学家。1941 年,他发表了重要著作《国民收入及其构成》,详细阐述了国民收入及其构成的含义及运用现有资料估算国民收入的过程,为西方现代国民收入核算体系奠定了基础,被称为"GNP之父",并建立了现代国民收入核算的基本结构,为西方现代宏观经济学奠定了基础。1971 年,库兹涅茨获得诺贝尔经济学奖。

国民收入核算解决了对一般均衡系统中各经济变量及其关系的测量和核算问题,从而为瓦尔拉斯的一般均衡理论提供了与之相匹配的数据基础,解决了理论模型走向定量分析所需的数据问题。

五、华西里·列昂惕夫

华西里·列昂惕夫,俄裔美国经济学家,投入产出分析方法的创始人。1973 年,获得诺贝尔经济学奖。

列昂惕夫在青年时期的研究工作就开始涉及投入产出分析法的内容。1925 年,他在柏林大学读书时,发表了《俄国经济平衡:一个方法论的研究》的短文,第一次阐述了他的投入产出思想。1930 年,他移居美国后,正式从事投入产出分析方法的研究。1936 年,他发表了《美国经济体系中投入产出的数量关系》一文,文中阐述了有关第一张美国 1919 年投入产出表的编制工作、投入产出理论和相应的模型,以及资料来源和计算方法。1941 年,列昂惕夫出版了投入产出分析的第一本专著《美国经济的结构:1919—1929》。

第二次世界大战期间,由于战争的需要,各国政府加强了对经济的干预和控制,需要一个相当科学和精确的计算工具。投入产出分析法逐渐引起美国政府和经济学界的重视。美国劳工部为了研究美国战后的生产和就业问题,聘任列昂惕夫指导编制 1939 年的美国投入产出表。历时 5 年,于 1944 年完成后,美国劳工部立即用该表来预测美国 1945 年 12 月的就业情况,并对 1950 年美国充分就业情况下各经济部门的产出做了预测。后来美国的经济发展情况证实了预测的准确性。于是在 1949 年,美国空军和美国劳工部协作组织了一个有 70 多人参加的编制组,花费了 150 万美元经费,到 1952 年秋,编制出了 1947 年的包含 200 个部门的美国投入产出表。此后,美国政府定期编制全国投入产出表,作为国民经济核算和决定经济政策的依据。

列昂惕夫因发展了投入产出分析方法及这种方法在经济领域产生的重大作用而备受西方经济学家所推崇。列昂惕夫的投入产出分析法已被世界广泛采用。联合国已将投入产出分析方法作为国民经济核算体系的一个组成部分。

投入产出分析法的特点和优点是能够用来研究实际经济问题。它是从数量上系统地研究一个复杂经济实体的各不同部门之间相互关系的方法。这个经济实体可以大到一个国家,甚至整个世界,小到一个省、市或企业部门。

进行经济预测是投入产出分析法最广泛的应用。研究某项经济政策的实施将对社会经济产生什么影响也是投入产出分析法的重要应用。投入产出分析法还可用于一些专门的社会问题研究,如环境污染问题、人口问题、世界经济结构问题等。

投入产出表和投入产出分析方法,进一步丰富了国民经济核算体系,是对一般均衡理论更加深入的数量描述。

六、理查德·斯通

理查德·斯通,英国著名经济学家,"国民经济统计之父",在国民账户体系的发展中做出了奠基性贡献,极大地改进了经济实证分析的基础,是 1984 年的诺贝尔经济学奖获得者。

1939 年 9 月,斯通在刚刚建立的英国经济作战部工作,负责航运和石油统计。1940年担任战时内阁中央统计局高级统计师及约翰·凯恩斯(John Keynes)的助手。在凯恩斯领导下,他开始了建立国民经济核算体系的工作,研究有关英国的国民收入和支出,以及如何筹措战费的问题。

后来,他与凯恩斯合写了《英国的国民收入和支出及如何支付战争费用》。在此期间,他又与詹姆斯·米德(James Meade)一起研究如何使理论上的国民收入和支出的平衡与实践相一致的问题,并于 1941 年编制出英国国民收入和支出核算的估计数据。

1944 年,斯通和米德合写了《国民收入和支出》一书。这本书一问世就成了国民收入核算的标准教科书,为斯通以后的研究奠定了基础。

二战结束后,剑桥大学成立了应用经济学系,斯通被任命为系主任。在以后数年间,他始终思考着如何采用社会账户体系来测量经济流量的问题。1947 年,他完成了一份联合国在日内瓦公布的《国民收入的测量和社会账户的编制》。

1955—1980 年,斯通担任剑桥大学财务与会计教授。他一方面从事英国计量经济模型的建立工作;另一方面以各国国民经济核算的实践为基础,进一步修订了联合国国民经济核算体系及辅助表(System of national accounts,SNA),成功地推出了联合国国民经济核算体系(1968 年)(通常简称为新 SNA)。

斯通的工作进一步丰富和完善了国民经济核算体系,也为一般均衡理论提供了更加详细的数据。

七、里夫·约翰森

里夫·约翰森,挪威经济学家,1960 年发表论文《经济增长的多部门研究》,解决了一般均衡模型的可计算问题,建立了世界上第一个可计算一般均衡模型(CGE 模型)。

约翰森采用国际贸易理论、经济增长理论及公共财政中普遍使用的一类特殊的一般均衡模型——两部门增长模型,来分析政策变化的影响,并给出了计算一般均衡模型的求解方法。他假定均衡时对非线性的一般均衡方程组进行对数微分使之成为线性方程组,从而解决了一般均衡模型的可计算问题。之后,经济学家继续对一般均衡模型解的存在性、唯一性、最优性和稳定性展开研究,使 CGE 求解方法日益成熟和完善。其中,Scarf(1967,1973)、Shoven 和 Whalley(1972、1973、1974)等均做出了重要贡献。至此,可计算一般均衡成为基于一般均衡理论用于实证分析实际经济系统的有力工具,使得 CGE 模型的应用变为现实。

随着计算机和计算软件的发展,为 CGE 模型的应用进一步降低了门槛。目前,国际上广泛使用的用于运行 CGE 模型的软件主要有两个:一是 GAMS 软件,由美国开发;另一个是 GEMPACK 软件,由澳大利亚开发。

八、彼得·迪克森

彼得·迪克森,澳大利亚经济学家,曾任职于澳大利亚蒙纳士(Monash)大学。迪克森毕业于哈佛大学,师从列昂惕夫。从 1975 年开始,长期致力于 CGE 模型的研究,他和他的同事共同开发的 ORANI 模型以及 MONASH 动态模型,在澳大利亚政府部门经济政策分析和制定中得到广泛应用,同时也成为世界其他国家 CGE 模型研发的参照模本。

1977 年,在他领导下开发了 ORANI 模型。ORANI 模型是 1960 年约翰森使用的算法更复杂的版本。约翰森通过对模型所有的方程线性化,使得模型变成一个线性化的系统(变量都变成百分比的形式)。尽管在 20 世纪 60 年代这种方法已经能处理大系统的模型,但因为存在线性误差,遭到很多经济学家的质疑。ORANI 沿用了这种方法并进行了扩展,即采用多步骤 Johansen 算法,这样可以消除误差。这种简单并可以消除误差的方法可以帮助我们求解数以万计复杂的方程系统。

在 ORANI 模型的基础上,在美国普渡大学教授托马斯·赫特尔(Thomas Hertel)领导下,开发了全球贸易分析(Global Trade Analysis Project,GTAP)模型。GTAP 模型是根据新古典经济理论设计的多国多部门应用一般均衡模型,已被广泛应用于国际贸易、能源环境、全球价值链等领域。

GTAP 模型,先建立了可详细描述对每个国家(或地区)生产、消费、政府支出等行为的子模型,然后通过国际商品贸易关系,将各子模型连接成一个多国多部门的一般均衡模型。在此模型架构中进行政策仿真时,可以同时探讨该政策对各国各部门生产、进出口、商品价格、要素供需、要素报酬、国内生产总值及社会福利水平等因素的影响。

九、钱学森[①]

值得一提的是,中国科学院、中国工程院资深院士钱学森,将其创立的系统科学理论应用于经济系统分析,对一般均衡模型的构建和应用同样做出了重要贡献。

---

① 上海交通大学钱学森研究中心.智慧的钥匙——钱学森论系统科学(第二版).上海:上海交通大学出版社,2021 年版。

钱学森院士是"中国航天之父"，是世界一流的工程大师。他于 1954 年出版的英文版《工程控制论》奠定了系统科学的基础。钱学森不仅将系统科学运用到航天系统中，还将其推广运用到经济系统中。钱学森对系统科学最重要的贡献是他发展了系统学和开放的复杂巨系统的方法论：处理复杂行为系统的定量方法学是半经验半理论的，提出经验性假设(猜想和判断)是建立复杂行为系统数学模型的出发点。

系统科学是从事物的部分与整体、局部与全局及层次关系的角度来研究客观世界的。系统是由一些相互关联、相互影响、相互作用的组成部分所构成的具有某种功能的整体。以人为基本构成的社会系统，是最复杂的系统，又称为特殊复杂巨系统。系统一个很重要的特点是，系统在整体上具有其组成部分所没有的性质。系统科学中有一条很重要的原理，就是系统结构和系统环境，以及它们之间的关联关系决定了系统的整体性和功能。

20 世纪 80 年代末至 90 年代初，钱学森又提出"从定性到定量综合集成方法"，将系统论方法具体化，形成了一套可以操作的、行之有效的方法体系和实践方式。综合集成方法的实质是把专家体系、信息与知识体系以及计算机体系有机结合起来，构成一个高度智能化的人—机结合体系，这个体系具有综合优势、整体优势和智能优势。它能把人的思维、思维的成果、人的经验、知识、智慧，以及各种情报、资料和信息统统集成起来，从多方面的定性认识上升到定量认识。

综合集成方法是以思维科学为基础的。人脑和计算机都能有效处理信息，但两者有极大差别。人脑可以进行逻辑思维，它是定量、微观处理信息的方法，也可以进行形象思维，这是定性、宏观处理信息的方法。人的创造性思维是逻辑思维和形象思维的结合，也就是定性与定量相结合、宏观与微观相结合，这是人脑创造性的源泉。计算机在逻辑思维方面可以比人脑做得好，对信息进行精确处理。但计算机无法进行形象思维，创造性思维只能依靠人脑。人—机结合以人为主的思维方式和研究方式具有更强的创造性和认识客观事物的能力。

信息、知识、智慧是三个不同层次的问题。信息的综合集成可以获得知识，信息、知识的综合集成可以获得智慧。人类自古以来是通过人脑获得知识和智慧的。现在由于计算机为主的现代信息技术的发展，我们可以通过人—机结合，以人为主的方法获得知识和智慧，在人类发展史上，这具有重大进步意义。综合集成方法就是这种人—机结合获得知识和智慧的方法。

现代化建设的复杂性，迫切需要用最短的时间，最少的人力、物力和投资，最有效地利用最新科学技术成就，来完成大型的科研、建设任务。完成这样的任务，不能"拍脑袋"，一定要科学地、定量地来处理。而且这样的任务，必然有非常大而又很复杂的计算工作量。计算机的出现，使其成为可能。

社会工程的主体部分是把综合计算模型和改进措施结合起来，在电子计算机上算出社会经济和政策模拟。只要综合计算模型和改进措施的数据是基本准确的，那么模拟试验的结果也是可信的。还可以变换准备采用的改进措施，提出多种规划方案，以便从中选出一个或几个使国民经济持久地、稳定地高速发展的最优方案。由于统计数据会有误差，计算模型也可能不太准确，计算的各种数据也不可能是百分之百的准确；同时事物在不断发展变化，政治、经济的各种因素在不断变化，也经常出现新的科学成果；所以在规划执行中，还必须通过计算机进行调整，以求得新的平衡。按照这种程序制定的最优方案，可以更好地把国家、集体、个人的利益结合起来,把长远利益和眼前利益结合起来,也可以避免没有科学根据,用"拍脑袋"定指标的办法制订经济计划所带来的危害。

通过对一般均衡理论做出重要贡献学者及其理论的了解,让我们看到,一般均衡理论具有坚实的微观经济学、宏观经济学、国民经济核算、数学和计算机基础,是对上述知识和技术的综合运用,具有重要的实用价值。

第二节　CGE模型的结构

本节首先给出一个最简单的国民经济循环系统,从而直观地讲解一般均衡系统。之后,探讨CGE模型如何来刻画这一经济系统,从整体上给出CGE模型的结构,其中包括模型主体、各主体行为、不同主体间相互关系等。

一、国民经济循环系统

国民经济是一个一般均衡的整体,图1-1为一个简化的国民经济循环系统,其中包含居民、企业、政府和外国四个经济主体,还包含产品和服务市场、要素市场和金融市场三个市场。不同主体在各市场中进行交易,各主体收支平衡,各市场供求平衡,使整个经济系统实现均衡。

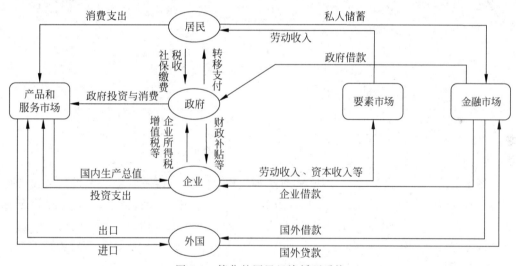

图1-1　简化的国民经济循环系统

资料来源:保罗·克鲁格曼,罗宾·韦尔斯.宏观经济学(第二版)[M].北京:中国人民大学出版社,2016。

二、CGE模型基本结构

本节以国际食品政策研究所(International Food Policy Research Institute,IFPRI)开发的标准CGE模型为例进行介绍[①]。该模型由洛夫格伦(Lofgren)、哈里斯(Harris)和

---

① Lofgren H,Harris R L,Robinson S. A standard computable general equilibrium(cge)model in gams. TMD discussion papers,2001.

罗宾逊(Robinson)三位学者开发,通常被称为 LHR 模型。LHR 模型是一个单国静态 CGE 模型,是一个标准的 CGE 模型。它提供了一个进行一般均衡分析的灵活框架,可在其基础上进行改进扩展。LHR 模型给出了详细的模型方程,详细描述了该模型所要求的标准的社会核算矩阵格式和弹性值数据集,还提供了完整的 GAMS 源程序和说明。

LHR 模型具有如下特点:第一,包含生产者、居民、政府及世界其他地区等经济主体;第二,生产者行为遵循利润最大化原则、消费者行为遵循效用最大化原则;第三,模型包含经济主体决策所依据的价格信号,如商品价格、工资、资本收益率、汇率等;第四,给出了经济系统的均衡条件,即系统必须满足的约束。

(一) 生产活动

在生产过程中,生产部门不是价格的决策者,而是价格的接受者,因此企业必须在一定的技术条件下,按照利润最大化或成本最小化原则进行生产决策。

在规模报酬不变假设下,各部门的生产由多层生产函数嵌套形成。如图 1-2 所示,第一层是各种增加值和复合商品中间投入的 CES 函数;第二层是劳动、资本、土地等生产要素间的 CES 函数,和中间投入品的 Leontief 函数。

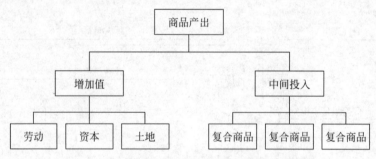

图 1-2　CGE 模型生产结构

图 1-2 是一个普遍采用的 CGE 模型基本生产结构图。每一层生产关系均通过相应的方程式表达。不同方程间的关系也在方程中体现。其中,劳动、资本、土地等生产要素还可以进一步细分。例如,劳动划分为熟练劳动力和非熟练劳动力,资本划分为房地产、机器设备等。复合商品也可以进一步划分,如将能源投入进一步划分为不同类型的能源等。划分后,通过特定的函数形式形成嵌套结构。

(二) 商品交易

在均衡条件下,商品供需相等,即商品市场出清。国内总产出用于国内销售和出口。假设国内销售和出口间具有替代关系,根据国内价格和出口价格进行配置,用 CET 函数描述。在小国假设下,国际市场价格为世界平均价格。

对于进口供给,采用阿明顿(Armington)假设,即进口品和国产品具有不完全替代性,并用 CES 函数合成复合商品。复合商品在各种国内需求(居民需求、政府需求、投资需求和中间投入需求)之间进行分配。进口品价格外生,等于世界平均价格。

LHR 模型中,商品流通关系如图 1-3 所示。

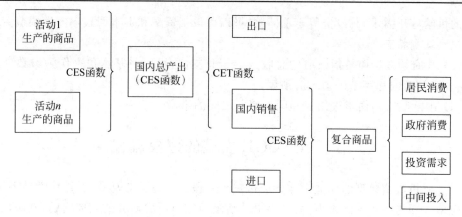

图 1-3　LHR 模型中商品流通关系图

（三）需求函数

模型中的经济主体包括居民、企业、政府和国外。对于城乡居民，假设其是价格接受者，并且在各自的预算约束内最大化其效用。居民的效用函数采用 Stone-Geary 效用函数描述，允许商品之间的不完全替代，使得居民最终需求是复合商品的线性支出系统（樊明太等，1998）。居民消费结构可采用两层嵌套的 Stone-Geary/CES 函数描述。如图 1-4 所示，在第一层，居民效用是各种复合商品的 Stone-Geary 函数；在第二层，每种复合商品是国内品和进口品的 CES 函数。

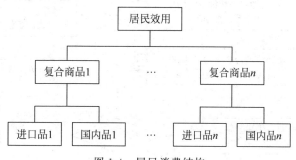

图 1-4　居民消费结构

对于政府，通常不假设政府最小化其成本、总支出固定或总消费是一定比例。政府消费可以作为内生变量处理，也可以作为外生变量处理。大多数 CGE 模型都把政府购买作为外生变量。在 LHR 模型中，政府有四种活动：收税、消费、储蓄和转移支付。政府在生产、消费、分配等领域征税，再把税收用于消费和对其他经济主体的转移支付，剩余资金用于储蓄，不足资金形成债务。

（四）宏观均衡

CGE 模型的均衡条件主要包括商品市场均衡、要素市场均衡、政府预算均衡和国际收支均衡等。

（1）商品市场均衡是各个部门不同种商品的总供给等于总需求。

（2）要素市场均衡一般包括劳动力市场均衡和资本市场均衡，其含义指不同类型劳动力的供给等于需求,总投资等于总储蓄,可以假设工资率和资本回报率内生调节劳动和资本达到均衡状态。

（3）政府预算均衡是指政府的总收入等于总支出,可以将基本税率作为参数外生给出,用政府储蓄或赤字来平衡政府预算。

（4）国际收支均衡指进出口和国外储蓄之间的平衡。

第三节　CGE 模型的建模流程

经济分析数值模型的建立大体要经过三个阶段：一是语义模型,二是数学模型,三是数值模型。即先在相关假设下,用文字描述清晰界定出所要研究的具体问题,然后把它用简洁的数学语言模型化,最后再用符号语言转换成计算机可以识别的程序进行数值模拟。

图 1-5 概括了构建 CGE 模型的五个基本步骤。

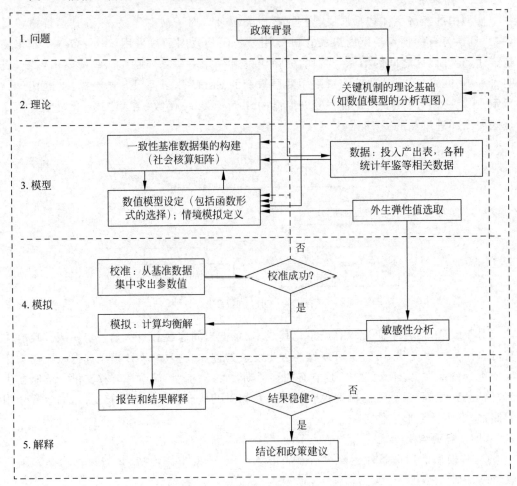

图 1-5　构建 CGE 模型的五个步骤

资料来源：Bohringer and Rutherford,et al.(2003),作者略作改动。

（1）对详细的政策背景及研究该问题所需要的可能数据进行分析。

（2）正确描述研究对象所需要的经济理论，即模型的驱动机理。

（3）进行数据工作，包括一致性数据集的建立，通常是基于投入产出表和国民账户的社会核算矩阵（Social accounting matrix，SAM），以及外生弹性值和各种函数形式的选取，模型的设定等，这些构成了运用数值模型进行政策分析的基本框架。

（4）各类参数的确定、政策模拟和敏感性分析（以检验模拟结果的稳定性）。

（5）对模型结果进行解释。

第四节　CGE 模型的应用领域

CGE 模型根据其特点可以分为静态、动态（递归动态、预期动态、世代交叠模型（overlapping generations model））、单国、单区域、一国多区域、多国等不同模型。这些模型具有十分广泛的应用领域，如国际贸易、财政税收、能源、环境、科技、教育、医疗、区域经济、经济增长、收入分配、金融、战争等。下面我们将选取一些论文，简要介绍一下不同类型 CGE 模型在各领域的广泛应用。

一、国际贸易

2018 年，美国宣布对中国进口加征关税，作为反制，中国提高对美进口关税，至此，中美贸易战拉开帷幕。Tsutsumi（2018）利用全球贸易分析项目—可计算一般均衡（global trade analysis project，GTAP）模型对中美贸易战的影响进行定量研究。本文通过关税的加征、资本积累、贸易引发的技术变革三条路径分析中美加征关税对经济的影响。研究得出以下结论。第一，商品加征关税使美国 GDP 下降 0.1％，等价变化（equivalent variation，EV）减少了 98 亿美元。虽然部分国家从贸易转移中获益，但全球范围内的损失超过收益。第二，考虑贸易带来的资本深化和技术溢出后，损失更加严重。美国的 GDP 下降了 1.6％，等价变化减少 1995 亿美元。贸易转移不足以弥补其造成的损失。第三，加征关税扭曲了相对价格，引发了全球生产结构的变化。美国失去了在运输、电子和机械设备生产方面的比较优势，而其他国家则扩大了这些领域的生产。

Nguyen 等（2020）利用动态 CGE 模型考察了贸易自由化对越南不同家庭群体收入分配的影响。其建立了一个多部门、多家庭的动态 CGE 模型和相应的社会核算矩阵。模拟结果表明，从长期来看，所有家庭群体都能享受到福利的改善，各阶层的消费预算增加幅度足以抵消消费价格变化带来的负面影响。虽然贸易自由化与经济增长和国家福利呈正相关，但它也增加了贫富家庭之间、农村和城市地区之间、农村人和城市人之间的收入差距。

二、财税金融

Yan 等（2023）研究了美国政府通过碳税来降低能源消费，实现其 2025 年、2030 年和

2050 年的减排计划。该减排计划征收一个长期的碳税，平衡劳动、资本、能源和碳的税收负担，同时税率的设置还平衡政府、企业和家庭的利益。其研究建议，如果拟将二氧化碳减排目标从 2020 年降低 17% 提高到 2050 年降低 83%，则碳价格需从 2020 年的每千克 0.4391 美元上升至 2050 年的每千克 2.5671 美元。

Gonzalez 和 Ho(2019)以西班牙为研究对象，建立了一个动态递归 CGE 模型并以此来评估碳税对经济和环境的影响，检验双重红利假设。研究表明，碳税的实施是减少二氧化碳排放以缓解全球变暖风险的最佳工具。如果政府在增加碳税的同时，减少资本税、劳动税和增值税，碳税税率为 10 欧元/吨或更低情况下，每年可减少约 10% 的二氧化碳排放量。同时，不管碳税的水平、碳税收入的再使用模式及外生变量的演变情况如何变化，当用碳税取得的税收收入削减其他税种的税收收入时，经济成本降低了。碳密集型行业受影响最大，而劳动密集型或资本密集型行业则受益于减税。动态递归 CGE 模型捕捉了资本和其他投入对碳密集型能源投入的替代。

2021 年 11 月，美国拜登政府签署的《基础设施投资和就业法案》计划从 2022—2026 年投资 5500 亿美元用于新基建投资(主要用于交通、信息和公共服务)。Cuesta 和 Latorre(2023)构建了包含美国 11 个区域 26 个部门的大型区域 CGE 模型(TERM-USA 模型)，研究了此项公共基础设施建设对美国的影响。研究显示，短期的建设阶段，促进美国 GDP 和就业分别增长 0.24% 和 0.44%，投资形成后增加资本存量和促进经济效率，从长期来看，GDP 和工资增长分别为 1.39% 和 3.94%。该研究还模拟了资金的不同分配方案，如在地区和基础设施项目间的不同分配方案的经济效应。

20 世纪 80 年代，土耳其市场化改革，银行系统市场化，货币政策的一个重要变化是：赤字融资(deficit financing)逐步由货币融资(money financing)转向债券融资(bond financing)。Talat(2011)构建了土耳其金融 CGE 模型，用来分析在财政赤字融资中，降低货币融资，提高债券融资对收入分配、经济增长和其他经济变量的影响。其研究显示货币政策改革对经济产生如下影响：增加债券融资，使商业银行受益，企业和家庭受损；通胀率下降；实际利率上升；实际 GDP 在短期下降，长期增加；短期就业下降，长期就业上升。

Dixon 等(2021)在 GTAP 模型中增加金融模块，构建了一个包含 18 个区域的资产—债务矩阵。在每个区域的金融主体根据预期回报率在国内资本和其他区域金融资产间进行配置。并用该模型模拟分析了中美金融脱钩对两国资本存量、GDP、财富和实际工资率的影响。

Fouladi(2010)以伊朗为例，运用 CGE 模型，模拟研究了政府投资对经济影响的两种不同效应：挤出效应和促进效应。Chitiga(2000)利用津巴布韦 CGE 模型，研究了贸易自由化对低收入者带来冲击，并比较了四种模拟政策(增加直接税、增加间接税、降低其他财政支出、增加财政赤字)对低收入者转移支付对经济和收入分配的影响。

三、能源环境

印度承诺到 2030 年实现可再生能源占发电装机容量的 40% 左右。Pradhan 等(2022)构建了一个能源部门细分的单国递推动态 CGE 模型。该模型中有 34 个部门、两种生产要素(资本和劳动)、九种类型的家庭、两种类型的企业(私营和公共)、政府和国外部门。研究表明,新兴可再生能源技术的内生技术变革有助于实现 40% 可再生能源发电量目标,以及经济增长和更公平的收入分配。新兴能源技术的研发对于印度实现 40% 的可再生能源发电目标至关重要,必须积极鼓励任何经济活动领域的最新技术进步。煤炭税的收入可以成为促进新能源技术研发的有用手段。

Kim 和 Moon(2019)研究了一国经济增长对中日韩三国贸易和 PM2.5 排放的空间影响。他们构建了一个包含空气污染和过早死亡的多区域 CGE 模型,将生产者在生产中排放和消费者在消费中的排放均包括在研究范围内。研究各国经济增长对贸易、PM2.5 排放和过早死亡率的影响。

四、区域经济

Mostert 和 Heerden(2015)构建了一个南非多区域 CGE 模型,模型包含 9 个区域、27 个产业、11 类劳动者、12 类居民。模型采用新古典假设与闭合,从短期的建设期和长期的运营期两方面,研究了 Limpopo 省铁路建设对当地及其他区域经济影响。

Zhang 等(2021)构建了中国多区域 CGE 模型,分析了人口老龄化对收入不平等的影响。CGE 模型由 20 个行业和商品组成,包括 873 个方程和内部变量。微观模型中的调查数据涵盖 39 520 个家庭,包括 829 920 个方程和相关内部变量。研究基于相应的省市将我国经济划分为西部、中部和东部地区,创建了一个中国经济的区域关联 CGE 模型。研究表明,人口老龄化增加了工人的收入,提高了劳动力的要素价格。然而,工人收入在不同地区和行业之间非常不平衡。人口老龄化在短期和长期均加剧了收入不平等。人口老龄化促使许多老年工人从东部地区迁移到西部和中部地区,使东部和中西部地区之间的收入差异恶化。同时,年轻的工人从中部和西部地区大量迁移到东部地区,取代了以前的劳动力市场。

大多数动态 CGE 模型都是以 1 年为 1 期。为了分析 1 年内更短期的冲击效应,Dixon 和 Rimmer(2021)改进了美国 USAGE 模型,对农业以季度为周期进行设置。USAGE 模型由美国政策研究中心开发,并历经 18 年的不断完善,广泛用于不同经济问题研究。模型改进后,可以更好地反映农业在一年内不同季节的经济特征,来分析新冠疫情对美国农业的影响。他们特别研究了两种供应链问题对美国农业的影响:一是因疫情影响,在水果和坚果收获时劳动力短缺;二是受疫情影响,生猪加工和供给受到影响。

此外,CGE 模型在研究经济增长、收入分配、教育、医疗卫生、战争影响等领域也有大量应用。

练 习 题

1. 简述一般均衡理论的发展历程。
2. 构建 CGE 模型大体需要哪五个步骤？
3. 对你关心的一个问题，查找并概述基于 CGE 模型研究的文献。

第二章 生产函数

在经济系统中，企业是进行生产活动的主体。企业的生产活动由生产函数进行刻画。生产函数描述了企业的生产技术和要素组合方式，以及由投入转化为产出的过程。本章将介绍 CGE 模型中常用的生产函数。

在 CGE 模型中，常用的生产函数主要有列昂惕夫（Leontief）生产函数、C-D 生产函数、CES 生产函数。本章将重点介绍：生产函数的原理、推导与各种变形，要素需求函数表达式、最优价格表达式、利润最大化表达式、替代弹性表达式等各公式含义，公式中各参数（份额参数、替代弹性参数、规模参数等），含义生产函数嵌套原理与方法，间接税作用机理等。

第一节 生产函数的一般形式

两要素投入的生产函数一般形式如下：假定企业使用劳动 L 和资本 K 两种生产要素，两种要素的市场价格分别为 w 和 r。生产的技术约束用生产函数 $q = f(K, L)$ 表示，其含义为投入和产出之间的关系。该函数满足连续和规模报酬不变特征。生产的最优化问题为，在产出一定的情况下，实现成本最小化，即

$$\min c = rK + wL \tag{2-1}$$
$$\text{s. t. } v = f(K, L) \tag{2-2}$$

该问题图形表示如图 2-1 所示。

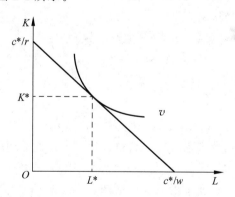

图 2-1 产出约束下成本最小化问题图形

通过构建拉格朗日函数来求解这一约束条件下的最优化问题，公式为

$$\mathcal{L} = rK + wL + \lambda[v - f(K, L)] \tag{2-3}$$

将拉格朗日函数分别对要素投入和拉格朗日乘子求偏导，得到成本最小化的一阶条

件为

$$\partial \mathcal{L}/\partial K = r - \lambda\, \partial f/\partial K = 0 \tag{2-4}$$

$$\partial \mathcal{L}/\partial L = w - \lambda\, \partial f/\partial L = 0 \tag{2-5}$$

$$\partial \mathcal{L}/\partial \lambda = v - f(K, L) = 0 \tag{2-6}$$

式中：K、L、λ 为待求解的变量；r、w、v 为已知变量。由式(2-4)和式(2-5)式可得

$$\frac{\partial f/\partial K}{\partial f/\partial L} = \frac{r}{w} \tag{2-7}$$

式(2-6)～式(2-7)中仅有 K、L 两个未知数，联立后可求出成本最小化时的资本和劳动投入量，即图 2-1 中 K^* 和 L^*，这就是资本和劳动的需求函数。再将其代入目标函数式(2-1)，即得到成本函数。该成本函数为在给定产出和要素价格下的最低生产成本。

式(2-3)中的 λ 表示在产出增加 1 单位时，成本的变化量，即边际成本。式(2-7)表示等产量线的斜率，又称技术替代率。在生产要素价格不变情况下，生产者的等产量线与等成本线的切点所形成的轨迹，又称生产扩张线。

第二节　CES 生产函数的具体形式

常替代弹性函数(constant elasticity of substitution，CES)是广泛使用的非线性生产函数形式。该生产函数具有很强的一般性，C-D 生产函数、Leontief 生产函数均是其特殊形式。

一、两要素 CES 生产函数

(一) 成本最小化

下面以两要素投入为例，给出具体的 CES 生产函数，之后再给出多要素投入 CES 生产函数的一般形式及嵌套技术。

假定生产者的技术可以用如下 CES 生产函数表示：

$$v = A[\alpha K^{\rho} + (1-\alpha)L^{\rho}]^{1/\rho} \tag{2-8}$$

其最优化问题为

$$\min c = rK + wL \tag{2-9}$$

$$\text{s. t. } v = A[\alpha K^{\rho} + (1-\alpha)L^{\rho}]^{1/\rho} \tag{2-10}$$

通过构建拉格朗日函数来求解这一约束条件下的最优化问题，公式为

$$\mathcal{L} = rK + wL + \lambda(v - A[\alpha K^{\rho} + (1-\alpha)L^{\rho}]^{1/\rho}) \tag{2-11}$$

将拉格朗日函数分别对要素投入和拉格朗日乘子求偏导，得到成本最小化的一阶条件为

$$\partial \mathcal{L}/\partial K = r - \lambda\, \frac{1}{\rho} v[\alpha K^{\rho} + (1-\alpha)L^{\rho}]^{-1} \alpha \rho K^{\rho-1} = 0 \tag{2-12}$$

$$\partial \mathcal{L}/\partial L = w - \lambda\, \frac{1}{\rho} v[\alpha K^{\rho} + (1-\alpha)L^{\rho}]^{-1}(1-\alpha)\rho L^{\rho-1} = 0 \tag{2-13}$$

$$\partial\mathcal{L}/\partial\lambda = v - A[\alpha K^{\rho} + (1-\alpha)L^{\rho}]^{1/\rho} = 0 \tag{2-14}$$

将式(2-12)和式(2-13)式联立可得

$$\frac{\alpha K^{\rho-1}}{(1-\alpha)L^{\rho-1}} = \frac{r}{w} \tag{2-15}$$

$$K = \left(\frac{1-\alpha}{\alpha}\frac{r}{w}\right)^{\frac{1}{\rho-1}}L \tag{2-16}$$

由式(2-14)变换得

$$\left(\frac{q}{A}\right)^{\rho} = \alpha K^{\rho} + (1-\alpha)L^{\rho} \tag{2-17}$$

将式(2-16)代入式(2-17)联立求解,得到要素需求函数,即

$$L = \frac{q(1-\alpha)^{\frac{-1}{\rho-1}}w^{\frac{1}{\rho-1}}}{A\left[(\alpha r^{-\rho})^{\frac{-1}{\rho-1}} + ((1-\alpha)w^{-\rho})^{\frac{-1}{\rho-1}}\right]^{1/\rho}} = \frac{1}{A}\left(\frac{1-\alpha}{w}\right)^{\frac{1}{1-\rho}}\left[\alpha^{\frac{1}{1-\rho}}r^{\frac{-\rho}{1-\rho}} + (1-\alpha)^{\frac{1}{1-\rho}}w^{\frac{-\rho}{1-\rho}}\right]^{-1/\rho} \cdot v \tag{2-18}$$

$$K = \frac{q\alpha^{\frac{-1}{\rho-1}}r^{\frac{1}{\rho-1}}}{A\left[(\alpha r^{-\rho})^{\frac{-1}{\rho-1}} + ((1-\alpha)w^{-\rho})^{\frac{-1}{\rho-1}}\right]^{1/\rho}} = \frac{1}{A}\left(\frac{\alpha}{r}\right)^{\frac{1}{1-\rho}}\left[\alpha^{\frac{1}{1-\rho}}r^{\frac{-\rho}{1-\rho}} + (1-\alpha)^{\frac{1}{1-\rho}}w^{\frac{-\rho}{1-\rho}}\right]^{-1/\rho} \cdot v \tag{2-19}$$

将式(2-18)和式(2-19)代入式(2-9),可以得到成本函数,公式为

$$c = rK + wL = \frac{1}{A}\left[\alpha^{\frac{1}{1-\rho}}r^{\frac{-\rho}{1-\rho}} + (1-\alpha)^{\frac{1}{1-\rho}}w^{\frac{-\rho}{1-\rho}}\right]^{-1/\rho} \cdot v \cdot \left(r\left(\frac{\alpha}{r}\right)^{\frac{1}{1-\rho}} + w\left(\frac{1-\alpha}{w}\right)^{\frac{1}{1-\rho}}\right)$$

$$= \frac{1}{A}\left[\alpha^{\frac{1}{1-\rho}}r^{\frac{-\rho}{1-\rho}} + (1-\alpha)^{\frac{1}{1-\rho}}w^{\frac{-\rho}{1-\rho}}\right]^{-1/\rho} \cdot v \cdot \left(\alpha^{\frac{1}{1-\rho}}r^{\frac{-\rho}{1-\rho}} + (1-\alpha)^{\frac{1}{1-\rho}}w^{\frac{-\rho}{1-\rho}}\right)$$

$$= \frac{1}{A}\left[\alpha^{\frac{1}{1-\rho}}r^{\frac{-\rho}{1-\rho}} + (1-\alpha)^{\frac{1}{1-\rho}}w^{\frac{-\rho}{1-\rho}}\right]^{-(1-\rho)/\rho} \cdot v \tag{2-20}$$

要素替代弹性 $\sigma = 1/(1-\rho)$,表示在技术水平和投入价格不变的条件下,要素投入比例的相对变动与要素价格比例的相对变动之比。从几何角度来看,要素替代弹性衡量的是等产量线的曲率。

(二)利润最大化

上面假定产出量 v 一定的情况下,求解成本最小化的最优化问题。当在产品价格 p_v 一定的情况下,产出量 v 又由利润最大化来决定,即

$$\max\pi = p_v v - p_c c \tag{2-21}$$

利润最大化的一阶条件为

$$p_v = \partial c/\partial v \tag{2-22}$$

即利润最大化的条件为边际成本等于商品价格,该问题图形如图 2-2 所示。

以式(2-8)CES 生产函数为例,将式(2-20)代入式(2-22)得

$$p_v = \frac{1}{A}\left[\alpha^{\frac{1}{1-\rho}}r^{\frac{-\rho}{1-\rho}} + (1-\alpha)^{\frac{1}{1-\rho}}w^{\frac{-\rho}{1-\rho}}\right]^{-(1-\rho)/\rho} \tag{2-23}$$

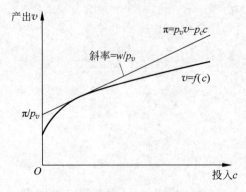

图 2-2　利润最大化问题图形

由式(2-23)得

$$\left[\alpha^{\frac{1}{1-\rho}}r^{\frac{-\rho}{1-\rho}}+(1-\alpha)^{\frac{1}{1-\rho}}w^{\frac{-\rho}{1-\rho}}\right]^{-1/\rho}=(Ap_v)^{\frac{1}{1-\rho}} \tag{2-24}$$

将式(2-24)代入式(2-18)和式(2-19)，得到利润最大化条件下的要素需求函数，该函数含商品价格 p，其表达式如下。

$$L=\left(\frac{1}{A}\right)^{\frac{\rho}{1-\rho}}\left((1-\alpha)\frac{p}{w}\right)^{\frac{1}{1-\rho}}\cdot v \tag{2-25}$$

$$K=\left(\frac{1}{A}\right)^{\frac{\rho}{1-\rho}}\left(\alpha\frac{p}{r}\right)^{\frac{1}{1-\rho}}\cdot v \tag{2-26}$$

二、多要素 CES 生产函数

CES 生产函数也可以包含两个以上的要素投入。其函数形式及最优化问题如下。

假设要素市场完全竞争，生产者为投入品价格的接受者，生产者在产量一定的条件下，以投入成本最小为最优目标。生产技术为 CES 生产函数形式。则最优决策过程如下。

$$\min\sum_{i=1}^{n}p_ix_i \tag{2-27}$$

$$\text{s. t. } q=A\left[\sum_{i=1}^{n}\alpha_i(\lambda_ix_i)^{\rho}\right]^{\frac{1}{\rho}} \tag{2-28}$$

式中：x_i 为投入品数量；p_i 为投入品价格；q 为产出品数量；A 为转移参数，中性作用于所有生产投入；λ_i 是各种投入中转移参数；α_i 为份额参数，$\sum_{i=1}^{n}\alpha_i=1$。不同投入品间的替代弹性参数 ρ 相同。

为求解该生产者最优化问题，构造的拉格朗日函数如下。

$$\mathcal{L}=\sum_{i=1}^{n}p_ix_i+\lambda\left(q-A\left[\sum_{i=1}^{n}\alpha_i(\lambda_ix_i)^{\rho}\right]^{\frac{1}{\rho}}\right) \tag{2-29}$$

分别对 x_i 和 λ 偏微分，得到最优化的一阶条件。

$$p_i = \lambda A \frac{1}{\rho} \Big[\sum_{i=1}^{n} \alpha_i (\lambda_i x_i)^{\rho} \Big]^{\frac{1}{\rho}-1} \alpha_i \rho \lambda_i (\lambda_i x_i)^{\rho-1}$$

$$= \lambda A^{\rho} \Big(\Big[A \sum_{i=1}^{n} \alpha_i (\lambda_i x_i)^{\rho} \Big]^{\frac{1}{\rho}} \Big)^{1-\rho} \alpha_i \lambda_i^{\rho} x_i^{\rho-1} = \lambda \alpha_i A^{\rho} \lambda_i^{\rho} q^{1-\rho} x_i^{\rho-1}$$

$$x_i = \Big(\frac{\lambda \alpha_i A^{\rho} \lambda_i^{\rho} q^{1-\rho}}{p_i} \Big)^{\frac{1}{1-\rho}} = \Big(\frac{\lambda \alpha_i A^{\rho} \lambda_i^{\rho}}{p_i} \Big)^{\frac{1}{1-\rho}} q \qquad (2\text{-}30)$$

将式(2-30)代入式(2-28)得

$$q = A \Big[\sum_{i=1}^{n} \alpha_i \Big(\lambda_i \Big(\frac{\lambda \alpha_i A^{\rho} \lambda_i^{\rho}}{p_i} \Big)^{\frac{1}{1-\rho}} q \Big)^{\rho} \Big]^{\frac{1}{\rho}} = A \Big[\sum_{i=1}^{n} \alpha_i \lambda_i^{\rho} \Big(\frac{\lambda \alpha_i A^{\rho} \lambda_i^{\rho}}{p_i} \Big)^{\frac{\rho}{1-\rho}} q^{\rho} \Big]^{\frac{1}{\rho}}$$

$$= A \Big[\sum_{i=1}^{n} \alpha_i \lambda_i^{\rho} \Big(\frac{\lambda \alpha_i A^{\rho} \lambda_i^{\rho}}{p_i} \Big)^{\frac{\rho}{1-\rho}} \Big]^{\frac{1}{\rho}} q$$

$$A \Big[\sum_{i=1}^{n} \alpha_i \lambda_i^{\rho} \Big(\frac{\lambda \alpha_i A^{\rho} \lambda_i^{\rho}}{p_i} \Big)^{\frac{\rho}{1-\rho}} \Big]^{\frac{1}{\rho}} = 1$$

$$A \Big[\sum_{i=1}^{n} \Big(\alpha_i^{\frac{1-\rho}{\rho}} \lambda_i^{1-\rho} \frac{\lambda \alpha_i A^{\rho} \lambda_i^{\rho}}{p_i} \Big)^{\frac{\rho}{1-\rho}} \Big]^{\frac{1}{\rho}} = 1$$

$$\sum_{i=1}^{n} \Big(\alpha_i^{\frac{1-\rho}{\rho}} \lambda_i^{1-\rho} \frac{\lambda \alpha_i \lambda_i^{\rho}}{p_i} \Big)^{\frac{\rho}{1-\rho}} = A^{-\frac{\rho}{1-\rho}}$$

$$\sum_{i=1}^{n} \alpha_i^{\frac{1-\rho}{\rho}} \lambda_i^{1-\rho} \frac{\lambda \alpha_i \lambda_i^{\rho}}{p_i} = \frac{1}{A}$$

$$\lambda = \frac{1}{A} \sum_{i=1}^{n} \alpha_i^{\frac{1}{-\rho}} \lambda_i^{-1} p_i$$

$$\lambda = \frac{1}{A} \sum_{i=1}^{n} \alpha_i^{\frac{-1}{\rho}} \frac{p_i}{\lambda_i} \qquad (2\text{-}31)$$

根据替代弹性参数 ρ 与替代弹性 σ 之间的关系可得

$$\rho = \frac{\sigma-1}{\sigma} \Leftrightarrow \sigma = \frac{1}{1-\rho}$$

式(2-31)还可表示为

$$\lambda = \frac{1}{A} \Big[\sum_{i=1}^{n} \alpha_i^{\sigma} \Big(\frac{p_i}{\lambda_i} \Big)^{(1-\sigma)} \Big]^{1/(1-\sigma)}$$

式中：λ 又称为影子价格，常用 p 表示，即

$$p = \frac{1}{A} \Big[\sum_{i=1}^{n} \alpha_i^{\sigma} \Big(\frac{p_i}{\lambda_i} \Big)^{(1-\sigma)} \Big]^{1/(1-\sigma)}$$

三、嵌套函数

将多要素在一个 CES 生产函数中表示，前提是各投入之间的替代弹性相同，如果其

替代弹性不同,则不能在一个 CES 生产函数中表示,需要采用嵌套方法,对投入关系进行分层处理,实现生成过程,如图 2-3 所示。嵌套中,各层间可以采用 C-D 生产函数、CES 生产函数、Leontief 生产函数等不同形式。

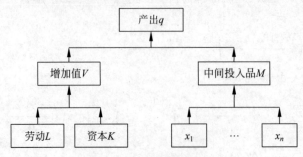

图 2-3　生产函数嵌套结构图例

图 2-3 仅是一个简单的举例,意在说明嵌套的原理,根据需要,实际中还可以设置更多层的嵌套结构。同时每层生产函数可以采用不同的函数形式。假定劳动和资本、中间投入品、增加值均采用 CES 生产函数形式,生产函数如下。

$$q = A^q \left[\alpha^q V^{\rho^q} + (1 - \alpha^q) M^{\rho^q} \right]^{1/\rho^q} \tag{2-32}$$

$$M = \left(\frac{1}{A^q} \right)^{\frac{\rho^q}{1-\rho^q}} \left((1 - \alpha^q) \frac{p^q}{p^M} \right)^{\frac{1}{1-\rho^q}} q \tag{2-32-1}$$

$$V = \left(\frac{1}{A^q} \right)^{\frac{\rho^q}{1-\rho^q}} \left(\alpha^q \frac{p^q}{p^V} \right)^{\frac{1}{1-\rho^q}} q \tag{2-32-2}$$

式中：q、V 和 M 分别表示产出、增加值和中间投入品的数量；ρ^q 为中间投入品和增加值之间替代弹性参数；α^q 表示份额参数；A^q 为规模参数或效率参数。

增加值函数公式为

$$V = A^v \left[\alpha^v K^{\rho^v} + (1 - \alpha^v) L^{\rho^v} \right]^{1/\rho^v} \tag{2-33}$$

$$L = \left(\frac{1}{A^v} \right)^{\frac{\rho^v}{1-\rho^v}} \left((1 - \alpha^v) \frac{p^V}{w} \right)^{\frac{1}{1-\rho^v}} V \tag{2-33-1}$$

$$K = \left(\frac{1}{A^v} \right)^{\frac{\rho^v}{1-\rho^v}} \left(\alpha^v \frac{p^V}{r} \right)^{\frac{1}{1-\rho^v}} V \tag{2-33-2}$$

式中：K 和 L 分别表示资本和劳动投入的数量；ρ^v 为劳动和资本之间替代弹性参数。

中间投入品函数公式为

$$M = A^M \left[\alpha^M x_1^{\rho^M} + (1 - \alpha^M) x_2^{\rho^M} \right]^{1/\rho^M} \tag{2-34}$$

$$x_1 = \left(\frac{1}{A^M} \right)^{\frac{\rho^M}{1-\rho^M}} \left((1 - \alpha^M) \frac{p^M}{p^{x_1}} \right)^{\frac{1}{1-\rho^M}} M \tag{2-34-1}$$

$$x_2 = \left(\frac{1}{A^M}\right)^{\frac{\rho^M}{1-\rho^M}} \left(\alpha^M \frac{p^M}{p^{x_2}}\right)^{\frac{1}{1-\rho^M}} M \tag{2-34-2}$$

式中：x_1 和 x_2 表示不同类型中间投入的数量；ρ^M 为 x_1 和 x_2 之间替代弹性参数。

进一步考虑价格机制下，成本最小化和利润最大化的最优化目标，得到基于价格和相关参数约束下的最优需求函数。

CGE 模型中的生产函数有不同的表达形式，但其实质是都是在成本最小化和利润最大化目标下的最优产出和投入表达式。除上面通过最优化求解直接给出最优产出和投入的表达式外，通常还会采用间接的表达方式。间接表达方式通常不明确给出最优的投入量，而是给出不同投入间和投入与产出间的最优化关系。以增加值表达式为例，也可写成如下间接表达式。

$$V = A^v \left[\alpha^v K^{\rho^v} + (1-\alpha^v)L^{\rho^v}\right]^{1/\rho^v} \tag{2-33-3}$$

$$\frac{r}{w} = \frac{\alpha^v}{1-\alpha^v}\left(\frac{L}{K}\right)^{1-\rho^v} \tag{2-33-4}$$

$$p^V V = rL + wK \tag{2-33-5}$$

式(2-33)、式(2-33-1)、式(2-33-2)组成的增加值函数与式(2-33-3)、式(2-33-4)、式(2-33-5)组成的增加值函数实质上相同，但表达形式不同。两种表达形式各有特色。第一种表达形式直接给出最优化求解后的需求函数，但略显复杂；第二种表达形式未直接给出需求函数，但给出了需求函数需要满足的条件。

四、技术替代率 TRS、替代弹性 σ、弹性参数 ρ、规模报酬、齐次性

生产函数是表示投入和产出关系的函数，其中，投入产出关系受技术替代率、替代弹性、规模报酬、齐次性等特征的影响。为了更深入地理解生产函数的特征，下面将生产函数的上述特征及其含义进行分析。

（一）技术替代率 TRS

技术替代率，指在产量保持不变的前提下，增加一种投入品的数量与可以减少的另一种投入品的数量之比。假定两种投入品分别为 x_1 和 x_2，技术替代率为

$$\mathrm{TRS} = \partial x_2 / \partial x_1$$

从图 2-4 可以更加直观地看到其经济含义。

如图 2-4 所示，技术替代率等于等产量线的斜率，在等产量线的不同位置，技术替代率不同。在 n 维情形下，技术替代率是按特定方向度量的等产量曲面的斜率。

接下来，进一步推导技术替代率的计算公式。通常采用两种方法：隐函数法和全微分法。

隐函数法下，假设 $x_2(x_1)$，表示使用 x_1 单位的投入，需要多少单位的 x_2 投入，来生产 y 单位产出

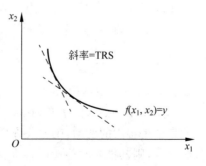

图 2-4　等产量线图

的隐函数。则 $x_2(x_1)$ 需满足恒等式

$$f(x_1,x_2(x_1))=y$$

在给定的点 x^*，对上面恒等式求导得

$$\frac{\partial f(x^*)}{\partial x_1}+\frac{\partial f(x^*)}{\partial x_2}\frac{\partial x_2(x_1)}{\partial x_1}=0$$

$$\frac{\partial x_2(x_1)}{\partial x_1}=-\frac{\partial f(x^*)/\partial x_1}{\partial f(x^*)/\partial x_2}$$

全微分法下，假设在某点投入水平发生一个微小变化，则产出也将发生变化，即函数 $f(x_1,x_2)=y$ 的全微分表达式为

$$\mathrm{d}y=\frac{\partial f}{\partial x_1}\mathrm{d}x_1+\frac{\partial f}{\partial x_2}\mathrm{d}x_2$$

在产出保持不变的情况下得

$$0=\frac{\partial f}{\partial x_1}\mathrm{d}x_1+\frac{\partial f}{\partial x_2}\mathrm{d}x_2$$

$$\frac{\mathrm{d}x_2}{\mathrm{d}x_1}=-\frac{\partial f/\partial x_1}{\partial f/\partial x_2}$$

两种方法得出的结果相同。

假定 C-D 生产函数 $f(x_1,x_2)=Ax_1^{\alpha_1}x_2^{\alpha_2}$，则其技术替代率为

$$\mathrm{TRS}=\frac{\mathrm{d}x_2}{\mathrm{d}x_1}=-\frac{\partial f/\partial x_1}{\partial f/\partial x_2}=-\frac{A\alpha_1 x_1^{\rho-1}x_2^{\alpha_2}}{A\alpha_2 x_1^{\alpha_1}x_2^{\rho-1}}=-\frac{\alpha_1}{\alpha_2}\frac{x_2}{x_1}$$

假定 CES 生产函数 $f(x_1,x_2)=A[\alpha_1 x_1^{\rho}+\alpha_2 x_2^{\rho}]^{\frac{1}{\rho}}$，则其技术替代率为

$$\mathrm{TRS}=\frac{\mathrm{d}x_2}{\mathrm{d}x_1}=-\frac{\partial f/\partial x_1}{\partial f/\partial x_2}=-\frac{\frac{1}{\rho}A[\alpha x_1^{\rho}+\alpha_2 x_2^{\rho}]^{\frac{1}{\rho}-1}\alpha_1\rho x_1^{\rho-1}}{\frac{1}{\rho}A[\alpha\iota x_1^{\rho}+u_2\iota x_2^{\rho}]^{\frac{1}{\rho}-1}u_2\mu x_2^{\rho-1}}=-\frac{\alpha_1}{\alpha_2}\left(\frac{x_1}{x_2}\right)^{\rho-1}$$

(二) 替代弹性 σ

技术替代率是等产量线的斜率，替代弹性则是等产量线的曲率。

替代弹性，指当产出保持不变时，投入比率的百分比变动除以技术替代率的百分比变动。其表达式为

$$\sigma=\frac{\Delta(x_2/x_1)}{x_2/x_1}\Big/\frac{\Delta\mathrm{TRS}}{\mathrm{TRS}}$$

式中：$\Delta(x_2/x_1)$ 表示投入比率的变动；$\Delta\mathrm{TRS}$ 表示技术替代率的变动。上式表示，技术替代率变动率对投入比率变动率的影响，即等产量线的曲率。如果斜率的微小变动使投入比率产生很大的变动，则替代弹性大，此时，等产量线相对平滑，其极限情况下，等产量线为直线，则其投入的替代弹性无限大；反之，如果斜率的微小变动使投入比率变动较小，则弹性小，此时，等产量线相对弯曲，其极限情况下，等产量线为 90°角折线，则其投入

的替代弹性为 0。

替代弹性还可以表示为

$$\sigma = \frac{\mathrm{dln}(x_2/x_1)}{\mathrm{dln}\mid\mathrm{TRS}\mid}$$

式中：因 TRS 为负数，取绝对值，以使对数有意义。

假定 Δ 趋于 0，则

$$\sigma = \frac{\Delta(x_2/x_1)}{x_2/x_1}\Big/\frac{\Delta\mathrm{TRS}}{\mathrm{TRS}} = \frac{\mathrm{d}(x_2/x_1)}{x_2/x_1}\Big/\frac{\mathrm{dTRS}}{\mathrm{TRS}} = \frac{\mathrm{dln}(x_2/x_1)}{\mathrm{dln}\mid\mathrm{TRS}\mid}$$

假定 C-D 生产函数 $f(x_1,x_2)=Ax_1^{\alpha_1}x_2^{\alpha_2}$，则其替代弹性为

$$\sigma = \frac{\mathrm{dln}(x_2/x_1)}{\mathrm{dln}\mid\mathrm{TRS}\mid} = \mathrm{dln}(x_2/x_1) - \mathrm{dln}\mid\mathrm{TRS}\mid$$

由 TRS 公式可得

$$\mathrm{TRS} = -\frac{\alpha_1}{\alpha_2}\frac{x_2}{x_1}$$

$$\frac{x_2}{x_1} = -\frac{\alpha_1}{\alpha_2}\mathrm{TRS}$$

$$\ln\frac{x_2}{x_1} = \ln\frac{\alpha_1}{\alpha_2} + \ln\mid\mathrm{TRS}\mid$$

由此可得

$$\sigma = \frac{\mathrm{dln}(x_2/x_1)}{\mathrm{dln}\mid\mathrm{TRS}\mid} = 1$$

假定 CES 生产函数 $f(x_1,x_2)=A(\alpha_1 x_1^{\rho}+\alpha_2 x_2^{\rho})^{\frac{1}{\rho}}$，则其替代弹性可由 CES 生产函数的技术替代率公式推导得出

$$\mathrm{TRS} = -\frac{\alpha_1}{\alpha_2}\left(\frac{x_1}{x_2}\right)^{\rho-1}$$

$$\mathrm{TRS}^{\frac{1}{\rho-1}} = -\frac{\alpha_1}{\alpha_2}\frac{x_1}{x_2}$$

$$\frac{x_1}{x_2} = -\frac{\alpha_2}{\alpha_1}\mathrm{TRS}^{\frac{1}{\rho-1}}$$

$$\ln\frac{x_1}{x_2} = \ln\frac{\alpha_2}{\alpha_1} + \frac{1}{\rho-1}\ln\mid\mathrm{TRS}\mid$$

$$\sigma = \frac{\mathrm{dln}(x_2/x_1)}{\mathrm{dln}\mid\mathrm{TRS}\mid} = \frac{1}{\rho-1}$$

即 CES 生产函数下，替代弹性 σ 与弹性参数 ρ 之间的关系为

$$\sigma = \frac{1}{\rho-1}$$

（三）规模报酬

假定生产函数 $y=f(x)$，当投入变为 $tx \geqslant 0$，$f(tx)$ 和 $tf(x)$ 可有如下 3 种关系。

（1）$f(tx)=tf(x)$，即投入变为原来的 t 倍，产出也变为原来的 t 倍，该项技术表现出规模报酬不变。

（2）$f(tx)>tf(x)$，即投入变为原来的 t 倍，产出大于原来的 t 倍，该项技术表现出规模报酬递增。

（3）$f(tx)<tf(x)$，即投入变为原来的 t 倍，产出小于原来的 t 倍，该项技术表现出规模报酬递减。

假定 C-D 生产函数 $f(x_1,x_2)=Ax_1^{\alpha_1}x_2^{\alpha_2}$，其规模报酬如下。

$$f(tx_1,tx_2)=At^{\alpha_1+\alpha_2}x_1^{\alpha_1}x_2^{\alpha_2}$$

当 $\alpha_1+\alpha_2=1$ 时，$f(tx_1,tx_2)=tf(x_1,x_2)$，此时为规模报酬不变。

当 $\alpha_1+\alpha_2>1$ 时，$f(tx_1,tx_2)>tf(x_1,x_2)$，此时为规模报酬递增。

当 $\alpha_1+\alpha_2<1$ 时，$f(tx_1,tx_2)<tf(x_1,x_2)$，此时为规模报酬递减。

假定 CES 生产函数 $f(x_1,x_2)=A(\alpha_1x_1^{\rho}+\alpha_2x_2^{\rho})^{\frac{1}{\rho}}$，其规模报酬如下。

$$f(tx_1,tx_2)=tA(\alpha_1x_1^{\rho}+\alpha_2x_2^{\rho})^{\frac{1}{\rho}}=tf(x_1,x_2)$$

可见，CES 生产函数规模报酬不变。

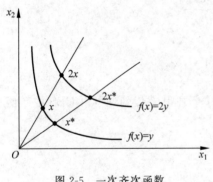

图 2-5　一次齐次函数

（四）齐次性

如果对所有 $t>0$，$f(tx)=t^kf(x)$，那么函数 $f(x)$ 就是 k 次齐次。最重要的是零次齐次和一次齐次。具体而言，如果 $f(tx)=f(x)$，则为零次齐次。如果 $f(tx)=tf(x)$，则为一次齐次。

将其与规模报酬定义比较，可见，当生产函数为一次齐次时，其规模报酬不变。

图 2-5 则更加直观地表示了齐次性和规模报酬的含义。

图 2-5 为一个一次齐次函数。从中可见，如果 x 和 x^* 都能生产 y 单位产出，那么 $2x$ 和 $2x^*$ 都能生产 $2y$ 单位产出。同时该函数也为规模报酬不变。

第三节　其他形式生产函数

CES 生产函数具有一般性，线性生产函数、C-D 生产函数与 Leontief 生产函数均为它的特例。如图 2-6(a)所示，表示线性生产函数，图 2-6(b)为 C-D 生产函数，图 2-6(c)为 Leontief 生产函数。

假定 CES 生产函数 $f(x_1,x_2)=A(\alpha_1x_1^{\rho}+\alpha_2x_2^{\rho})^{\frac{1}{\rho}}$，随着参数 ρ 取值的变化，CES 生

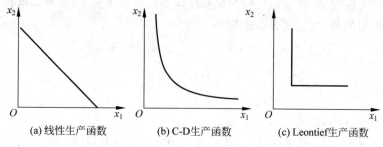

(a) 线性生产函数　　　(b) C-D生产函数　　　(c) Leontief生产函数

图 2-6　3 种不同的生产函数

产函数可表现为以下不同的形式。

（1）当 $\rho=1$ 时，$f(x_1,x_2)=A(\alpha_1 x_1+\alpha_2 x_2)$，此时表现为线性生产函数。此时，替代弹性 $\sigma=\infty$。

（2）当 $\rho=0$ 时，$f(x_1,x_2)=A x_1^{\alpha_1} x_2^{\alpha_2}$，此时表现为 C-D 生产函数。此时，替代弹性 $\sigma=1$。

该结论可以间接验证，由于 CES 生产函数的 TRS 为

$$\mathrm{TRS}=-\frac{\alpha_1}{\alpha_2}\left(\frac{x_1}{x_2}\right)^{\rho-1}$$

当 $\rho=0$ 时可得

$$\mathrm{TRS}=-\frac{\alpha_1}{\alpha_2}\frac{x_2}{x_1}$$

该结果正是 C-D 生产函数的 TRS。

（3）当 $\rho=-\infty$ 时，替代弹性趋向 0，各投入间无替代关系，完全互补。此时，CES 生产函数变为 Leontief 生产函数。此时，替代弹性 $\sigma=0$，$f(x_1,x_2)=A\min(\alpha_1 x_1,\alpha_2 x_2)$。

由 $\mathrm{TRS}=-\frac{\alpha_1}{\alpha_2}\left(\frac{x_1}{x_2}\right)^{\rho-1}$ 可知，当 $\rho=-\infty$ 时，$\mathrm{TRS}=-\frac{\alpha_1}{\alpha_2}\left(\frac{x_2}{x_1}\right)^{\infty}$

如果，$x_2>x_1$，TRS 为负无穷大；$x_2<x_1$，TRS 为零。该等产量线就是 Leontief 生产函数形式。

第四节　多生产部门生产决策与最优化问题

以上研究均假定只有一个生产部门，当经济中有多个生产部门时，则产生跨行业资源配置及其最优化问题。

假设存在两个生产企业，市场完全竞争，企业规模报酬不变，且均为价格接受者，两家企业从要素市场雇佣劳动和资本，经济中的劳动和资本供给固定，且在行业间自由流动。在投入和产出价格给定的情形下，两家企业都试图根据现有的生产技术来实现利润最大化目标。

　　此时最优化问题为，在资源禀赋约束和给定商品价格情形下，要素如何在行业间配置以实现产出价值的最大化，其表达式如下。

$$\max p_1 q_1(K_1, L_1) + p_2 q_2(K_2, L_2)$$

$$\text{s. t. } \overline{K} = K_1 + K_2$$

$$\overline{L} = L_1 + L_2$$

构建拉格朗日函数，公式为

$$\mathcal{L} = p_1 q_1(K_1, L_1) + p_2 q_2(K_2, L_2) + \lambda(\overline{K} - K_1 - K_2) + \mu(\overline{L} - L_1 - L_2)$$

将拉格朗日函数分别对要素投入和拉格朗日乘子求偏导，得到产出最大化的一阶条件：

$$\partial\mathcal{L}/\partial K_1 = p_1 \partial q_1/\partial K_1 - \lambda = 0 \tag{2-35}$$

$$\partial\mathcal{L}/\partial L_1 = p_1 \partial q_1/\partial L_1 - \mu = 0 \tag{2-36}$$

$$\partial\mathcal{L}/\partial K_2 = p_2 \partial q_2/\partial K_2 - \lambda = 0 \tag{2-37}$$

$$\partial\mathcal{L}/\partial L_2 = p_2 \partial q_2/\partial L_2 - \mu = 0 \tag{2-38}$$

$$\partial\mathcal{L}/\partial \lambda = \overline{K} - K_1 - K_2 = 0 \tag{2-39}$$

$$\partial\mathcal{L}/\partial \mu = \overline{L} - L_1 - L_2 = 0 \tag{2-40}$$

式中：$\overline{L}$ 和 $\overline{K}$ 分别表示劳动和资本总量；λ 和 μ 分别表示资本和劳动的影子价格，表示当外生给定的资源供给增加 1 单位时，产出价值的边际增量。在完全竞争市场均衡情况下，资本和劳动的影子价格等于要素价格 r 和 w。联立式(2-35)～式(2-40)可以得到要素价格和要素投入的最优配置，并可以通过生产函数得到最优产出。

　　通过式(2-35)～式(2-38)可得

$$\frac{\partial q_1/\partial L_1}{\partial q_1/\partial K_1} = \frac{\partial q_2/\partial L_2}{\partial q_2/\partial K_2} = \frac{\mu}{\lambda} = \frac{w}{r}$$

　　该式表示，在最优解处，两个行业的等产量线相切。该式还定义了实现帕累托最优效率的要素配置轨迹，如图 2-7 所示。

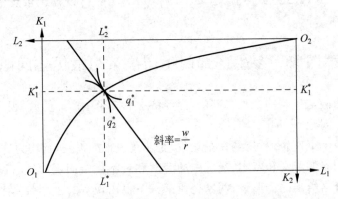

图 2-7　实现帕累托最优效率的要素配置轨迹

图 2-7 中,横轴和纵轴分别为劳动和资本总量。最优解位于连接 O_1O_2 的轨迹上, O_1O_2 上的所有点,两行业的等产量线均相切,都是有效率点。切点斜率为劳动价格与资本价格之比。图 2-7 中最优解为 (K_1^*,L_1^*)、(K_2^*,L_2^*)、(q_1^*,q_2^*)。

在所有点中,最优解取决于两种商品的相对价格。由式(2-35)和式(2-37)可得

$$p_1\,\partial q_1/\partial K_1 = p_2\,\partial q_2/\partial K_2$$

$$\frac{\partial q_1/\partial K_1}{\partial q_2/\partial K_2}=\frac{p_2}{p_1}$$

根据式(2-39)可得

$$\partial K_1 = -\partial K_2$$

$$\frac{\partial q_1}{\partial q_2}=-\frac{p_2}{p_1}$$

该式表明,在给定商品价格时,产品的边际转换率(即生产可能性边界曲线的斜率)等于负的价格比率时,总产出价值最大化此时的最优点 (q_1^*,q_2^*) 即为图 2-7 中的最优点。该最优点如图 2-8 所示。

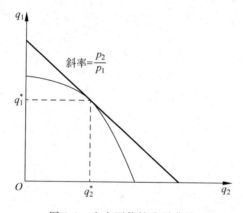

图 2-8　生产可能性边界曲线

从图 2-8 中还可知行业 1 为资本密集型行业,行业 2 为劳动密集型行业。

练　习　题

1. 给出 CES 生产函数 $f(x_1,x_2)=(\alpha_1 x_1^\rho+\alpha_2 x_2^\rho)^{\frac{1}{\rho}}$。证明:可将其写成 $f(x_1,x_2)=A(\rho)[bx_1^\rho+(1-b)x_2^\rho]^{\frac{1}{\rho}}$。

2. 假设生产函数为 $y=x^a$,$0<a<1$,p 和 w 分别为产出价格和投入价格,请写出其利润函数,并证明它对 (p,w) 是一次齐次的。

3. 生产函数是 $f(x)=10x-x^2$,并且产出价格 $p=2$。w 为投入 x 的价格则:

(1) 当 $x>0$,利润最大化的一阶条件是什么?

(2) 当 x 的最优值是 3 时，w 取值是多少？

(3) 求要素需求函数。

(4) 求利润函数对 w 的导数。

4. 假定将生产中使用的劳动力细分为熟练劳动力和非熟练劳动力，或假定将生产中使用的能源细分为新能源和化石能源，并将新能源进一步细分为水电、风电、核电和其他新能源。请设计可能的嵌套结构，并说明其含义。

第三章 居民效用函数

居民效用函数有不同形式,常用的有 C-D 效用函数、CES 效用函数、LES 支出函数,在 CGE 模型中,选择哪种函数形式主要取决于两方面:一是能够刻画现实中居民消费行为的重要特征,满足研究问题的需要;二是可以获得居民消费行为的相关数据,并以此标定相关参数,求出函数的数值形式。

本章将给出 C-D 效用函数、CES 效用函数、LES 支出函数及其推导过程、函数中各参数的含义及表达式。

第一节 效用函数的一般形式

效用函数的一般形式可以表示如下:假设一个代表性消费者,其效用函数 $U=U(c_1,c_2)$,其中 c_i 为商品 i 的消费量。假定效用函数满足连续性、单调性和拟凹性等特征。消费者选择问题,实际上是在预算约束下,实现效用最大化,其数学表达式为

$$\max U(c_1,c_2) \tag{3-1}$$

$$\text{s. t. } Y = p_1 c_1 + p_2 c_2 \tag{3-2}$$

该问题图形表示如图 3-1 所示。

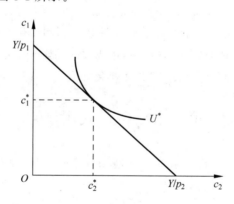

图 3-1 预算约束下效用最大化图形

通过构造拉格朗日函数求解其最大化问题,公式为

$$\mathcal{L} = U(c_1,c_2) + \lambda(Y - p_1 c_1 - p_2 c_2) \tag{3-3}$$

式中:λ 为拉格朗日乘子,代表收入的边际效用。根据效用最大化时,$\mathcal{L}$ 函数对 c_1、c_2 和 λ 的一阶偏导为零可得

$$\partial \mathcal{L}/\partial c_1 = \partial U/\partial c_1 - \lambda p_1 = 0 \tag{3-4}$$

$$\partial \mathcal{L}/\partial c_2 = \partial U/\partial c_2 - \lambda p_2 = 0 \tag{3-5}$$

$$\partial \mathcal{L}/\partial \lambda = Y - p_1 c_1 - p_2 c_2 = 0 \tag{3-6}$$

在商品价格和收入不变的情况下，联立式(3-4)～式(3-6)可以求解出效用最大化时的 c_1、c_2 和 λ。

首先，从式(3-4)、式(3-5)中消去 λ，得

$$\frac{\partial U/\partial c_1}{\partial U/\partial c_2} = \frac{p_1}{p_2} \tag{3-7}$$

将式(3-7)和式(3-6)联立，并解出 c_1、c_2，得到效用最大化时的两种商品消费量，可得到马歇尔需求函数，将马歇尔需求函数代入效用函数可以得到间接效用函数，该间接效用函数为价格和收入的函数。

进一步分析在最优化条件下，收入和商品价格变化对效用的影响。

对式(3-3)求全微分得

$$d\mathcal{L} = dU + \frac{\partial \mathcal{L}}{\partial \lambda}d\lambda + \lambda(Y - p_1 c_1 - p_2 c_2) \tag{3-8}$$

在最优点时，式(3-8)中后两项为 0，故可得

$$d\mathcal{L} = dU \tag{3-9}$$

即在最优点时，拉格朗日函数的变化与效用变化相同。进一步对式(3-3)求微分得

$$d\mathcal{L} = \frac{\partial \mathcal{L}}{\partial c_1}dc_1 + \frac{\partial \mathcal{L}}{\partial c_2}dc_2 + \frac{\partial \mathcal{L}}{\partial \lambda}d\lambda + \lambda(dY - c_1 dp_1 - c_2 dp_2) \tag{3-10}$$

最优点时，前三项均为 0，则

$$d\mathcal{L} = \lambda(dY - c_1 dp_1 - c_2 dp_2) \tag{3-11}$$

$$dU = \lambda dY - \lambda c_1 dp_1 - \lambda c_2 dp_2 \tag{3-12}$$

由式(3-12)可知，收入和商品价格变化对消费者福利变化的影响。其中：λ 为收入变化对福利变化的影响，又称为收入的边际效用或收入的影子价格；$-\lambda c_1$ 为商品 1 价格变化对福利的影响，又称为商品 1 价格的边际社会价值。

第二节　C-D 效用函数

当效用函数为柯布—道格拉斯(Cobb-Douglas)形式时，即 $U = \alpha c_1^{\beta} c_2^{1-\beta}$，上述最优化问题求解及影响如下。

$$\max \alpha c_1^{\beta} c_2^{1-\beta} \tag{3-13}$$

$$\text{s. t. } Y = p_1 c_1 + p_2 c_2 \tag{3-14}$$

式中：β 为份额参数，$0 < \beta < 1$。构造拉格朗日函数可得

$$\mathcal{L} = \alpha c_1^{\beta} c_2^{1-\beta} + \lambda(Y - p_1 c_1 - p_2 c_2)$$

将拉格朗日函数分别对 c_1、c_2 和 λ 求偏导，得到消费者效用最大化的一阶条件如下。

$$\partial \mathcal{L}/\partial c_1 = \alpha \beta c_1^{\beta-1} c_2^{1-\beta} - \lambda p_1 = 0 \tag{3-15}$$

$$\partial \mathcal{L}/\partial c_2 = \alpha(1-\beta) c_1^{\beta} c_2^{-\beta} - \lambda p_2 = 0 \tag{3-16}$$

$$\partial \mathcal{L}/\partial \lambda = Y - p_1 c_1 - p_2 c_2 = 0 \tag{3-17}$$

将式(3-15)和式(3-16)消去 λ 得

$$\frac{\beta c_2}{(1-\beta)c_1} = \frac{p_1}{p_2} \tag{3-18}$$

将式(3-17)和式(3-18)联立解得

$$c_1 = \beta Y / p_1 \tag{3-19}$$

$$c_2 = (1-\beta)Y / p_2 \tag{3-20}$$

式(3-19)、式(3-20)为马歇尔需求函数,也称普通需求函数,将其代入式(3-21)可以得到间接效用函数,间接效用函数为价格和收入的函数。

当消费者在更多的商品集合 $I = \{1, 2, \cdots, i\}$ 中选择,此时 C-D 效用函数可写为

$$U = \alpha \prod_{i \in I} c_i^{\beta_i} \tag{3-21}$$

此时效用函数的求解过程同上,此处不再赘述。

第三节 CES 效用函数

CES 效用函数也是常用的函数形式,其表达式如下。

$$U = (\alpha c_1^{\rho} + (1-\alpha)c_2^{\rho})^{1/\rho} \tag{3-22}$$

效用最大化问题公式为

$$\max(\alpha c_1^{\rho} + (1-\alpha)c_2^{\rho})^{1/\rho} \tag{3-23}$$

$$\text{s. t. } Y = p_1 c_1 + p_2 c_2 \tag{3-24}$$

其拉格朗日函数为

$$\mathcal{L} = (\alpha c_1^{\rho} + (1-\alpha)c_2^{\rho})^{1/\rho} + \lambda(Y - p_1 c_1 - p_2 c_2) \tag{3-25}$$

将 CES 效用函数单调增加 ρ 次方,得 $U = \alpha c_1^{\rho} + (1-\alpha)c_2^{\rho}$,不影响求得的最优化条件,则

$$\mathcal{L} = \alpha c_1^{\rho} + (1-\alpha)c_2^{\rho} + \lambda(Y - p_1 c_1 - p_2 c_2) \tag{3-26}$$

将拉格朗日函数分别对 c_1、c_2 和 λ 求偏导,得到消费者效用最大化的一阶条件为

$$\partial \mathcal{L}/\partial c_1 = \alpha \rho c_1^{\rho-1} - \lambda p_1 = 0 \tag{3-27}$$

$$\partial \mathcal{L}/\partial c_2 = (1-\alpha)\rho c_2^{\rho-1} - \lambda p_2 = 0 \tag{3-28}$$

$$\partial \mathcal{L}/\partial \lambda = Y - p_1 c_1 - p_2 c_2 = 0 \tag{3-29}$$

将式(3-27)和式(3-28)消去 λ 得

$$\frac{\alpha}{(1-\alpha)}\left(\frac{c_1}{c_2}\right)^{\rho-1} = \frac{p_1}{p_2} \tag{3-30}$$

由式(3-29)式(3-30)求解得到需求函数为

由式(3-29)得,$c_2 = \dfrac{Y - p_1 c_1}{p_2}$,代入式(3-30)得

$$c_1 p_2 = Y\left(\frac{p_1}{p_2} \cdot \frac{(1-\alpha)}{\alpha}\right)^{1/(\rho-1)} - p_1 c_1 \left(\frac{p_1}{p_2} \cdot \frac{(1-\alpha)}{\alpha}\right)^{1/(\rho-1)}$$

$$c_1 = \frac{\left(\frac{\alpha}{p_1}\right)^{-1/(\rho-1)} Y}{p_2 \left(\frac{(1-\alpha)}{p_2}\right)^{-1/(\rho-1)} + p_1 \left(\frac{\alpha}{p_1}\right)^{-1/(\rho-1)}}$$

$$c_1 = \left(\frac{\alpha}{p_1}\right)^{-1/(\rho-1)} \cdot \frac{Y}{\alpha^{-1/(\rho-1)} p_1^{1+1/(\rho-1)} + (1-\alpha)^{-1/(\rho-1)} p_2^{1+1/(\rho-1)}}$$

令 $1/(1-\rho) = \sigma$，即 $\rho = (\sigma-1)/\sigma$，则

$$c_1 = \left(\frac{\alpha}{p_1}\right)^{\sigma} \cdot \frac{Y}{\alpha^{\sigma} p_1^{1-\sigma} + (1-\alpha)^{\sigma} p_2^{1-\sigma}} \tag{3-31}$$

将式(3-31)代入式(3-30)得

$$\left(\frac{c_1}{c_2}\right)^{\rho-1} = \frac{p_1}{p_2}\frac{(1-\alpha)}{\alpha}$$

$$= \left(\frac{p_2}{p_1}\frac{\alpha}{(1-\alpha)}\right)^{1/(\rho-1)} c_1$$

$$= \left(\frac{p_2}{p_1}\frac{\alpha}{(1-\alpha)}\right)^{-\sigma} \left(\frac{\alpha}{p_1}\right)^{\sigma} \cdot \frac{Y}{\alpha^{\sigma} p_1^{1-\sigma} + (1-\alpha)^{\sigma} p_2^{1-\sigma}}$$

$$= \left(\frac{p_1}{p_2}\frac{(1-\alpha)}{\alpha}\frac{\alpha}{p_1}\right)^{\sigma} \cdot \frac{Y}{\alpha^{\sigma} p_1^{1-\sigma} + (1-\alpha)^{\sigma} p_2^{1-\sigma}}$$

$$= \left(\frac{1-\alpha}{p_2}\right)^{\sigma} \cdot \frac{Y}{\alpha^{\sigma} p_1^{1-\sigma} + (1-\alpha)^{\sigma} p_2^{1-\sigma}} \tag{3-32}$$

将式(3-32)代入式(3-22)，得到效用函数(utility function)：

$$U(p_1, p_2, Y) = (\alpha c_1^{\rho} + (1-\alpha)c_2^{\rho})^{1/\rho}$$

$$U(p_1, p_2, Y) = \left\{\alpha\left[\left(\frac{\alpha}{p_1}\right)^{\sigma} \cdot \frac{Y}{\alpha^{\sigma} p_1^{1-\sigma} + (1-\alpha)^{\sigma} p_2^{1-\sigma}}\right]^{(\sigma-1)/\sigma} + \right.$$

$$\left.(1-\alpha)\left[\left(\frac{1-\alpha}{p_2}\right)^{\sigma} \cdot \frac{Y}{\alpha^{\sigma} p_1^{1-\sigma} + (1-\alpha)^{\sigma} p_2^{1-\sigma}}\right]^{(\sigma-1)/\sigma}\right\}^{\sigma/(\sigma-1)}$$

$$U(p_1, p_2, Y) = \left\{\alpha\left[\left(\frac{\alpha}{p_1}\right)^{\sigma}\right]^{(\sigma-1)/\sigma} + (1-\alpha)\left[\left(\frac{1-\alpha}{p_2}\right)^{\sigma}\right]^{(\sigma-1)/\sigma}\right\}^{\sigma/(\sigma-1)} \cdot$$

$$\frac{1}{\alpha^{\sigma} p_1^{1-\sigma} + (1-\alpha)^{\sigma} p_2^{1-\sigma}} \cdot Y$$

$$U(p_1, p_2, Y) = \left[\alpha^{\sigma} p_1^{1-\sigma} + (1-\alpha)^{\sigma} p_2^{1-\sigma}\right]^{\sigma/(\sigma-1)} \cdot \frac{1}{\alpha^{\sigma} p_1^{1-\sigma} + (1-\alpha)^{\sigma} p_2^{1-\sigma}} \cdot Y$$

$$U(p_1, p_2, Y) = \left[\alpha^{\sigma} p_1^{1-\sigma} + (1-\alpha)^{\sigma} p_2^{1-\sigma}\right]^{1/(\sigma-1)} \cdot Y \tag{3-33}$$

当消费者在更多的商品集合 $I = \{1, 2, \cdots, i\}$ 中选择，此时 CES 效用函数可写为

$$U = \left(\sum_{i=1}^{n} \alpha_i c_i^{\rho} \right)^{1/\rho} \tag{3-34}$$

预算约束为

$$\sum_{i=1}^{n} p_i c_i = Y \tag{3-35}$$

求其最优化解,得到需求函数和效用函数分别为

$$c_i = \left(\frac{\alpha_i}{p_i} \right)^{\sigma} \cdot \frac{Y}{\sum \alpha_i^{\sigma} p_i^{1-\sigma}} \tag{3-36}$$

$$U(p_1, p_2, \cdots, p_i, Y) = \left[\sum (\alpha_i^{\sigma} p_i^{1-\sigma}) \right]^{1/(\sigma-1)} \cdot Y \tag{3-37}$$

对应的收入弹性公式为

$$\eta_i = \frac{\partial c_i}{\partial Y} \cdot \frac{Y}{c_i} = 1 \tag{3-38}$$

自价格弹性公式为

$$\begin{aligned}
\varepsilon_{ii} &= \frac{\partial c_i}{\partial p_i} \cdot \frac{p_i}{c_i} = \left[-\sigma \cdot \frac{c_i}{p_i} + (\sigma-1) \cdot \left(\frac{\alpha_i}{p_i} \right)^{\sigma} \cdot \frac{c_i}{\sum \alpha_i^{\sigma} p_i^{1-\sigma}} \right] \cdot \frac{p_i}{c_i} \\
&= \left[-\sigma \cdot \frac{c_i}{p_i} + (\sigma-1) \cdot \left(\frac{\alpha_i}{p_i} \right)^{\sigma} \cdot \frac{Y}{\sum \alpha_i^{\sigma} p_i^{1-\sigma}} \cdot \frac{c_i}{Y} \right] \cdot \frac{p_i}{c_i} \\
&= \left[-\sigma \cdot \frac{c_i}{p_i} + (\sigma-1) c_i \cdot \frac{c_i}{Y} \right] \cdot \frac{p_i}{c_i} = -\sigma + (\sigma-1) \frac{c_i p_i}{Y} \\
&= -\sigma + (\sigma-1) s_i = \sigma(s_i - 1) - s_i \tag{3-39}
\end{aligned}$$

式中：$s_i = c_i p_i / Y$,表示商品 i 消费占收入的份额。

交叉价格弹性公式为

$$\begin{aligned}
\varepsilon_{ij} &= \frac{\partial c_i}{\partial p_j} \cdot \frac{p_j}{c_i} = (\sigma-1) \cdot \left(\frac{\alpha_i}{p_i} \right)^{\sigma} \cdot \frac{c_j}{\sum \alpha_i^{\sigma} p_i^{1-\sigma}} \cdot \frac{p_j}{c_i} \\
&= (\sigma-1) \cdot \left(\frac{\alpha_i}{p_i} \right)^{\sigma} \cdot \frac{Y}{\sum \alpha_i^{\sigma} p_i^{1-\sigma}} \cdot \frac{c_j}{Y} \cdot \frac{p_j}{c_i} \\
&= (\sigma-1) c_i \cdot \frac{c_j}{Y} \cdot \frac{p_j}{c_i} = (\sigma-1) \frac{c_j p_j}{Y} = (\sigma-1) s_j \tag{3-40}
\end{aligned}$$

令 $\left(\sum \alpha_i^{\sigma} p_i^{1-\sigma} \right)^{1/(1-\sigma)} = P$,表示综合价格或价格指数。此时可得间接效用函数为

$$V(P, Y) = \frac{Y}{P} \tag{3-41}$$

从间接效用函数中也能推导出马歇尔需求函数,公式为

$$C_i(P, Y) = -\frac{\partial v / \partial P_i}{\partial v / \partial Y} = -\frac{-YP^{-2}(\partial P / \partial P_i)}{1/P} = \frac{\partial P}{\partial P_i} \frac{Y}{P} = \alpha_i^{\sigma} \left(\frac{P}{P_i} \right)^{\sigma} \frac{Y}{P} \tag{3-42}$$

此时,消费函数是下列最小化问题的解,其中 u 和 P 为外生,公式为

$$\min \sum_i p_i c_i$$

$$\text{s. t. } u = \left(\sum_{i=1}^{n} \alpha_i c_i^{\rho} \right)^{1/\rho}$$

进一步可得

$$E(P, u) = uP = Y$$

进一步求得补偿(或希克斯)需求函数

$$H_i(P, u) = \frac{\partial E}{\partial P_i} = \frac{\partial E}{\partial P} \frac{\partial P}{\partial P_i} = \alpha_i^{\sigma} \left(\frac{P}{P_i} \right)^{\sigma} u$$

补偿的自价格弹性为

$$\varepsilon_{ii} = \frac{\partial H_i}{\partial p_i} \cdot \frac{p_i}{H_i} = \left[-\sigma \alpha_i^{\sigma} u \left(\frac{P}{P_i} \right)^{\sigma} \frac{1}{P_i} + \sigma \alpha_i^{\sigma} \left(\frac{P}{P_i} \right)^{\sigma} \frac{1}{P} u \frac{\partial P}{\partial P_i} \right] \frac{p_i}{H_i}$$

$$= \sigma u \left[\alpha_i^{\sigma} \left(\frac{P}{P_i} \right)^{\sigma} \frac{1}{P} \frac{\partial P}{\partial P_i} - \alpha_i^{\sigma} \left(\frac{P}{P_i} \right)^{\sigma} \frac{1}{P_i} \right] \frac{p_i}{H_i}$$

因为 $\frac{\partial P}{\partial P_i} = \frac{c_i P}{Y} = \alpha_i^{\sigma} \left(\frac{P}{P_i} \right)^{\sigma}$，$u = \frac{Y}{P}$，可得

$$\varepsilon_{ii} = \sigma \frac{Y}{P} \frac{c_i P}{Y} \left(\frac{1}{P} \frac{c_i P}{Y} - \frac{1}{P_i} \right) \frac{p_i}{H_i} = \sigma \left(\frac{c_i p_i}{Y} - \frac{p_i}{p_i} \right) = \sigma(s_i - 1)$$

所以补偿的交叉价格弹性为

$$\varepsilon_{ij} = \frac{\partial H_i}{\partial p_j} \cdot \frac{p_j}{H_i} = \sigma \alpha_i^{\sigma} \left(\frac{P}{P_i} \right)^{\sigma} \frac{1}{P} u \frac{\partial P}{\partial p_j} \frac{p_j}{H_i} = \sigma \frac{1}{P} \frac{\partial P}{\partial p_j} p_j = \sigma s_j$$

第四节　线性支出函数

C-D 效用函数和 CES 效用函数中，假定不同商品间的替代弹性不变，C-D 效用函数中 $\sigma = 1$，CES 效用函数中 σ 为不等于 1 的常数。其优点是，在假定商品间替代弹性后，我们只需要利用已知数据标定其份额参数 β_i 或 α_i，便可以给出需求函数。

但这可能与现实存在一定差距。现实中，个人随着收入的增长，其在不同商品间的消费比例会发生变化，即商品间替代弹性会发生变化。当然，如果我们采用边际概念，假定收入的微小变化，则消费的比例变化可以忽略，此时使用 C-D 效用函数和 CES 效用函数对结果的偏差可以忽略。但当个人收入发生较大变化时，则需考虑其消费结构的变化。

线性支出系统(linear expenditure system，LES)线性支出函数，在 C-D 效用函数基础上进行改进，允许商品的收入弹性不等于 1。由于该需求函数由斯通-吉瑞(Stone-Geary)最初给出，因此也被称为 Stone-Geary 支出函数。LES 支出函数公式为

$$U = \prod_{i=1}^{n} (c_i - \theta_i)^{\beta_i} \tag{3-43}$$

式中：参数 θ_i 为基本生存消费额，随着收入的增长 θ_i 在支出中所占比重下降，即恩格尔

系数下降；参数 β_i 为商品 i 的消费份额，满足

$$\sum_{i=1}^{n} \beta_i = 1$$

通过下面的最优化问题求解，可以得到消费者需求函数

$$\max u = \prod_{i=1}^{n} (c_i - \theta_i)^{\beta_i} \tag{3-44}$$

$$\text{s. t.} \sum_{i=1}^{n} p_i c_i = Y \tag{3-45}$$

式中：Y 为可支配收入，为居民初始收入减去税收等支出和储蓄后最终用于消费的收入。其对应的拉格朗日函数为

$$\mathcal{L} = \prod_{i=1}^{n} (c_i - \theta_i)^{\beta_i} - \lambda \left(\sum_{i=1}^{n} p_i c_i - Y \right)$$

一阶优化条件是

$$\partial \mathcal{L} / \partial c_i = \frac{\beta_i}{c_i - \theta_i} u - \lambda p_i = 0$$

$$\partial \mathcal{L} / \partial c_j = \frac{\beta_j}{c_j - \theta_j} u - \lambda p_j = 0$$

$$\partial \mathcal{L} / \partial \lambda = Y - \sum_{i=1}^{n} p_i c_i = 0$$

将上式结合得

$$\frac{\beta_i}{\beta_j} \frac{c_j - \theta_j}{c_i - \theta_i} = \frac{p_i}{p_j}$$

$$p_i c_i = p_i \theta_i + \frac{\beta_i}{\beta_j} p_j (c_j - \theta_j)$$

两式联立得

$$\sum_{i=1}^{n} p_i c_i = \sum_{i=1}^{n} p_i \theta_i + \frac{p_j}{\beta_j} (c_j - \theta_j) \sum_{i=1}^{n} \beta_i$$

$$Y = \sum_{i=1}^{n} p_i \theta_i + \frac{p_j}{\beta_j} (c_j - \theta_j)$$

$$c_j = \theta_j + \frac{\beta_j}{p_j} \left(Y - \sum_{i=1}^{n} p_i \theta_i \right) \tag{3-46}$$

该 LES 支出函数含义如下：c_j 为商品 j 的需求，θ_j 为商品 j 的最低消费支出，用于满足基本生存需求，其消费量不受价格影响。$\sum_{i=1}^{n} p_i \theta_i$ 表示各种商品最低消费支出之和，$(Y - \sum_{i=1}^{n} p_i \theta_i)$ 表示除去最低消费支出后可支配支出或额外消费需求。β_j 表示可支配支

出中用于商品 j 的消费份额,也称为边际消费倾向或边际预算份额。

从 LES 支出函数,可以得到收入弹性、自价格弹性和交叉价格弹性为

$$\eta_i = \frac{\partial c_i}{\partial Y} \cdot \frac{Y}{c_i} = \frac{\beta_i}{p_i} \cdot \frac{Y}{c_i} = \frac{\beta_i}{s_i} \tag{3-47}$$

$$\varepsilon_{ii} = \frac{\partial c_i}{\partial p_i} \cdot \frac{p_i}{c_i} = \left[-\frac{\beta_i}{p_i^2}\left(Y - \sum_{i=1}^{n} p_i \theta_i\right) - \frac{\beta_i}{p_i}\theta_i \right] \frac{p_i}{c_i}$$

$$= \left[-\frac{1}{p_i}(c_i - \theta_i) - \frac{\beta_i}{p_i}\theta_i \right] \frac{p_i}{c_i} = \frac{\theta_i(1-\beta_i)}{c_i} - 1 \tag{3-48}$$

$$\varepsilon_{ij} = \frac{\partial c_i}{\partial p_j} \cdot \frac{p_j}{c_i} = -\frac{\beta_i \theta_j}{p_i} \cdot \frac{p_j}{c_i} = -\frac{\beta_i \theta_j p_j}{s_i Y} \tag{3-49}$$

此外,还可以定义消费者价格指数为

$$P = \prod_{i=1}^{n} \left(\frac{p_i}{\beta_i}\right)^{\beta_i}$$

LES 支出函数还可以在间接效用函数的基础上,推导得出,根据最优化的不同出发点(效用最大化或成本最小化),又可分为马歇尔需求函数和希克斯需求函数。具体推导过程如下。

将式(3-46)代入式(3-43),得到间接效用函数为

$$v(P,Y) = \prod_{i=1}^{n} \left(\frac{\beta_i}{p_i}Y - \sum_{i=1}^{n} p_i \theta_i\right)^{\beta_i} \tag{3-50}$$

令 $Y - \sum_{i=1}^{n} p_i \theta_i = Y^*$,则式(3-50)可简化为

$$v(P,Y) = \prod_{i=1}^{n} \left(\frac{\beta_i}{p_i}Y^*\right)^{\beta_i} = Y^*/P \tag{3-51}$$

可见,间接效用函数是在已知收入和价格情况下,可获得的最大效用。

运用对偶理论,可从间接效用函数推导出马歇尔需求函数,公式为

$$c_i(P,Y) = -\frac{\partial v/\partial p_i}{\partial v/\partial Y}$$

式中: $\frac{\partial v}{\partial p_i} = \frac{1}{P}\frac{\partial Y^*}{\partial p_i} - \frac{Y^*}{P^2}\frac{\partial P}{\partial p_i} = -\frac{\theta_i}{P} - \frac{Y^*}{P^2}\frac{\partial P}{\partial p_i} = -\frac{\theta_i}{P} - \frac{Y^*}{P^2}\frac{\beta_i}{p_i}P = -\frac{\theta_i}{P} - \frac{Y^*}{P}\frac{\beta_i}{p_i}$, $\frac{\partial v}{\partial Y} = \frac{1}{P}\frac{\partial Y^*}{\partial Y} = \frac{1}{P}$, $c_i(P,Y) = -\frac{\partial v/\partial p_i}{\partial v/\partial Y} = \theta_i + \frac{\beta_i}{p_i}Y^* = \theta_i + \frac{\beta_i}{p_i}\left(Y - \sum_{i=1}^{n} p_i \theta_i\right)$。

该需求函数与式(3-46)相同。

在给定效用水平下,求成本最小化,可以得到居民的线性支出函数,即

$$\min \sum_{i=1}^{n} p_i c_i$$

$$\text{s. t.} \prod_{i=1}^{n} (c_i - \theta_i)^{\beta_i} = u$$

对应的拉格朗日函数为

$$\mathcal{L} = \sum_{i=1}^{n} p_i c_i - \lambda \left(u - \prod_{i=1}^{n} (c_i - \theta_i)^{\beta_i} \right)$$

一阶优化条件是

$$\partial \mathcal{L} / \partial c_i = p_i - \lambda \beta_i \frac{u}{c_i - \theta_i} = 0$$

$$\partial \mathcal{L} / \partial c_j = p_j - \lambda \beta_j \frac{u}{c_j - \theta_j} = 0$$

$$u = \prod_{i=1}^{n} (c_i - \theta_i)^{\beta_i}$$

将上式结合得

$$\frac{\beta_i}{\beta_j} \frac{c_j - \theta_j}{c_i - \theta_i} = \frac{p_i}{p_j}$$

$$p_i c_i = p_i \theta_i + \frac{\beta_i}{\beta_j} p_j (c_j - \theta_j)$$

两边求和得

$$\sum_{i=1}^{n} p_i c_i = \sum_{i=1}^{n} p_i \theta_i + \frac{p_j}{\beta_j} (c_j - \theta_j) \sum_{i=1}^{n} \beta_i$$

$$E(P, u) = \sum_{i=1}^{n} p_i c_i = \sum_{i=1}^{n} p_i \theta_i + \frac{p_j}{\beta_j} (c_j - \theta_j) \tag{3-52}$$

希克斯需求函数可由 LES 支出函数对 P 求导得出,公式为

$$H_i(P, u) = \frac{\partial E}{\partial p_i} = \theta_i + \frac{p_i}{\beta_i} (c_i - \theta_i)$$

从式(3-46)LES 支出函数可见,θ_i 和 β_i 是需要给出的两个参数,其对应公式为

$$c_i = \theta_i + \frac{\beta_i}{p_i} \left(Y - \sum_{i=1}^{n} p_i \theta_i \right) \tag{3-53}$$

现有文献中,确定 θ_i 的方法通常引入 Frisch 参数,Frisch 相应公式的

$$\varphi = -\frac{Y}{Y - \sum_{i=1}^{n} p_i \theta_i}$$

该参数可以表示消费者扣除生活必需品之前的可支配收入与之后的可支配收入之比,收入水平越高者该比例越小。然而,Frisch 参数需要进一步估计,并且即使估计得到 Frisch 参数,也不能得到 θ_i,因此,引入 Frisch 参数对于估计参数 θ_i 并没有直接的帮助。一个可行的办法是,通过计量方法估计不同商品消费额与收入的关系,并得到收入为零时的截距,以此作为 θ_i。

在现在文献中,确定 β_i 的方法通常是引入收入弹性,即式(3-47)中的 η_i,在得知预算份额 s_i 后,利用式(3-47)得到 β_i。同时,为了满足 $\sum_{i=1}^{n} \beta_i = 1$,还需要对估计得到的 β_i 按比

例调整或将其中一个产品的 β_i 作为余值。可见，该处理方法不仅复杂而且难以保证其与现实数据的一致性。一个可行的办法是，在得知 θ_i 之后，利用居民支出数据，通过校准得到。其校准公式由式(3-46)变形得到，公式为

$$\beta_i = \frac{p_i c_i - p_i \theta_i}{\left(Y - \sum_{i=1}^{n} p_i \theta_i\right)}$$

练 习 题

1. 请基于 CES 效用函数，推导出其效用最大化下的需求函数。

2. 请给出 CES 效用函数的收入弹性、自价格弹性和交叉价格弹性，并说明其经济含义。

3. 请写出 LES 支出函数的一般形式，并说明其参数确定过程。

第四章　国际贸易

第一节　生产、消费最优化下的国际贸易

现实经济中,一个国家生产的产品,除了用于国内生产、消费和投资,还可能出口到国外,用于国外的生产、消费和投资。同理,一个国家生产、消费和投资中使用的商品,除了来自国内的生产,还可能从国外进口。

以一国为例,图 4-1 可以说明在最优化条件下,商品进出口贸易行为。

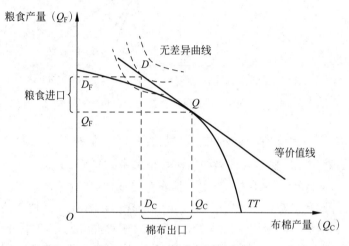

图 4-1　生产、消费与国际贸易

假定一国的消费价值等于生产价值,即

$$P_C Q_C + P_F Q_F = P_C D_C + P_F D_F$$

式中:Q_C、Q_F 为棉布(C)和粮食(F)的生产量;D_C、D_F 为棉布和粮食的消费量,上式表示生产点和消费点在同一条等价值线上。

根据棉布和粮食的市场价格,经济体将选择生产组合,以最大化产出价值 $P_C Q_C + P_F Q_F$,该最大化产出价值即与生产可能性曲线能够相切的最大的等价值线,切点为 Q,决定的棉布和粮食的最优产量分别为 Q_C 和 Q_F。

生产点的选择取决于社会的消费倾向。假设社会的消费决策以一个代表性个人的消费倾向为基础。用无差异曲线表示同一效用水平上棉布和粮食消费组合的轨迹。图 4-1 中社会将根据福利最大化的原则在等价值线上决定消费点。图 4-1 中等价值线和它所能接触到的最高的一条无差异曲线的切点为 D。该点决定棉布和粮食的最优消费量分别为 D_C 和 D_F。

由于棉布和粮食各自的生产和消费都不相等，粮食需要进口(D_F-Q_F)，而棉布需要出口(Q_C-D_C)。可见，消费选择集合和生产选择集合的差额即为贸易量。

如果棉布对粮食的相对价格发生变化，则贸易条件变化。贸易条件，是一国出口产品的平均价格与进口产品的平均价格之比，更高的出口价格和(或)更低的进口价格，意味着一国贸易条件的改善。贸易条件变化会对生产、消费和福利产生影响，如图 4-2 所示。

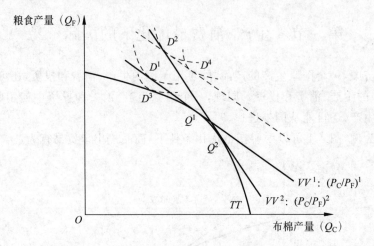

图 4-2　贸易条件变化的影响

曲线 VV^1 表示贸易条件变化前棉布与粮食的相对价格关系，即 $(P_C/P_F)^1$；曲线 VV^2 表示贸易条件变化后棉布与粮食的相对价格关系，即 $(P_C/P_F)^2$。

从生产来看，最优生产点由 Q^1 至 Q^2，棉布生产增加，粮食生产下降。

从消费来看，最优消费点从 D^1 至 D^2，其中包含两个效应：一是消费移到更高的无差异曲线上，福利增加。因为国家出口棉布，棉布的相对价格上升，贸易条件改善，同样数量的棉布出口可以换取更多的粮食进口，即出口产品价格上涨，带来福利增加，即从 D^1 至 D^4。二是棉布和粮食相对价格的变动，使棉布消费减少，粮食消费增加，即从 D^4 至 D^2。前者为收入效应，后者为替代效应。其中，收入效应使福利增加，替代效应下福利保持不变，但消费点发生变化。

D^3 表示最优生产点和消费点相同，为自给自足封闭经济下的均衡状态。自给自足经济中，价格内生决定，封闭经济中供求均衡。

第二节　小国、大国和两国贸易均衡

一、小国贸易均衡

小型开放经济体假设下，一国进出口不会影响国际市场价格。国际市场价格保持固定，通过贸易量调整使市场出清，实现贸易平衡。其最优化问题可转化为

$$\max\theta U(c_1,c_2) \tag{4-1}$$

$$\text{s. t. } q_1(K_1,L_1)=c_1+x_1 \tag{4-2}$$

$$q_2(K_2,L_2)=c_2+x_2 \tag{4-3}$$

$$K_1+K_2=\overline{K} \tag{4-4}$$

$$L_1+L_2=\overline{L} \tag{4-5}$$

$$p_1^{*}x_1=-p_2^{*}x_2 \tag{4-6}$$

构建拉格朗日函数

$$\mathcal{L}=\theta U(c_1,c_2)+\lambda_1[q_1(K_1,L_1)-c_1-x_1]+\lambda_2[q_2(K_2,L_2)-c_2-x_2]+$$
$$\mu_K(\overline{K}-K_1-K_2)+\mu_L(\overline{L}-L_1-L_2)+\gamma(p_1^{*}x_1+p_2^{*}x_2) \tag{4-7}$$

式中：$U(c_1,c_2)$为消费者效用函数；p_i^{*}表示国际市场价格；c_i表示国内消费；x_i表示国外消费，正数表示出口，负数表示进口。约束条件包括市场出清、资源约束和贸易平衡条件。其中，第一，第二个约束条件为商品的市场出清条件，即生产等于国内消费加上进口额或减去出口额；第三、第四个约束条件为资源约束条件；第五个约束条件为贸易平衡约束条件，即按国际市场价格计算的出口价值等于进口价值。

在没有任何政府政策作用的完全竞争市场下，国内商品价格由国际市场价格决定，即

$$p_i=p_i^{*}$$

对各变量求偏导，得一阶条件为

$$\partial\mathcal{L}/\partial c_i=\theta\,\partial U/\partial c_i-\lambda_i=0 \tag{4-8}$$

$$\partial\mathcal{L}/\partial x_i=-\lambda_i+\lambda p_i^{*}=0 \tag{4-9}$$

$$\partial\mathcal{L}/\partial K_i=\lambda_i\,\partial q_i/\partial K_i-\mu_K=0 \tag{4-10}$$

$$\partial\mathcal{L}/\partial L_i=\lambda_i\,\partial q_i/\partial L_i-\mu_L=0 \tag{4-11}$$

$$\partial\mathcal{L}/\partial\lambda_i=q_i(K_i,L_i)-c_i-x_i=0 \tag{4-12}$$

$$\partial\mathcal{L}/\partial\mu_K=\overline{K}-K_1-K_2=0 \tag{4-13}$$

$$\partial\mathcal{L}/\partial\mu_L=\overline{L}-L_1-L_2=0 \tag{4-14}$$

$$\partial\mathcal{L}/\partial\gamma=p_1^{*}x_1+p_2^{*}x_2=0 \tag{4-15}$$

式中：$i=1,2$。

在完全竞争市场条件下，拉格朗日乘子λ_i、μ_j、γ，分别表示商品价格、要素价格、外汇的影子价格。

式(4-8)的含义为，在最优解处，消费每种商品的边际效用相等。式(4-9)表示最优解时国内市场价格必须等于国际市场价格，即自由贸易是最优的。式(4-10)和式(4-11)表示要素价格等于要素的边际产出价值。式(4-12)表示消费等于产出。式(4-13)和式(4-14)表示资源使用需要满足资源可获得性的约束。式(4-15)表示贸易平衡约束。对式(4-8)~式(4-15)变换后，可得到最优解的条件为

$$\frac{\partial q_1}{\partial q_2}=\frac{\partial c_1}{\partial c_2}=-\frac{p_2^{*}}{p_1^{*}} \tag{4-16}$$

该条件的含义为，为实现效用水平最大化，边际转换率(生产可能性曲线的斜率)必须等于边际替代率(无差异曲线的斜率)，且等于两种商品的国际市场价格比。可见，在小型开放经济中，不仅国内价格由国际市场价格外生决定，国内生产量、消费量、贸易量均外生决定，以保证国内价格与国际市场价格相等。

式(4-1)~式(4-15)共包含了 13 个方程、14 个变量，变量数比方程数多一个。需要将其中一个价格设为价格基准，其他价格均为价格基准的相对价格。假定以外汇的影子价格 γ 为价格基准，μ_j 表示要素供给增加 1 单位时，外汇数量减少 μ_j 单位即可保持效用不变；λ_i 表示当商品供给增加 1 单位时，外汇数量减少 λ_i 即可保持效用不变；θ 表示为了使效用水平增加 1 单位所需要的额外外汇。

即使在开放经济下，也可能存在某些商品只在国内销售，而不进行国际贸易，这类商品被称为非贸易品。非贸易品的价格由国内需求和国内供给决定。假定商品 1、商品 2 为可贸易品，商品 3 为非贸易品，则上面拉格朗日函数变为

$$\mathcal{L}=\theta U(c_1,c_2)+\lambda_1[q_1(K_1,L_1)-c_1-x_1]+\lambda_2[q_2(K_2,L_2)-c_2-x_2]+$$
$$\lambda_3[q_3(K_3,L_3)-c_3]+\mu_K(\bar{K}-K_1-K_2-K_3)+\mu_L(\bar{L}-L_1-L_2-L_3)+$$
$$\gamma(p_1^*x_1+p_2^*x_2)$$

二、大国贸易均衡

与小国假设不同，大国假设下，大国的供给和需求会影响国际市场价格，即国际市场价格为内生决定，而非外生给定。大国假设下，大国的进出口数量会影响国际市场价格。因此，此时需要一个函数表达大国进出口对国际市场价格的关系，即

$$p_i=x_i^{\varepsilon_i}$$

式中：ε_i 为价格弹性，表示大国进出口量 x_i 对进出口价格 p_i 的影响。出口的价格弹性为负，表示大国出口增多使该商品国际市场价格下降；进口品的价格弹性为正，表示大国进口增多使该商品国际市场价格上升。

当然，也可以采用其他函数形式来表示大国进出口对国际市场价格的影响，如简单的线性函数形式。

三、两国贸易均衡

假定世界由两个国家组成，本国和外国，本国出口棉布，外国出口粮食。本国的贸易条件用 P_C/P_F 来衡量，外国的贸易条件用 P_F/P_C 来衡量。由图 4-3 可见，本国和外国因生产能力不同，其各自相对供给曲线不同，同理，本国和外国的消费偏好不同，其各自的相对需求曲线也不同。将相对价格对两国供给的影响相加，得到世界相对供给曲线，同理，将相对价格对两国需求的影响相加，得到世界相对需求曲线。世界相对供给和相对需求形成世界市场的供求均衡，并决定了均衡时的商品相对价格、两国的供给和需求。

图 4-3 中，RS^f、RD^f 分别为外国相对供给和相对需求曲线，RS^h、RD^h 分别为本国相对供给和相对需求曲线，RS^W、RD^W 分别为本国和外国加总后，世界总的相对供给和相对

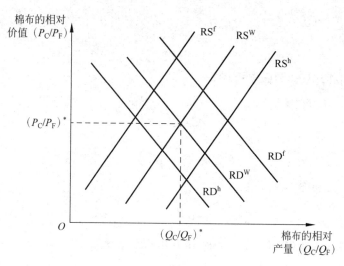

图 4-3　世界供求曲线

需求曲线,并决定两种商品的世界相对价格$(P_C/P_F)^*$和产量$(Q_C/Q_F)^*$。某产品的世界供给为本国供给和国外供给之和,即$Q_i^W = Q_i^f + Q_i^h$;同理,某产品的世界需求为本国需求和国外需求之和,即$D_i^W = D_i^f + D_i^h$。该情况下,需要至少建立两国的一般均衡模型,并根据商品的国际供求关系来内生决定其国际市场价格。

第三节　开放经济下商品流通

一、国内销售与出口

开放经济下,一国生产的产品,根据企业利润最大化,进一步在国内销售和出口间进行分配,其函数形式为恒变换弹性(constant elasticity of transformation,CET)生产函数,该函数形式和 CES 生产函数一样。假定生产者的销售函数可以用如下 CET 生产函数表示:

$$Q = A[\alpha D^\rho + (1-\alpha)E^\rho]^{1/\rho} \tag{4-17}$$

其最优化问题为

$$\max Y = P_d D + P_E E \tag{4-18}$$

$$\text{s. t. } Q = A[\alpha D^\rho + (1-\alpha)E^\rho]^{1/\rho} \tag{4-19}$$

通过构建拉格朗日函数来求解这一约束条件下的最优化问题,公式为

$$\mathcal{L} = P_d D + P_E E + \lambda(Q - A[\alpha D^\rho + (1-\alpha)E^\rho]^{1/\rho}) \tag{4-20}$$

将拉格朗日函数分别对国内销售、出口和拉格朗日乘子求偏导,得到成本最小化的一阶条件为

$$\partial\mathcal{L}/\partial D = P_d - \lambda \frac{1}{\rho} Q[\alpha D^\rho + (1-\alpha)E^\rho]^{-1}\alpha\rho D^{\rho-1} = 0 \tag{4-21}$$

$$\partial \mathcal{L}/\partial E = P_E - \lambda \frac{1}{\rho} Q[\alpha D^\rho + (1-\alpha)E^\rho]^{-1}(1-\alpha)\rho E^{\rho-1} = 0 \qquad (4\text{-}22)$$

$$\partial \mathcal{L}/\partial \lambda = Q - A[\alpha D^\rho + (1-\alpha)E^\rho]^{1/\rho} = 0 \qquad (4\text{-}23)$$

将式(4-21)和式(4-22)联立可得

$$\frac{\alpha D^{\rho-1}}{(1-\alpha)E^{\rho-1}} = \frac{P_d}{P_E} \qquad (4\text{-}24)$$

$$D = \left(\frac{1-\alpha}{\alpha}\frac{P_d}{P_E}\right)^{\frac{1}{\rho-1}}E \qquad (4\text{-}25)$$

将式(4-23)变换得

$$\left(\frac{Q}{A}\right)^\rho = \alpha D^\rho + (1-\alpha)E^\rho \qquad (4\text{-}26)$$

将式(4-25)代入式(4-26)联立求解,得到出口数量函数为

$$\left(\frac{Q}{A}\right)^\rho = \left[\alpha\left(\frac{1-\alpha}{\alpha}\frac{P_d}{P_E}\right)^{\frac{\rho}{\rho-1}} + (1-\alpha)\right]E^\rho \qquad (4\text{-}27)$$

$$E = \frac{Q}{A} \bigg/ \left[\alpha\left(\frac{1-\alpha}{\alpha}\frac{P_d}{P_E}\right)^{\frac{\rho}{\rho-1}} + (1-\alpha)\right]^{\frac{1}{\rho}} \qquad (4\text{-}28)$$

$$E = \frac{Q(1-\alpha)^{\frac{-1}{\rho-1}}P_d^{\frac{1}{\rho-1}}}{A\left[(\alpha P_E^{-\rho})^{\frac{-1}{\rho-1}} + ((1-\alpha)P_d^{-\rho})^{\frac{-1}{\rho-1}}\right]^{1/\rho}}$$

$$= \frac{1}{A}\left(\frac{1-\alpha}{P_d}\right)^{\frac{1}{1-\rho}}\left[\alpha^{\frac{1}{1-\rho}}P_E^{\frac{-\rho}{1-\rho}} + (1-\alpha)^{\frac{1}{1-\rho}}P_d^{\frac{-\rho}{1-\rho}}\right]^{-1/\rho} \cdot Q \qquad (4\text{-}29)$$

$$D = \frac{Q\alpha^{\frac{-1}{\rho-1}}r^{\frac{1}{\rho-1}}}{A\left[(\alpha P_E^{-\rho})^{\frac{-1}{\rho-1}} + ((1-\alpha)P_d^{-\rho})^{\frac{-1}{\rho-1}}\right]^{1/\rho}}$$

$$= \frac{1}{A}\left(\frac{\alpha}{P_E}\right)^{\frac{1}{1-\rho}}\left[\alpha^{\frac{1}{1-\rho}}P_E^{\frac{-\rho}{1-\rho}} + (1-\alpha)^{\frac{1}{1-\rho}}P_d^{\frac{-\rho}{1-\rho}}\right]^{-1/\rho} \cdot Q \qquad (4\text{-}30)$$

将式(4-29)和式(4-30)代入式(4-18),可以得到最大销售收入(利润),公式为

$$Y = P_d D + P_E E = \frac{1}{A}\left[\alpha^{\frac{1}{1-\rho}}P_E^{\frac{-\rho}{1-\rho}} + (1-\alpha)^{\frac{1}{1-\rho}}P_d^{\frac{-\rho}{1-\rho}}\right]^{-1/\rho} \cdot Q \cdot \left(r\left(\frac{\alpha}{P_E}\right)^{\frac{1}{1-\rho}} + P_d\left(\frac{1-\alpha}{P_d}\right)^{\frac{1}{1-\rho}}\right)$$

$$= \frac{1}{A}\left[\alpha^{\frac{1}{1-\rho}}P_E^{\frac{-\rho}{1-\rho}} + (1-\alpha)^{\frac{1}{1-\rho}}P_d^{\frac{-\rho}{1-\rho}}\right]^{-1/\rho} \cdot Q \cdot (\alpha^{\frac{1}{1-\rho}}P_E^{\frac{-\rho}{1-\rho}} + (1-\alpha)^{\frac{1}{1-\rho}}P_d^{\frac{-\rho}{1-\rho}})$$

$$= \frac{1}{A}\left[\alpha^{\frac{1}{1-\rho}}P_E^{\frac{-\rho}{1-\rho}} + (1-\alpha)^{\frac{1}{1-\rho}}P_d^{\frac{-\rho}{1-\rho}}\right]^{-(1-\rho)/\rho} \cdot Q \qquad (4\text{-}31)$$

二、国内需求与进口

国内的总供给,一部分来自国内生产国内销售,另一部分来自进口。假设二者间可以替代,则商品国内销售价格、进口价格、替代弹性将决定一国国内生产和进口的数量和结

构。二者间的关系也可用 CES 生产函数表示,并被称为 Arminton 函数。其最优化函数为

$$\min c = P_d D + P_m M$$
$$\text{s. t. } Q = A\left[\alpha D^\rho + (1-\alpha)M^\rho\right]^{1/\rho}$$

即在进口数量 Q 一定的情况下,实现支出(成本)最小化。最优化时的进口数量及最小成本求解过程同上。

练 习 题

1. 在均衡状态下,某国商品 1 为净出口,商品 2 为净进口。如果提高商品 1 的国际市场价格,会发生什么? 如果提高商品 2 的国际市场价格,会发生什么? 要素价格会如何变化?

2. 给定价格水平,当经济中资本存量增加时,每种商品的净出口会如何变动? 如果劳动存量增加,结果又会如何变动?

3. 如果非贸易品的生产过程中出现了技术进步,这会对实际汇率产生何种影响? 请解释原因。

4. 请构建一个包含特定生产要素、非贸易品和中间投入品的大国模型。

5. 请建立一个双边贸易模型。在该模型中,国际贸易是否会导致要素价格的均等化? 请解释原因。

第五章 政 府 部 门

前述生产、消费、贸易函数中均忽略了政府行为。现实中,政府活动对经济的影响十分广泛和深入。在一般均衡模型中,有必要对政府行为进行刻画。

政府行为对经济的影响,一方面表现为对企业、居民、进出口等课征税收、给予补贴等,从而需要对生产函数、消费函数、贸易函数等加入政府收支因素,并进行修改;另一方面表现为政府本身的收入、转移性支出、消费、投资、债务等活动,并需要满足预算平衡条件。

政府是一国经济模型中不可缺少的重要市场主体,并对经济运行产生重要影响。政府行为涉及的范围非常广泛,如政府的财政政策、货币政策、产业政策、贸易政策等,都是政府行为的体现。本章将重点关注政府财政行为对一般均衡系统的影响。政府行为一方面为支出行为,政府会购买商品和服务,表现为政府的消费和投资,政府还会对居民和企业进行转移支付;另一方面为收入行为,政府会通过各种税收、非税收、债务等方式为支出融资。

前面生产、消费、贸易行为中,均假设不存在价格扭曲,即买卖双方支付和收到的价格相等。而在现实中,由于政府的存在(例如,政府的税收和财政支出将对价格产生影响),从而使买卖双方面对价格不相等,并产生扭曲。

政府财政行为在一般均衡系统中的影响主要体现在两个层面。一是政府通过税收或支出影响微观主体。例如,政府通过生产税或生产补贴影响企业产品价格及其最优配置,政府通过消费税、消费补贴、公共品支出影响消费品价格及消费者最优消费配置,政府通过要素税或补贴影响要素价格及其最优需求配置。二是政府自身要保持收支均衡,且在此约束下,实现其效用最大化。

第一节 政府预算约束和最优化

政府的收入和支出在总量上必须相等。政府支出包括政府购买商品和服务以及转移支付。政府收入包括税收收入、非税收入、债务收入等。因此,我们可将政府预算约束表示为

$$G + V + R = T + F + D \qquad (5\text{-}1)$$

式中:G 表示政府购买性支出(包括政府消费和政府投资);V 表示政府转移性支出;R 表示政府的债务利息支出;T 为政府的税收收入;F 为政府的非税收入;D 为政府的债务收入。

政府的最优化目标,通常为社会福利最大化,如 GDP、居民收入、居民福利等最大化。该最大化目标通常并不事先给出,而是通过改变政府收支政策,实现社会福利的改进。

第二节　政府与消费最优化

政府的税收和转移支付会影响家庭的预算约束。在不考虑政府的情况下，家庭的预算约束为

$$Y = p_1 c_1 + p_2 c_2$$

式中：Y 表示居民的收入；p 和 c 分别表示私人消费品的价格和数量。

政府的转移性支出 V 会增加居民的收入，政府对居民课征的个人所得税（税率为 t^I）等直接税后降低居民的可支配收入，政府向居民消费征收的消费税（税率为 t_i^c）会增消费品价格。考虑以上政府收支影响因素，家庭的预算约束为

$$(1 - t^I)Y + V = (1 + t_1^c)p_1 c_1 + (1 + t_2^c)p_2 c_2$$

以 LES 支出函数为例，LES 支出函数为

$$U = \prod_{i=1}^{n} (c_i - \theta_i)^{\beta_i}$$

式中：参数 θ_i 为基本生存消费额；参数 β_i 为商品 i 的消费份额。

通过下面的最优化问题求解，可以得到消费者需求函数，公式为

$$\max u = \prod_{i=1}^{n} (c_i - \theta_i)^{\beta_i}$$

$$\text{s. t.} \sum_{i=1}^{n} (1 + t_i^c) p_i c_i = (1 - t^I)Y + V$$

式中：Y 为税前收入；t^I 为居民个人所得税率；V 为转移性收入，并假定居民无储蓄。此时，拉格朗日函数为

$$\mathcal{L} = \prod_{i=1}^{n} (c_i - \theta_i)^{\beta_i} - \lambda \left[\sum_{i=1}^{n} (1 + t_i^c) p_i c_i - (1 - t^I)Y - V \right]$$

一阶优化条件是

$$\partial\mathcal{L}/\partial c_i = \frac{\beta_i}{c_i - \theta_i} u - \lambda(1 + t_i^c)p_i = 0$$

$$\partial\mathcal{L}/\partial c_j = \frac{\beta_j}{c_j - \theta_j} u - \lambda(1 + t_j^c)p_j = 0$$

$$\partial\mathcal{L}/\partial\lambda = \sum_{i=1}^{n} (1 + t_i^c) p_i c_i - (1 - t^I)Y - V = 0$$

将上式结合得

$$\frac{\beta_i}{\beta_j} \frac{c_j - \theta_j}{c_i - \theta_i} = \frac{(1 + t_i^c)p_i}{(1 + t_j^c)p_j}$$

$$(1 + t_i^c) p_i c_i = (1 + t_i^c) p_i \theta_i + \frac{\beta_i}{\beta_j}(1 + t_j^c)p_j(c_j - \theta_j)$$

两边求和得

$$\sum_{i=1}^{n}(1+t_i^c)p_ic_i = \sum_{i=1}^{n}(1+t_i^c)p_i\theta_i + (1+t_j^c)\frac{p_j}{\beta_j}(c_j-\theta_j)\sum_{i=1}^{n}\beta_i$$

$$(1-t^I)Y+V = \sum_{i=1}^{n}(1+t_i^c)p_i\theta_i + (1+t_j^c)\frac{p_j}{\beta_j}(c_j-\theta_j)$$

$$c_j = \theta_j + \frac{\beta_j}{(1+t_j^c)p_j}\left[(1-t^I)Y+V-\sum_{i=1}^{n}(1+t_i^c)p_i\theta_i\right]$$

式中：c_j 为商品 j 的需求；θ_j 为商品 j 的最低消费支出，用于满足基本生存需求，其消费量不受价格影响；$\sum_{i=1}^{n}(1+t_i^c)p_i\theta_i$ 表示受消费税影响后各种商品最低消费支出之和；$(1-t^I)Y+V$ 表示居民的可支配收入，等于税前收入减去个人所得税后再加上居民获得的政府转移性收入；$(1-t^I)Y+V-\sum_{i=1}^{n}(1+t_i^c)p_i\theta_i$ 表示居民可支配收入减去最低消费支出后的可支配支出或额外消费需求；β_j 表示可支配支出中用于商品 j 的消费份额，也称为边际消费倾向或边际预算份额。商品 j 的边际预算份额除以$(1+t_j^c)p_j$，为额外消费数量。从中可见，政府税收和转移性支出直接影响居民消费和效用。

政府对居民的税收和转移性支出对居民效用的影响如图 5-1 所示。

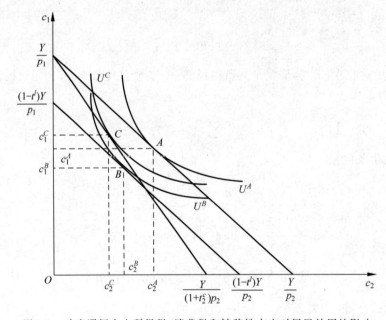

图 5-1　政府课征个人所得税、消费税和转移性支出对居民效用的影响

由图 5-1 可见，在不考虑政府行为时，居民的预算约束线为$\dfrac{Y}{p_1}$至$\dfrac{Y}{p_2}$，其与无差异曲线

U^A 相切,得到效用最大化点为 A ,此时两种商品的消费额分别为 c_1^A 和 c_2^A 。将此状态称为初始状态。

当政府对居民征收个人所得税后(税率为 t^I),居民的预算约束线为 $\dfrac{(1-t^I)Y}{p_1}$ 至 $\dfrac{(1-t^I)Y}{p_2}$,其与无差异曲线 U^B 相切,得到效用最大化点为 B ,此时两种商品的消费额分别为 c_1^B 和 c_2^B 。与初始状态相比,此时 $c_1^B < c_1^A$, $c_2^B < c_2^A$, $U^B < U^A$,即对居民征收个人所得税,使居民对两种商品的消费水平和效用水平均降低。

当政府对商品 2 征收差别性消费税时,居民的预算约束线为 $\dfrac{Y}{p_1}$ 至 $\dfrac{Y}{(1+t_2^c)p_2}$,其与无差异曲线 U^C 相切,得到效用最大化点为 C ,此时两种商品的消费额分别为 c_1^C 和 c_2^C 。此时 $c_1^C > c_1^A$, $c_2^C < c_2^A$, $U^C < U^A$,即对商品 2 征收消费税,使居民增加第 1 种商品的消费,减少第 2 种商品的消费,其效用水平降低。

第三节　政府与生产最优化

前面的生产最优化中,并未考虑政府因素。现实中,各国政府均对企业征税。例如,对企业生产中使用的要素征收要素税。要素税直接影响企业劳动和资本的成本,并影响企业最优化的要素投入与产出。

下面仍以两要素投入的 CES 生产函数为例。并假定政府对企业的劳动收入课征要素税,税率为 t_L ,对企业的资本收入课征要素税,税率为 t_k 。假定生产者的技术可以用如下 CES 生产函数表示

$$v = A[\alpha K^\rho + (1-\alpha)L^\rho]^{1/\rho} \tag{5-2}$$

其最优化问题为

$$\min c = (1+t_k)rK + (1+t_L)wL \tag{5-3}$$

$$\text{s. t. } v = A[\alpha K^\rho + (1-\alpha)L^\rho]^{1/\rho} \tag{5-4}$$

通过构建拉格朗日函数来求解这一约束条件下的最优化问题,公式为

$$\mathcal{L} = (1+t_k)rK + (1+t_L)wL + \lambda(v - A[\alpha K^\rho + (1-\alpha)L^\rho]^{1/\rho}) \tag{5-5}$$

将拉格朗日函数分别对要素投入和拉格朗日乘子求偏导,得到成本最小化的一阶条件为

$$\partial\mathcal{L}/\partial K = (1+t_k)r - \lambda\frac{1}{\rho}v[\alpha K^\rho + (1-\alpha)L^\rho]^{-1}\alpha\rho K^{\rho-1} = 0 \tag{5-6}$$

$$\partial\mathcal{L}/\partial L = (1+t_L)w - \lambda\frac{1}{\rho}v[\alpha K^\rho + (1-\alpha)L^\rho]^{-1}(1-\alpha)\rho L^{\rho-1} = 0 \tag{5-7}$$

$$\partial\mathcal{L}/\partial\lambda = v - A[\alpha K^\rho + (1-\alpha)L^\rho]^{1/\rho} = 0 \tag{5-8}$$

将式(5-6)和式(5-7)联立可得

$$\frac{\alpha K^{\rho-1}}{(1-\alpha)L^{\rho-1}} = \frac{(1+t_k)r}{(1+t_L)w} \tag{5-9}$$

$$K = \left(\frac{1-\alpha}{\alpha}\frac{(1+t_k)r}{(1+t_L)w}\right)^{\frac{1}{\rho-1}}L \tag{5-10}$$

将式(5-8)式变换得

$$\left(\frac{v}{A}\right)^{\rho} = \alpha K^{\rho} + (1-\alpha)L^{\rho} \tag{5-11}$$

将式(5-10)代入式(5-11)联立求解,得到要素需求函数为

$$L = \frac{v(1-\alpha)^{\frac{-1}{\rho-1}}\left[(1+t_L)w\right]^{\frac{1}{\rho-1}}}{A\left[(\alpha\left[(1+t_k)r\right]^{-\rho})^{\frac{-1}{\rho-1}} + ((1-\alpha)\left[(1+t_L)w\right]^{-\rho})^{\frac{-1}{\rho-1}}\right]^{1/\rho}}$$

$$= \frac{1}{A}\left(\frac{1-\alpha}{(1+t_L)w}\right)^{\frac{1}{1-\rho}}\left[\alpha^{\frac{1}{1-\rho}}\left[(1+t_k)r\right]^{\frac{-\rho}{1-\rho}} + (1-\alpha)^{\frac{1}{1-\rho}}\left[(1+t_L)w\right]^{\frac{-\rho}{1-\rho}}\right]^{-1/\rho} \cdot v \tag{5-12}$$

$$K = \frac{v\alpha^{\frac{-1}{\rho-1}}\left[(1+t_k)r\right]^{\frac{1}{\rho-1}}}{A\left[(\alpha\left[(1+t_k)r\right]^{-\rho})^{\frac{-1}{\rho-1}} + ((1-\alpha)\left[(1+t_L)w\right]^{-\rho})^{\frac{-1}{\rho-1}}\right]^{1/\rho}}$$

$$= \frac{1}{A}\left(\frac{\alpha}{r}\right)^{\frac{1}{1-\rho}}\left[\alpha^{\frac{1}{1-\rho}}\left[(1+t_k)r\right]^{\frac{-\rho}{1-\rho}} + (1-\alpha)^{\frac{1}{1-\rho}}\left[(1+t_L)w\right]^{\frac{-\rho}{1-\rho}}\right]^{-1/\rho} \cdot v \tag{5-13}$$

将式(5-12)和式(5-13)代入式(5-3),可以得到如下成本函数

$$c = (1+t_k)rK + (1+t_L)wL = \frac{1}{A}\left[\alpha^{\frac{1}{1-\rho}}\left[(1+t_k)r\right]^{\frac{-\rho}{1-\rho}} + (1-\alpha)^{\frac{1}{1-\rho}}\left[(1+t_L)w\right]^{\frac{-\rho}{1-\rho}}\right]^{-1/\rho} \cdot$$

$$v \cdot \left(\left[(1+t_k)r\right]\left(\frac{\alpha}{\left[(1+t_k)r\right]}\right)^{\frac{1}{1-\rho}} + \left[(1+t_L)w\right]\left(\frac{1-\alpha}{\left[(1+t_L)w\right]}\right)^{\frac{1}{1-\rho}}\right)$$

$$= \frac{1}{A}\left[\alpha^{\frac{1}{1-\rho}}\left[(1+t_k)r\right]^{\frac{-\rho}{1-\rho}} + (1-\alpha)^{\frac{1}{1-\rho}}\left[(1+t_L)w\right]^{\frac{-\rho}{1-\rho}}\right]^{-1/\rho} \cdot v \cdot$$

$$\left(\alpha^{\frac{1}{1-\rho}}\left[(1+t_k)r\right]^{\frac{-\rho}{1-\rho}} + (1-\alpha)^{\frac{1}{1-\rho}}\left[(1+t_L)w\right]^{\frac{-\rho}{1-\rho}}\right)$$

$$= \frac{1}{A}\left[\alpha^{\frac{1}{1-\rho}}\left[(1+t_k)r\right]^{\frac{-\rho}{1-\rho}} + (1-\alpha)^{\frac{1}{1-\rho}}\left[(1+t_L)w\right]^{\frac{-\rho}{1-\rho}}\right]^{-(1-\rho)/\rho} \cdot v$$

$$\tag{5-14}$$

由图 5-2 可见,在不考虑政府行为时,企业的成本线(税前)为$\frac{c^0}{r}$至$\frac{c^0}{w}$,其与产出函数 v^0(税前)相切,得到成本最小化点为 A,此时生产中劳动和资本两种要素的投入量分别为 L^0 和 K^0。将此状态称为初始状态。

当政府对企业生产中的要素收入征收要素税,假定劳动的要素税率为 t_L,资本的要素税率为 t_k,并假定 $t_L = t_k$,企业的成本线为 $c^0/(1+t_K)r$ 至 $c^0/(1+t_L)w$,其与生产函数 v^1 相切,得到成本最小化点为 B,此时企业对两种要素的投入量分别为 L^1 和 K^1。与初始状态相比,此时 $L^1 < L^0$,$K^1 < K^0$,$v^1 < v^0$,即对企业征收要素税,使企业对两种要素

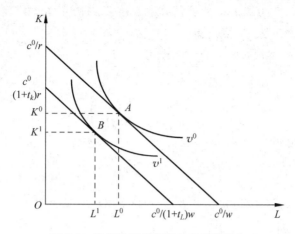

图 5-2　政府课征要素税对产出的影响

的需求量和产出水平均降低。

如果 $t_L \neq t_k$，则税后的成本线不再与税前平行，两种要素税后的相对价格与税前的相对价格不同，相对价格低的要素，则倾向于增加投入量，相对价格高的要素则相反，即两种要素间产生替代效应。此时，要素税不仅影响产量和两种要素绝对投入量，还影响两种要素的相对投入量。

第四节　政府与贸易最优化

在前面的国际贸易中，我们忽略了政府行为。现实中，政府利用进口关税、出口退税（补贴）、贸易配额等措施，对进出口进行调节。假定一国政府对出口商品实行补贴，补贴率为 s，则将有利于促进出口，补贴将对一国的国内生产和出口产生影响。

假定一国生产的产品，根据企业利润最大化，以 CET 生产函数形式在国内销售和出口间进行分配，相应公式为

$$Q = A[\alpha D^\rho + (1-\alpha)E^\rho]^{1/\rho} \tag{5-15}$$

有出口补贴存在时，其最优化问题为

$$\max Y = P_d D + (1+s)P_E E \tag{5-16}$$

$$\text{s. t. } Q = A[\alpha D^\rho + (1-\alpha)E^\rho]^{1/\rho} \tag{5-17}$$

通过构建拉格朗日函数来求解这一约束条件下的最优化问题，相应公式为

$$\mathcal{L} = P_d D + (1+s)P_E E + \lambda(Q - A[\alpha D^\rho + (1-\alpha)E^\rho]^{1/\rho}) \tag{5-18}$$

将拉格朗日函数分别对国内销售、出口和拉格朗日乘子求偏导，得到成本最小化的一阶条件为

$$\partial \mathcal{L}/\partial D = P_d - \lambda \frac{1}{\rho} Q[\alpha D^\rho + (1-\alpha)E^\rho]^{-1} \alpha\rho D^{\rho-1} = 0 \tag{5-19}$$

$$\partial \mathcal{L}/\partial E = (1+s)P_E - \lambda \frac{1}{\rho} Q[\alpha D^\rho + (1-\alpha)E^\rho]^{-1}(1-\alpha)\rho E^{\rho-1} = 0 \tag{5-20}$$

$$\partial \mathcal{L}/\partial \lambda = Q - A\big[\alpha D^\rho + (1-\alpha)E^\rho\big]^{1/\rho} = 0 \tag{5-21}$$

将式(5-19)和式(5-20)联立可得

$$\frac{\alpha D^{\rho-1}}{(1-\alpha)E^{\rho-1}} = \frac{P_d}{(1+s)P_E} \tag{5-22}$$

$$D = \left(\frac{1-\alpha}{\alpha}\frac{P_d}{(1+s)P_E}\right)^{\frac{1}{\rho-1}} E \tag{5-23}$$

将式(5-21)变换得

$$\left(\frac{Q}{A}\right)^\rho = \alpha D^\rho + (1-\alpha)E^\rho \tag{5-24}$$

将式(5-23)代入式(5-24)联立求解，得到如下出口数量函数

$$\left(\frac{Q}{A}\right)^\rho = \left[\alpha\left(\frac{1-\alpha}{\alpha}\frac{P_d}{(1+s)P_E}\right)^{\frac{\rho}{\rho-1}} + (1-\alpha)\right]E^\rho \tag{5-25}$$

$$E = \frac{Q}{A}\bigg/\left[\alpha\left(\frac{1-\alpha}{\alpha}\frac{P_d}{(1+s)P_E}\right)^{\frac{\rho}{\rho-1}} + (1-\alpha)\right]^{\frac{1}{\rho}} \tag{5-26}$$

$$E = \frac{Q(1-\alpha)^{\frac{-1}{\rho-1}}P_d^{\frac{1}{\rho-1}}}{A\big[(\alpha\big[(1+s)P_E\big]^{-\rho})^{\frac{-1}{\rho-1}} + ((1-\alpha)P_d^{-\rho})^{\frac{-1}{\rho-1}}\big]^{1/\rho}}$$

$$= \frac{1}{A}\left(\frac{1-\alpha}{P_d}\right)^{\frac{1}{1-\rho}}\big[\alpha^{\frac{1}{1-\rho}}\big[(1+s)P_E\big]^{\frac{-\rho}{1-\rho}} + (1-\alpha)^{\frac{1}{1-\rho}}P_d^{\frac{-\rho}{1-\rho}}\big]^{-1/\rho} \cdot Q \tag{5-27}$$

$$D = \frac{Q\alpha^{\frac{-1}{\rho-1}}r^{\frac{1}{\rho-1}}}{A\big[(\alpha\big[(1+s)P_E\big]^{-\rho})^{\frac{-1}{\rho-1}} + ((1-\alpha)P_d^{-\rho})^{\frac{-1}{\rho-1}}\big]^{1/\rho}}$$

$$= \frac{1}{A}\left(\frac{\alpha}{\big[(1+s)P_E\big]}\right)^{\frac{1}{1-\rho}}\big[\alpha^{\frac{1}{1-\rho}}\big[(1+s)P_E\big]^{\frac{-\rho}{1-\rho}} + (1-\alpha)^{\frac{1}{1-\rho}}P_d^{\frac{-\rho}{1-\rho}}\big]^{-1/\rho} \cdot Q \tag{5-28}$$

将式(5-27)和式(5-28)代入式(5-16)，可以得到如下最大销售收入(利润)

$$Y = P_d D + (1+s)P_E E = \frac{1}{A}\big[\alpha^{\frac{1}{1-\rho}}\big[(1+s)P_E\big]^{\frac{-\rho}{1-\rho}} + (1-\alpha)^{\frac{1}{1-\rho}}P_d^{\frac{-\rho}{1-\rho}}\big]^{-1/\rho} \cdot$$

$$Q \cdot \left(r\left(\frac{\alpha}{\big[(1+s)P_E\big]}\right)^{\frac{1}{1-\rho}} + P_d\left(\frac{1-\alpha}{P_d}\right)^{\frac{1}{1-\rho}}\right)$$

$$= \frac{1}{A}\big[\alpha^{\frac{1}{1-\rho}}\big[(1+s)P_E\big]^{\frac{-\rho}{1-\rho}} + (1-\alpha)^{\frac{1}{1-\rho}}P_d^{\frac{-\rho}{1-\rho}}\big]^{-1/\rho} \cdot$$

$$Q \cdot (\alpha^{\frac{1}{1-\rho}}\big[(1+s)P_E\big]^{\frac{-\rho}{1-\rho}} + (1-\alpha)^{\frac{1}{1-\rho}}P_d^{\frac{-\rho}{1-\rho}})$$

$$= \frac{1}{A}\big[\alpha^{\frac{1}{1-\rho}}\big[(1+s)P_E\big]^{\frac{-\rho}{1-\rho}} + (1-\alpha)^{\frac{1}{1-\rho}}P_d^{\frac{-\rho}{1-\rho}}\big]^{-(1-\rho)/\rho} \cdot Q \tag{5-29}$$

由图 5-3 可见，在不考虑政府行为时，粮食和棉布两种商品的等价值线为 V_0，其与生产可能性曲线相切为 Q 点，该点决定了粮食和棉布的最优产量 Q_F^0 和 Q_C^0。等价值线与

消费者的无差异曲线相切点 D^0 决定了最优消费组合,该点下粮食和棉布的消费量分别为 D_F^0 和 D_C^0。此时,$D_F^0 > Q_F^0$,$Q_C^0 > D_C^0$。该国生产和消费间的差异通过国际贸易实现均衡,粮食进口量为 $(D_F^0 - Q_F^0)$,棉布出口量为 $(Q_C^0 - D_C^0)$。将此状态称为初始状态。

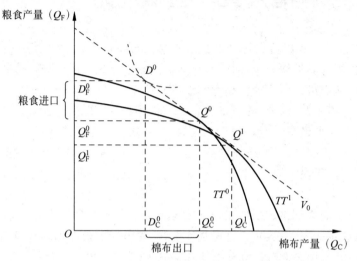

图 5-3 政府出口补贴对贸易的影响

当政府对棉布出口实行补贴,补贴率为 s。补贴后棉布生产获利增加,棉布生产增加,相应地粮食生产减少,生产可能性曲线由 TT^0 变为 TT^1。相对于初始状态的最优生产量,对棉布生产补贴后,棉布生产量由 Q_C^0 增加至 Q_C^1,同时粮食生产量由 Q_F^0 降至 Q_F^1。棉布出口增加,同时粮食进口也增加。

练 习 题

1. 在一般均衡模型中,政府行为从哪些方面影响经济?
2. 假设公共部门生产函数为 CES 函数,且以成本最小化为目标,请写出其拉格朗日函数。
3. 试证明政府对居民征收消费税等价于对其征收个人所得税。
4. 请画图说明政府对某一生产要素课征要素税,将如何影响经济均衡。
5. 请画图分析对进口商品课征关税对一国生产的影响。

第六章 宏观闭合

CGE 模型的一个突出特点是将宏观经济与微观经济相结合。其中微观经济关注居民、企业、政府、国外的最优决策，同时又将居民、企业、政府、国外等微观主体组成相互影响的经济整体，从而可以研究经济总量和经济总体。

宏观经济并不是微观经济的简单加总，"节俭悖论"可以形象地说明这一道理。假设许多家庭和企业预期经济下行，并减少支出和投资进行防范。消费者减少消费，企业裁减员工，将加速经济衰退，家庭和企业的境况都会比它们不削减支出时的状况更糟。节俭这一应对经济下行的手段，不仅没有让人们变得更好，反而对每个人造成了损害，这被称为"节俭悖论"。相反，当家庭和企业对未来感到乐观时，它们会增加当前支出，这会刺激经济增长，表面上看起来挥霍享乐的行为却改善了每个人的境况。

宏观闭合(macro closure)，又称宏观均衡，通常包括要素市场均衡、政府收支均衡、储蓄-投资均衡和国际收支均衡。所有上述均衡在 CGE 模型中均有相应的公式，这些公式实际上是模型在宏观闭合上必须要满足的约束条件。

在此前提下，宏观闭合重点关注的是每一个宏观均衡公式中，外生变量与内生变量的确定。任何模型本质上都是用外生变量解释内生变量的一种方法。外生变量是已知的，又称解释变量，内生变量是未知的，又称被解释变量。模型就是用解释变量来解释被解释变量。不同的内生变量与外生变量，意味着对作用机制和因果关系的不同假设。

基于对现实经济的理解和认识。研究者可以根据研究需要，自由选择模型的内生和外生变量。例如，劳动力供给，可以假定其完全就业，外生给定其供给量；也可以假定其存在大量失业，由劳动力价格内生决定供给量；还可以在居民效用函数中引入闲暇，劳动者根据劳动力价格，决定劳动或闲暇；还可以考虑劳动力从区域外流入等机制。

模型宏观闭合的设置，还有一个重要目的，即在数学上确保独立方程数与内生变量数相等。

选择不同闭合规则对基本模拟的解没有影响，但通常会影响其他模拟的结果。

图 6-1 结合经济系统一般均衡运行图，给出 4 处重要宏观闭合设置，从总体上更好地理解宏观闭合在经济运行中设置。图中椭圆形图标表示市场主体，包括居民、政府、企业、外国。圆角四边形图标表示市场，包括商品和服务市场、要素市场(劳动、资本、技术等)、金融市场。各市场主体通过市场进行交易，每个市场主体有收有支，收支相等，其中箭头的方向表示支出与资金流出、收入与资金流入。

图 6-1 中，有 4 个宏观平衡关系是 CGE 模型关注的重点：要素市场均衡、政府收支均衡、储蓄-投资均衡、国际收支均衡。应根据宏观经济的实际特征，相应地设置各项均衡中的内生与外生变量，构建与现实相符的宏观经济运行机制。

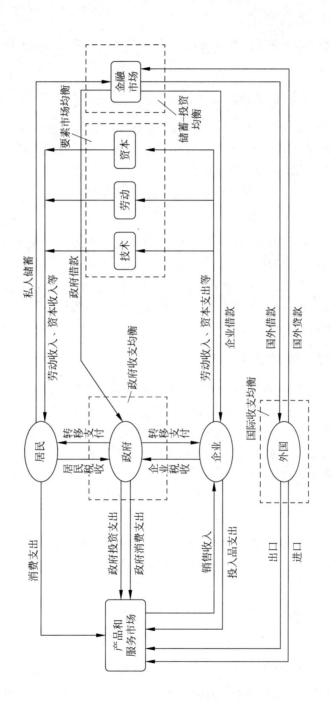

图 6-1　经济运行与宏观闭合图示

第一节　要素市场均衡

根据对经济运行状态的特征及其运行机制的假设,对要素市场均衡的设置,通常有以下 3 种闭合设置。

一、要素数量外生,要素价格内生

在经济处于完全竞争状态时,所有要素(如劳动、资本)均充分就业,此时劳动和资本的数量由外生给定,为一固定数值。劳动价格和资本价格内生决定,通过价格变化实现劳动和资本供求均衡。该闭合设置可表示为

$$\overline{L}_S(w,r,p)=L_D(w,r,p) \tag{6-1}$$

$$\overline{K}_S(w,r,p)=K_D(w,r,p) \tag{6-2}$$

式中：劳动供给数量 $\overline{L}_S$ 和资本供给数量 $\overline{K}_S$ 固定；劳动价格 w 和资本价格 r 内生决定,以实现劳动和资本供求均衡。

该要素市场均衡的设置,又称新古典宏观闭合,因为它是按新古典完全竞争状态下的经济原理和机制进行设置,体现了新古典宏观经济的思想。但严格来讲,该新古典宏观闭合只是要素市场的新古典宏观闭合。

二、要素数量内生,要素价格外生

凯恩斯经济学理论,是以宏观经济萧条为主要研究对象的经济理论,它与新古典宏观经济假设、运行机制完全不同。凯恩斯经济学理论认为,在经济萧条时期,劳动力大量失业,资本闲置,劳动力和资本的供应量不受限制。劳动和资本的数量取决于社会总需求,即内生决定。劳动和资本价格则保持不变,即外生给定。按该理论设置的要素市场均衡,又称为凯恩斯宏观闭合,公式为

$$L_S(\overline{w},\overline{r},p)=L_D(\overline{w},\overline{r},p) \tag{6-3}$$

$$K_S(\overline{w},\overline{r},p)=K_D(\overline{w},\overline{r},p) \tag{6-4}$$

式中：劳动价格 $\overline{w}$ 和资本价格 $\overline{r}$ 为外生给定；劳动供给数量 L_S 和资本供给数量 K_S 取决于总需求,内生确定。与新古典宏观闭合不同,该闭合适用于存在严重失业和资本闲置的经济萧条状态。

三、劳动价格外生、数量内生,资本价格内生、数量外生

诺贝尔经济学奖得主亚瑟·路易斯(Arthur Leuis)通过对发展中国家经济的研究,发现与新古典宏观经济学和凯恩斯经济学完全不同的要素市场均衡状态：大量发展中国家资本稀缺,资本价格受资本供求影响内生决定；同时这些国家存在大量剩余劳动力,劳动价格相对固定。相应公式为

$$L_S(\overline{w},r,p)=L_D(\overline{w},r,p) \tag{6-5}$$

$$\overline{K}_S(w,r,p)=K_D(w,r,p) \tag{6-6}$$

式中：劳动价格 $\overline{w}$ 外生给定；劳动供给数量 L_S 内生决定；资本供给数量 $\overline{K}_S$ 外生给定；资本价格 w 内生决定。该要素市场闭合又称为路易斯闭合。

路易斯闭合是新古典和凯恩斯宏观闭合的结合，在劳动市场均衡上，其设置为凯恩斯宏观闭合，在资本市场均衡上，其设置为新古典宏观闭合。

由此可见，要素市场的闭合设置，应在经济现状分析的基础上，合理设置闭合规则，这样得到的分析结果也会更加符合现实。

第二节　政府收支均衡

政府收支均衡可以由下式简化表示。

$$T-I-Tr-E=S \tag{6-7}$$

式中：T 表示政府的税收收入；I 表示政府的投资支出；Tr 表示政府的转移性支出；E 表示政府的消费性支出；当 S 为正时，表示政府的储蓄，S 为负时，表示政府的债务。

政府收支的宏观闭合可以有多种设置，具体如下。

一、税收收入外生

在此假设下，令式(6-7)中除税收收入外生给定外，其余变量均内生决定，可得

$$\overline{T}-I-Tr-E=S \tag{6-8}$$

假定税收收入 $\overline{T}$ 包括对企业和居民个人课征的税收，分别为 t_cB_c 和 t_pB_p，可得

$$\overline{T}=t_cB_c+t_pB_p \tag{6-9}$$

式中：B_c 为企业的税基；t_c 为企业的税率；B_p 为居民的税基；t_p 为居民的税率，它们均为内生变量。t_c、t_p 又可以按不同规则内生决定，如同时改变 t_c 和 t_p 或仅改变其中某一税率，在税率变化时，可以等比例变化，也可以非等比例变化。不同的设置背后，代表着政府不同的税收政策。

该闭合意味着，政府需要调整税率 t_c、t_p，使税收收入达到需要的水平 $\overline{T}$（增税或减税），以实施某种政策，如大规模减税、增加税收以弥补赤字等。该闭合规则通过式(6-8)和式(6-9)对其他内生变量形成约束，并影响其均衡结果。

二、投资性支出外生

在此假设下，令式(6-7)中除政府投资性支出外生给定外，其余变量均内生决定，可得

$$T-\overline{I}-Tr-E=S \tag{6-10}$$

假定政府投资性支出可以具体到不同行业 c 的投资性支出(I_c)可以假设该投资性支出重点为某些行业的投资性支出，例如，国家增加 2 万亿元政府投资用于交通基础设施建设，公式为

$$\overline{I}=\sum_c I_c \tag{6-11}$$

该闭合意味着,政府通过扩大投资,刺激经济增长。在政府预算平衡的约束下,政府投资性支出增加,将内生影响政府的税收收入 T、转移性支出 Tr、消费性支出 E 和政府储蓄(债务)S。还可以考虑更复杂的情况,如在扩大投资支出的同时,政府还采取减税政策,进一步刺激经济增长。此时,应将税率 t_c 和(或)t_p 设为外生,并依据相关政策将其降低到相应的水平。

三、转移性支出外生

在此假设下,令式(6-7)中除政府转移性支出外生给定外,其余变量均内生决定(例如,假定政府对农村或落后地区增加转移性支出),公式如下。

$$T - I - \overline{Tr} - E = S \tag{6-12}$$

政府转移性支出 $\overline{Tr}$ 还应具体到对特定的企业、居民或地方政府,并将其对各主体的转移支付率设为内生。

该闭合意味着,政府为改善收入分配,增加对特定群体的转移性支出。在政府预算平衡约束下,将影响并内生决定式(6-12)中其余政府收支变量。该闭合设置体现了政府转移性支出的作用机制。

四、消费性支出外生

在此假设下,令式(6-7)中除政府消费性支出外生给定外,其余变量均内生决定(例如,政府削减行政性消费支出),公式如下。

$$T - I - Tr - \overline{E} = S \tag{6-13}$$

同时应将表达式中的政府消费支出占比参数设置为内生变量。

该闭合意味着,政府通过削减行政性消费支出,优化财政支出结构。在政府预算平衡约束下,政府将把更多的财政资金用于投资性支出、转移性支出、减税或削减债务,即内生决定上述变量。

五、政府债务外生

在此假设下,令式(6-7)中除政府储蓄(债务)外生给定外,其余变量均内生决定(例如,政府增加债务以扩大支出或减少税收,以刺激经济增长),公式为

$$T - I - Tr - E = \overline{S} \tag{6-14}$$

同时应将表达式中的政府债务率设置为内生变量,也即政府外生改变债务规模,将影响政府的债务率。

该闭合意味着,政府通过发行债务进行融资,以支持其扩大财政支出或减税的财政政策,从而刺激经济增长。在政府预算平衡约束下,政府债务的改变将内生决定式(6-14)中其余内生变量。当然,此处还可以进一步分析政府债务对资金供求和利率的影响,以及政府债务的挤出和挤入效应。

以上 5 种政府收支闭合设置是 5 种基本情况,并可根据研究需要组合成更加复杂的闭合情况。然而,在实际研究中,为了将不同财政政策的效应及其机制分开,通常需要将

复杂组合的闭合规则进行分解。

第三节　储蓄-投资均衡

储蓄等于投资支出是一个基本会计事实。在一个不存在政府的封闭经济中,根据收入恒等式,收入等于消费加投资,如式(6-15)所示。消费等于收入减储蓄,如式(6-16)所示。由此,可得到式(6-17),储蓄＝投资。这是封闭经济中储蓄-投资均衡的最简单形式。

$$Y = C + I \tag{6-15}$$
$$C = Y - S \tag{6-16}$$
$$S = I \tag{6-17}$$

居民并不是唯一进行储蓄的主体。在任何一年中,如果政府收入大于支出,二者差额被称为预算盈余,也就是政府储蓄;反之,如果政府的支出超过收入,则出现了预算赤字——盈余为负数,这种情况下往往称政府是"负储蓄"。当引入政府时,收入恒等式变为式(6-18),收入等于居民消费、投资和政府支出之和。政府储蓄(赤字、债务)为式(6-19),等于政府税收收入减政府消费性支出和转移性支出。家庭消费为式(6-20),等于收入减税收加转移性收入减居民储蓄。整理后可得式(6-21),投资等于居民储蓄加政府储蓄。

$$Y = C + I + E \tag{6-18}$$
$$S_G = T - E - Tr \tag{6-19}$$
$$C = Y - T + Tr - S_H \tag{6-20}$$
$$S_H + S_G = I \tag{6-21}$$

每个国家都是世界经济的一部分,这意味着一国储蓄可能用于他国投资。任何一个国家都有可能发生资金流入,国外储蓄为本国投资提供资金。任何一个国家也都有可能发生资金流出,国内储蓄为其他国家的投资提供资金。国际间资金流入或流出对一国总储蓄的净效应被称为该国的资本流入,它等于国外资金流入总量减去国内资金流出总量。与政府预算盈余类似,资本流入量也可能是负值,即一国的资金流出量大于流入量。开放经济中,储蓄-投资恒等式意味着投资等于储蓄,其中储蓄等于国民储蓄加上资本流入。

进一步考虑开放经济,收入恒等式变为式(6-22),即收入还需进一步加上净出口,式中:X 表示出口;M 表示进口。M-X 代表世界其他地区储蓄 S_F,如式(6-23)。由此可得式(6-24),即私人储蓄、政府储蓄和从世界其他地区的贷款的加总等于投资。

$$Y = C + I + E + X - M \tag{6-22}$$
$$S_F = M - X \tag{6-23}$$
$$S_H + S_G + S_F = I \tag{6-24}$$

在储蓄-投资平衡关系下,对储蓄和投资内生、外生的不同设定,形成不同的闭合。

一、投资外生,储蓄内生

投资驱动型宏观闭合,或称约翰森闭合[源自 Johansen(1974)]。投资外生给定,储蓄量需内生决定并等于固定的投资量,则各主体(居民、企业等)储蓄率需要调整,内生确

定。此外，哪些主体的储蓄率需要调整，各主体细分主体按相等比例，还是差别比例调整储蓄率，需要进一步确定。相应公式为

$$S_H + S_G + S_F = \bar{I} \tag{6-25}$$

如式(6-25)所示，当投资外生给定 $\bar{I}$，此时，需内生决定 S_H、S_G、S_F 中的全部或部分变量。这意味着，先确定投资，并通过调整储蓄来满足投资，实现储蓄-投资均衡。

二、储蓄外生，投资内生

储蓄驱动型宏观闭合，或称新古典宏观闭合，各主体的储蓄外生给定，投资需要内生调整至与储蓄相等水平。各主体的投资率内生确定，通过改变各主体的投资率，改变总投资，使之与总储蓄相等，公式为

$$S_H + \overline{S_G} + S_F = I \tag{6-26}$$

如式(6-26)所示，假定政府储蓄外生给定 $\overline{S_G}$，如政府通过债务融资目标规模，并用于投资，此时，社会总投资，以及居民储蓄和国外储蓄均内生决定。这意味着，通过改变政府储蓄来影响社会投资，通过调整投资来满足储蓄，实现储蓄-投资均衡。

实际中该采用哪种闭合规则，取决于研究目标。当政府通过扩大政府投资或刺激居民和企业投资以促进经济增长时，为研究投资变化对经济的影响，显然应采用投资驱动型宏观闭合。当研究者关心储蓄变化对经济影响时，显然应采用储蓄驱动型宏观闭合。

此外，上述关于储蓄-投资均衡仅是在静态模型中的设置，在动态模型中，可以在投资和储蓄函数中引入利率，并将其作为内生变量，作为储蓄-投资平衡的调节机制。

第四节　国际收支均衡

国际收支平衡的基本规律是：经常项目国际收支余额与金融项目国际收支余额之和为零。当世界其他国家向某国购买商品时，资金流入该国，该国国际收支平衡表的经常项目余额增加，当世界其他国家向某国购买金融资产时，该国国际收支平衡表的金融项目余额增加。该国向世界其他国家购买商品和金融资产时，资金流出该国。该国流入资金和流出资金总和相等，公式为

经常项目正的流量＋金融项目正的流量＝经常项目负的流量＋金融项目负的流量

(经常项目正的流量－经常项目负的流量)＋(金融项目正的流量－金融项目负的流量)＝0

经常项目国际收支余额＋金融项目国际收支余额＝0

假定中国增加对美国资产的购买，美国金融项目收支余额上升。与此形成抵消的是，中国购买的美国产品和服务减少，美国购买的中国产品和服务增加，两者作用的结果就是美元升值。所以美国金融项目收支的变化会在经常项目上产生数量相同但方向相反的抵消力量。汇率的变化会确保金融项目和经常项目上的变化相互抵消。

相对于封闭经济，开放经济模型增加了外汇储备 S_F 和外汇汇率 ε 两个变量和一个国际收支平衡方程，如式(6-27)所示。式中：S_F 为外汇储备；$(M-X)$ 为以本币计算的净进口额。

$$S_F = \varepsilon(M - X) \tag{6-27}$$

为了使内生变量数与方程数一致，在外汇储备 S_F 和外汇汇率 ε 两个变量中需要将一个变为外生。由此形成以下两种国际收支闭合设置。

如果一国外汇储备稀缺且长期波动不大，则应将外汇储备 S_F 外生固定，通过汇率变动调整进出口净值。显然该设置无法研究贸易赤字变化的经济影响。如果一国将汇率 ε 固定，外汇储备根据净进口额自动调整。显然，该设置也无法分析政策对汇率的影响，以及汇率对其他经济变量和经济的影响。因此，宏观闭合的选择应与考虑研究目的。

一、汇率内生，国外储蓄外生

如果国外储蓄低于外生水平，汇率贬值，国外进口数量减少（进口价格为世界固定价格），出口数量和所得增加（出口价格为世界固定价格），则国际收支账户达到均衡，公式为

$$\overline{S_F} = \varepsilon(M - X) \tag{6-28}$$

二、汇率固定，国外储蓄内生

如果一国选择固定汇率，则将汇率固定，作为模型的价格基准（numeraire），此时国外储蓄由内生决定，公式为

$$S_F = \bar{\varepsilon}(M - X) \tag{6-29}$$

第五节　宏观闭合组合

上述 CGE 模型中 4 种宏观经济平衡，建模者可以从不同闭合规则进行选择和组合。表 6-1 对上述闭合进行了总结。

表 6-1　宏观系统约束的可选闭合规则及其组合

要素市场均衡	政府收支均衡	储蓄-投资均衡	国际收支均衡
END-1： 劳动和资本数量外生，价格内生	GOV-1： 政府税收收入外生，相关税率或政府储蓄率内生	SI-1： 投资外生，储蓄（率）内生	ROW-1： 外汇储备固定，实际汇率可变
END-2： 劳动和资本数量内生，价格外生	GOV-2： 政府投资性支出外生，相关税率或政府储蓄率内生	SI-2： 投资内生，储蓄（率）外生	ROW-2： 外汇储备可变；实际汇率固定
END-3： 劳动价格外生，数量内生；资本价格内生，数量外生	GOV-3： 政府转移性支出外生，相关税率或政府储蓄率、转移支付率内生		

续表

要素市场均衡	政府收支均衡	储蓄-投资均衡	国际收支均衡
	GOV-4： 政府消费性支出外生， 相关税率或政府储蓄 率、消费率内生		
	GOV-5： 政府储蓄（债务）外生， 相关税率或政府储蓄率 内生		

不同宏观闭合组合取决于研究目的。鉴于这是一个单期模型，在结合固定外汇储蓄、固定直接投资和固定实际政府消费之后，闭合可能更适合用于探索不同政策的均衡福利变化的模拟。表 6-1 中，ROW-1 和 SI-1 及政府收支均衡闭合中的任一个组合在一起，在文献中称为约翰森闭合。① 此种闭合避免了外国储蓄和直接投资对福利效应的影响。在模拟时，增加外汇储蓄、减少投资使家庭福利提高（反之减少外汇储蓄、增加投资时亦然）。但这一结果具有误导性，因为该分析没有考虑到由于外债增加和资本存量减少而导致的后期福利损失。至于政府消费，该模型没有捕捉到其直接和间接的福利贡献；为了避免误导性的结果，最好在福利分析中保持这一变量固定。

在实际工作中经常使用的另一种宏观闭合是储蓄驱动的"新古典宏观闭合"，在这种闭合中，投资由私人、政府和外汇储蓄的总和决定。它与约翰森闭合的区别在于它使用 SI-2 而不是 SI-1。从各国应对宏观冲击的历史经验来看，储蓄驱动的新古典宏观闭合和投资驱动的约翰森闭合似乎都很极端。如果分析的目的是捕捉特定（历史、当前或未来）环境中外生冲击或政策变化的可能影响，或是为了探索互补政策的作用，最好是选择更接近真实世界情况的闭合。

约翰森闭合理论、新古典宏观闭合理论都假设了宏观变量和总就业之间没有联系。如果在要素市场均衡中假定充分就业 END-1，这些闭合将对总需求的构成产生不同的冲击影响，但对总国内生产总值几乎没有影响。与之不同，凯恩斯宏观闭合 END-2，可通过凯恩斯乘数效应将总就业与宏观变量联系起来。这一闭合是 Taylor(1990) 所倡导的结构主义宏观模型的一个示例。在这个凯恩斯宏观闭合中，投资的实际价值是固定值。在劳动市场中（如果将劳动细分，即在其中一个劳动市场中），假定在有失业的情况下，实际工资相对灵活。实际工资的调整诱使企业充分改变其劳动需求和就业，以产生为固定数量的直接投资提供资金支持所需的收入和储蓄。在这个模型中，外生直接投资（或实际政府支出）的增加将导致工资下降，就业增加，收入增长，以及为增加投资提供资金支持的储蓄增加。在标准模型背景下，执行这一闭合最简单的方法是：①引入一个修改后的投资驱动宏观闭合 SI-1；②对于一种劳动类型，选择要素市场均衡闭合 END-2。

----

① 由 Johansen(1960) 开发的第一个 CGE 模型中使用了这种类型的闭合。

上述分析可见,新古典宏观闭合、凯恩斯宏观闭合、路易斯闭合、约翰森闭合,实际上体现在对以上4项平衡等式的每一等式中,而不仅仅体现在其中某一等式中。

练 习 题

1. 在 CGE 模型中,不同宏观闭合规则对基准均衡和冲击后的均衡的影响有何不同?

2. 请结合图 6-1 说明宏观闭合主要指哪 4 项宏观平衡,并结合每项平衡的均衡等式,说明其作用机制。

3. 简述新古典宏观闭合、凯恩斯宏观闭合、路易斯闭合、约翰森闭合的含义。

第七章 不完全竞争

前面的分析均以完全竞争为假设,这通常是一种存在大量小企业时的市场结构。当一个行业只有一家厂商或少数几家厂商时,则出现垄断或垄断竞争的市场结构。

第一节 垄 断

当市场上只有一家厂商时,垄断厂商不再是市场价格的接受者,而会选择能够实现利润最大化的价格和产量。但这并不意味着垄断厂商的行为不受限制,它同样受到消费者行为的制约。如果厂商高价销售,消费者会减少购买,因此厂商需要基于消费者的行为确定利润最大化时的价格。

首先来看垄断厂商的利润最大化问题。设 y 表示产出,$r(y)$ 表示垄断厂商的收入函数,$r(y)=p(y)y$,$c(y)$ 表示垄断厂商的成本函数。于是垄断厂商的利润最大化可表示为

$$\max_y r(y) - c(y)$$

显然,该式的最优解为边际收益等于边际成本,即

$$\frac{\Delta r}{\Delta y} = \frac{\Delta c}{\Delta y}$$

此时 MR＝MC。该条件在竞争厂商下也成立。只是对于竞争厂商而言,边际收益等于由市场决定的价格,而对于垄断厂商而言,边际收益等于垄断厂商根据边际成本决定的价格。

产量变化对垄断厂商收益的影响包括两部分:一是销售更多的商品增加的收益 $p\Delta y$;二是产量增加,价格下降使所有销售商品减少的收益 $y\Delta p$。因此,产量增加对收益的总体影响为

$$\Delta r = p\Delta y + y\Delta p$$

边际收益为

$$\frac{\Delta r}{\Delta y} = p + \frac{\Delta p}{\Delta y}y$$

即

$$\mathrm{MR} = p + \frac{\Delta p}{\Delta y}y = p\left(1 + \frac{\Delta p}{\Delta y}\frac{y}{p}\right) = p\left(1 + \frac{1}{\varepsilon}\right) = \mathrm{MC} \tag{7-1}$$

式中:ε 为需求价格弹性,$\varepsilon = (\Delta y/y)/(\Delta p/p)$,且 $\varepsilon < 0$。如果 $-1 < \varepsilon < 0$,则厂商只要减产就会增加利润,任何点都不可能是垄断厂商利润最大化的点;如果 $\varepsilon < -1$,则存在利润最大化的点;当 ε 趋向负无穷时,即厂商面临完全竞争条件下一条水平的需求曲线,此时

$MR=p$。

在 CGE 模型中,其具体设置如下:在前述 Arminton 函数中,如果某行业为垄断行业,则其国内商品供给价格 P_d 等于其边际成本,其需求价格弹性等于 Arminton 函数的进出口替代弹性 ε,由于 $\rho=1-\dfrac{1}{\varepsilon}$,可得

$$D = A^{\varepsilon-1}\left((1-\alpha)\cdot\frac{P_C}{P_d}\right)^{\varepsilon}\cdot Q_C$$

式(7-1)中,令 ε 为取绝对值后的数值,则式(7-1)可变为

$$p\left(1-\frac{1}{\varepsilon}\right)=MC$$

当 $MC=P_d$,则消费者需求价格 $p=P_d\cdot\dfrac{\varepsilon}{\varepsilon-1}=\dfrac{1}{\rho}P_d$。则对于垄断行业,在 CGE 模型中,修改后的国内商品需求函数为

$$D = A^{\varepsilon-1}\left[(1-\alpha)\cdot\frac{P_C}{(1/\rho)P_d}\right]^{\varepsilon}\cdot Q_C$$

当在模型中引入垄断结构时,还要指定获得的垄断利润,否则模型无法均衡。假定垄断利润首先由企业获得,然后分配给提供生产要素的居民。

由于垄断利润等于商品价值(成本)的一定比例,即涨价幅度 $(1-\rho)/\rho$,因此,垄断利润为

$$RT = \frac{(1-\rho)}{\rho}P_d D$$

该垄断利润 RT 为新增内生变量,同时该公式为新增方程。

进一步假定所有垄断利润分配给居民,因此,需要将 RT 加到居民的收入。当然,也可以假定垄断利润以国有企业利润上缴方式归属于政府,则需要将 RT 加到政府收入。

第二节　寡　头　垄　断

完全竞争下,市场上存在众多小竞争者;完全垄断下,市场上只有一家大厂商。在二者之间的情况是,市场上存在许多竞争者,但它们的数量有限,均对市场价格有影响,这种情况称作寡头垄断。

假设处于古诺均衡中的厂商有数家,每家厂商均在行业中其他厂商产量选择的预测既定的情况下实现利润最大化。假设有 n 家厂商,令 $Q=q_1+q_2+\cdots+q_n$ 为行业的总产量。厂商 i 利润最大化条件——边际收益等于边际成本条件为

$$p(Q)+\frac{\Delta p}{\Delta Q}q_i=MC(q_i)$$

将上式变换为

$$p(Q)\left[1+\frac{\Delta p}{\Delta Q}\frac{Q}{p(Q)}\frac{q_i}{Q}\right]=MC(q_i) \tag{7-2}$$

式中：$\dfrac{\Delta p}{\Delta Q}\dfrac{Q}{p(Q)}=\varepsilon(Q)$，表示需求弹性。令 $s_i=\dfrac{q_i}{Q}$，表示厂商 i 在市场总产量中所占有的份额，式(7-2)可简化为

$$p(Q)\left[1+\frac{1}{\varepsilon(Q)/s_i}\right]=\mathrm{MC}(q_i) \tag{7-3}$$

式(7-3)中，如果一家厂商所占市场份额为 100%，则这家厂商就是垄断厂商，这家厂商面临的需求曲线就是市场需求曲线，式(7-3)就简化为垄断厂商的均衡条件。如果厂商是市场中一个非常小的部分，它所占的市场份额实际上趋于零，此时式(7-3)就简化为完全竞争厂商的均衡条件，价格等于边际成本。

式(7-3)中，令 ε 为取绝对值后的数值，可得

$$p\left(1-\frac{1}{\varepsilon/s_i}\right)=\mathrm{MC}$$

当 $\mathrm{MC}=P_d$，则消费者需求价格 $p=P_d\cdot\dfrac{\varepsilon/s_i}{\varepsilon/s_i-1}$。则对于垄断行业，CGE 模型中，修改后的国内商品需求函数为

$$D=A^{\varepsilon/s_i-1}\left((1-\alpha)\cdot\frac{\varepsilon-s_i}{\varepsilon}\frac{P_C}{P_d}\right)^{\varepsilon/s_i}\cdot Q_C$$

当在模型中引入寡头垄断结构时，还要指定获得的寡头垄断利润。假定寡头垄断利润首先由寡头企业获得，然后分配给提供生产要素的居民。寡头垄断利润等于商品价值（成本）的一定比例，即涨价幅度 $\dfrac{s_i}{\varepsilon-s_i}$，因此，寡头垄断利润为

$$\mathrm{RT}=\frac{s_i}{\varepsilon-s_i}P_d D \tag{7-4}$$

寡头垄断利润 RT 为新增内生变量，同时式(7-4)为新增方程。

进一步假定所有寡头垄断利润分配给居民，此时需要将 RT 加到居民的收入。当然，也可以假定寡头垄断利润以国有企业利润上缴方式归属于政府，则需要将 RT 加到政府收入。

练　习　题

1. 垄断情况下，需对完全竞争 CGE 模型做出哪些修改？
2. 古诺均衡下，寡头垄断 CGE 模型需如何设置？

第八章　动态一般均衡

前述研究假设要素禀赋固定不变,居民储蓄和消费仅由当期特征决定,属于静态研究。但由于静态 CGE 模型不能模拟分析随时间变化的政策累积效应,而许多政策,如财政税收政策、温室气体减排政策等通常是在多年内实现,需要经过一段时间才能使生产者和消费者的行为发生变化,或者政策短期效应与累积效应不同(比如,某些政策短期不利于经济增长,而长期却有利于经济增长),因此,要系统地对相关政策的经济影响进行完整的评估(包括短期效应和累积效应),构建动态 CGE 模型显得非常必要。

从广义上来讲,动态 CGE 模型可以分为两类:递归动态和跨期动态。递归动态模型的动态化主要是指生产要素(劳动、资本、土地、技术、人力资本等)供给随时间的变化,通过每期的最优化问题来解决。跨期动态模型最优化问题的解决需要将所涉及的时间段都考虑在内,因此在递归动态模型中,家庭会做出一种只考虑当前效应最大化的消费决策;但是在跨期模型中,家庭会寻求终生效应最大化,并且在第一阶段就做出将未来时间考虑在内的消费方式。目前,由于递归动态过程由每一期的经济增长推动,逐年递进完成,每期内经济均保持均衡,设置相对比较简洁,而跨期动态的"跨期"期望参数设置存在诸多争议,而且效果并不显著,因此,目前递归动态成为多数国际学者和政策研究者的选择。

值得说明的是,在具体构建动态 CGE 模型时,不能忽视人口随时间变化不断增长这一事实。但在这个模型中,没有一个实际的人口变量。然而,在每一个时期都有一个人口指数 pop_t,其增长率为 n_t,这是从一个时期到另一个时期变化的变量,对于第一时期 T1,$pop\_T1=1$,而且有 $pop\_t=pop\_(t-1)[1+n\_(t-1)]$。因此,如果认为 n_t 是相关的,那么便可以将其值设为零或是一个固定的数。模型中使用这个指数的目的是更新变量和参数值,假设这些变量和参数值增长率为该指数。

动态 CGE 模型一般假设一些常量增长率同人口指数 pop_t 增长率 n_t 相同,适应于以下几种情况:家庭储蓄的方程截距为 $sh0\_(h,t)$;家庭和企业收入税收方程截距分别为 $ttdh0\_(h,t)$ 和 $ttdf0\_(h,t)$;家庭向政府转移方程的截距为 $tr0\_(h,t)$;来自政府的转移支付为 $TR\_(agng,gvt,t)$,以及来自世界其他地区的转移支付为 $TR\_(agd,row,t)$。

受人口增长、劳动参与率的变化,或者是两者的综合影响,本文假设在同一时期,劳动力供给量与人口指数 pop_t 的增长率是相同的。可得

$$LS\_(l,t) = LS\_(l,t-1)pop\_t, 等价于 LS\_(l,t)$$
$$= LS\_(1,t-1)(1+n\_t) = LS\_(l,t)(1+n\_t)$$

与人口增长率同步的其他变量还有:当前账户余额、ELES 需求方程中商品消费的刚性消费需求、政府当前支出、公共投资范畴、公共部门行业,以及库存变化。之所以假设常数项和外生变量的增长与劳动力供给率的增长相同,主要是为了能使模型拟合出一个平衡的增长路径。如果所有的变量都遵循一种稳定的增长,那么该经济也会遵循一种平

衡的增长路径,然而相关价格仍然是不变的。当然,均衡增长路径绝对是不现实的。但是如果和往常一样,或者是检验模型具有一致性,这样均衡增长路径便是有效的。

下面重点介绍 3 种主流的动态 CGE 模型核心方程及作用机理。

第一节　瑟洛动态模型

瑟洛(Thurlow,2004)在国际食物政策研究所(International Food Policy Research Institute,IFPRI)静态模型基础上,采用递归动态方法,构建了瑟洛动态模型。其动态设置如下。

一、资本积累

总资本供应的变化在动态模型中由内生形成。在给定的时间段内,可用资本总额由前一时期的资本存量和投资支出决定。同时还要考虑的是,前期投资产生的收益将如何跨部门分配。

投资在部门间分配的一个简化设置是,每个部门在总资本收入或利润中的份额,按比例分配投资。这些比例通过每个部门的利润率与整个经济的平均利润率的比率来调整。利润率高于平均水平的部门获得的投资份额大于其在总利润中的份额,这一过程包括 4 个步骤。

第一步,时间段 t 内整个经济体的平均资本收益率 AWF_{ft}^{a} 等于每个行业的收益率 WF_{ft} 之和的加权平均,由该行业在总资本要素需求中的份额 $\left(\dfrac{\mathrm{QF}_{fat}}{\sum\limits_{a'}\mathrm{QF}_{fa't}}\right)$ 加权。

WFDIST_{fat} 为资本扭曲率,公式为

$$\mathrm{AWF}_{ft}^{a}=\sum_{a}\left[\left(\frac{\mathrm{QF}_{fat}}{\sum\limits_{a'}\mathrm{QF}_{fa't}}\right)\cdot\mathrm{WF}_{ft}\cdot\mathrm{WFDIST}_{fat}\right]$$

第二步,通过比较收益率和整个经济的平均水平,计算得出每个行业在新资本投资中的份额 η_{fat}^{a},公式为

$$\eta_{fat}^{a}=\left(\frac{\mathrm{QF}_{fat}}{\sum\limits_{a'}\mathrm{QF}_{fat}'}\right)\cdot\left(\beta^{a}\cdot\left(\frac{\mathrm{WF}_{f,t}\mathrm{WFDIST}_{fat}}{\mathrm{AWF}_{ft}^{a}}-1\right)+1\right)$$

收益率高于平均水平的行业,上式右侧的第二项将大于 1;收益率低于平均水平的行业,上式右侧的第二项将小于 1。然后,将 η_{fat}^{a} 乘以现有资本存量的份额,得出新资本的部门分配。β^{a} 表示投资的部门间流动性,在 β^{a} 为零的极端情况下,投资资金的行业间不存在流动性,所有投资都可视为来自留存利润。

第三步,计算新增资本的数量。新增资本数量等于固定资本形成总额除以资本价格 PK_{ft},然后将其乘以每个部门的新资本份额 η_{fat}^{a},得出分配给每个部门的最终数量 ΔK_{fat}^{a},单位资本价格的确定如下

$$\Delta K_{fat}^a = \eta_{fat}^a \cdot \left(\frac{\sum_c \mathrm{PQ}_{ct} \cdot \mathrm{QINV}_{ct}}{\mathrm{PK}_{ft}} \right)$$

$$\mathrm{PK}_{ft} = \sum_c \mathrm{PQ}_{ct} \cdot \frac{\mathrm{QINV}_{ct}}{\sum_{c'} \mathrm{QINV}'_c t}$$

第四步,新的资本总量 QF_{fat+1} 和行业资本量 QFS_{ft+1} 由上期的水平加新增资本减折旧 v_f。

$$\mathrm{QF}_{fat+1} = \mathrm{QF}_{fat} \cdot \left(1 + \frac{\Delta K_{fat}^a}{\mathrm{QF}_{fat}} - v_f \right)$$

$$\mathrm{QFS}_{ft+1} = \mathrm{QFS}_{ft} \cdot \left(1 + \frac{\sum_a \Delta K_{fat}}{\mathrm{QFS}_{ft}} - v_f \right)$$

上述关于资本积累和分配的设置不是完全跨期的。假设任何影响投资水平和分布的预期都基于过去的经验,虽然只是个假设,但却极大地简化了模型的机制,避免了跨期优化的设置。

除资本积累外,瑟洛模型还考虑了人口增长、劳动力变化和全要素生产率(total factor productivity,TFP)的变化。

二、人口增长

每个代表性家庭的消费采用线性支出系统(LES)。其中,最低生活消费为 $\mathrm{PQ}_c \cdot \gamma_{ch}^m$,不受可支配收入变化的影响,生活必需品以外的消费随收入变化而变化,公式为

$$\mathrm{PQ}_c \cdot \mathrm{QH}_{ch} = \mathrm{PQ}_c \cdot \gamma_{ch}^m + \beta_{ch}^m \cdot \left(\mathrm{EH}_h - \sum_{c \in C} \mathrm{PQ}'_c \cdot \gamma_{c'h}^m \right)$$

假设人口增长,并通过其对私人消费支出水平的直接影响进入模型。在动态更新过程中,随着人口的增长,每个家庭对特定商品的消费水平向上调整,以反映更大的消费需求,这是通过与人口增长相同的速度增加,独立于收入的需求量(γ_{ch}^m)实现的。

图 8-1 表示单个代表性家庭对特定商品 QH_{ch} 的消费与家庭的总消费支出水平 EH_h 间的关系。上升的消费需求曲线反映了家庭可支配收入与消费水平之间的正相关关系。最初,独立于收入的消费水平由 γ^m 给出。在 LES 设置下,收入和消费之间存在线性关系,由斜率 β^m 表示。

在动态模型中,人口增长导致 γ^m 的值按比例增加。消费曲线向上移动,反映更高的最低消费水平 γ^{m*}。如图 8-1 所示,假定消费曲线的斜率 β^m 保持不变。因此,可以认为人口增长只影响平均消费需求,而非边际消费需求,所以我们认为新

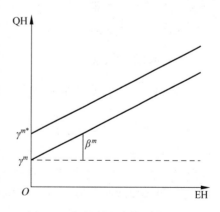

图 8-1　家庭消费需求与人口增长

消费者与现有消费者具有相同的消费偏好。

三、劳动力增长

每个劳动力类别所采取的劳动力市场闭合,决定了更新相关参数以反映当前模型中劳动力供应变化的方法。每个要素市场有 4 种可选的闭合选项。

第一种闭合,劳动力供应是灵活的,但受制于劳动力供应实际工资弹性的调整能力。不需要外生更新劳动力供应,劳动力供应会内生地调整,确定最终就业和工资。如果该要素的劳动力供应正在外生增长,则相应地调整方程中的初始劳动供应量。

第二种闭合,一个劳动力类别的部门需求保持不变,随着劳动力供应的变化,对需求的任何调整都是外生的,在这种情况下,我们假定供应增长在所有部门中相同。

第三种闭合,假定劳动力以固定实际工资就业,代表了第一种闭合选项的特殊情况,即劳动力供应的工资弹性无穷大,由于对要素供应没有限制,所以不需要外生调整劳动力供应。相反,有必要外生调整实际工资。

第四种闭合,假设要素供应固定,并调整实际工资,使需求和供应相等,最终这种闭合意味着充分就业。这种情况,固定水平的劳动力供应会外生调整,也代表了第一种闭合情况的特殊情况,其中劳动力供应的工资弹性为零。

四、全要素生产率变化

随着要素供给的变化,动态模型也考虑了特定的全要素生产率的变化。将方程中的全要素生产率乘以一个系数,以外生反映全要素生产率的变化。

第二节　新古典动态模型

Uzawa(1962)在一国两部门两要素的封闭经济下,给出新古典增长模型。假定一国居民总体是所有生产要素收入的持有者。在资本积累模型中,居民总收入的一部分用于储蓄。投资的资金来源于储蓄,因此居民既是消费者又是投资者。投资的主体是居民,而不是厂商。厂商只是资本品的生产者和资本的使用者,而不是所有者。

根据资本的类型,进一步分为总资本增长模型和分部门资本增长模型。

一、总资本增长模型

该模型中,i 部门产品的总需求函数中需要包含投资需求,公式为

$$X_i = C_i + k_i \Delta K$$

该式定义 i 部门产品的总供给直接由总需求决定。总需求等于消费需求和投资需求之和。投资需求用 $k_i \Delta K$ 表示。k_i 为资本构成系数,表示每单位资本所含 i 产品的数量,这是一个由投入产出技术关系决定的系数,假定其固定不变。ΔK 是资本的形成,将在下面的投资模块中具体给出其决定方程。

在居民消费模块中,假定居民按固定储蓄率 s 进行储蓄。

$$\text{劳动存量 } L^* = nL$$

其中 n 是劳动增长率。

投资模块包含以下 3 个公式。在总资本品假设下,首先要确定总资本品,即资本增量 ΔK 的数量。总资本品的数量由式(8-1)表示,该式来源于储蓄-投资恒等式。假定总资本品由两产品构成。总资本品价格指数是一个按资本构成系数 k_i 计算的平均价格,即式(8-2),也称为资本形成的零利润条件,表示新资本的价格等于其构成产品的单位成本。式(8-3)为期末资本存量,等于期初资本存量和本期投资的积累关系,该期末资本存量将用于下期生产。其中,d 为资本折旧率。

$$\Delta K = S/P^K \tag{8-1}$$

$$P^K = \sum_{i=1}^{2} k_i P_i \tag{8-2}$$

$$K^* = K(1-d) + \Delta K \tag{8-3}$$

二、分部门资本增长模型

实际中,各部门使用的固定资本不同。不同部门的固定资本不能相互使用,故不能直接流动。部门之间的资本流动只能通过折旧和资本积累间接进行。即首先使固定资本通过折旧转换为货币形态,然后再通过购买不同资本品投入其他部门。这样,固定资本跨部门流动只有在较长时期内才能实现。

分部门资本品的形成,需要解决两个新问题:一是各部门资本是如何形成的;二是总储蓄或总投资资金应如何在部门之间进行分配。

(1)资本形成。各部门资本的构成可由投资矩阵决定,即不同部门上固定资本的产品构成矩阵,它表示每一单位资本形成所需的各种产品的数量。

(2)储蓄在部门间分配。此处需要引进部门资本收益率。投资的目的是为获取最大收益。资本收益率的高低是影响投资决策的主要因素。投资者将优先将资金投向预期收益率最高的部门,随着投资的增加,这些部门的收益率下降,市场竞争最终使各部门预期收益率相等。

多部门资本假设下,投资模块的相关方程也需相应修改,公式如下。

$$\Delta K_j = I_j / P_j^K \tag{8-4}$$

$$P_j^K = \sum_{i=1}^{2} k_{ij} P_i \tag{8-5}$$

$$R_j^* = \left(\frac{r_j}{P_j^I} - d_j\right)\left(\frac{K_j^*}{K_j}\right)^{-\delta^j} \tag{8-6}$$

$$R_1^* = R_2^* \tag{8-7}$$

$$S = \sum_{i=1}^{2} I_j \tag{8-8}$$

$$K_j^* = K_j(1 - d_j) + \Delta K_j \qquad (8\text{-}9)$$

式中：$j = 1, 2$。

式(8-4)表示对 j 部门新资本(投资)的需求。

式(8-5)表示 j 部门新资本(投资)的价格指数。式中 k_{ij} 是 j 部门资本构成系数，表示每单位 j 部门资本所含的 i 产品的数量。

式(8-6)表示 j 部门资本预期净收益率，式中 δ^j 是投资调节系数，$0 < \delta^j < \infty$。等式右边第一项 $\left(\dfrac{r_j}{P_j^I} - d_j\right)$ 表示资本的实际净收益率，可用 R_j 表示。其中资本租金价格 r_j 也称为资本的名义收益率，其除以资本的价格指数 P_j^I，即资本实际收益率，再减去资本折旧率 d_j，等于资本的实际净收益率。等式右边第二项 $\left(\dfrac{K_j^*}{K_j}\right)^{-\delta^j}$ 是期末资本存量与期存量之比。指数 δ^j 用来调节投资对收益率变动反应的灵敏程度。预期净收益率与资本投资之间的关系可用图 8-2 来说明。

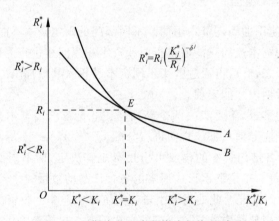

图 8-2　预期净收益率与资本投资的关系

图中横轴表示期末期初资本存量之比，纵轴表示预期净收益率。图中的曲线表示两者之间的函数关系。当预期收益率与实际收益率相等时，期末资本与初期资本相等 ($K_i^* / K_i = 1$)，投资为零，即曲线上的 E 点。如果投资增加 $K_i^* > K_i$，厂商认为下一期的收益率将会低于本期的收益率 $R_i^* < R_i$。反之，如果资本缩减 $K_i^* < K_i$，则有 $R_i^* > R_i$。收益率变动与投资变动的幅度由参数 δ^j 控制。当 $\delta^j = 0$ 时，$R_i^* = R_i$，投资与收益率无关。曲线的斜率随 δ^j 值的提高而增长。例如，图 8-2 中的曲线 B 的 δ^j 大于曲线 A，所以 B 的斜率大于 A。较低的 δ^j 值使投资对收益率变动的反应更敏感，而较高的 δ^j 值可抑制投资的敏感性。对于一定的收益率变动幅度，较低的 δ^j 值导致较大的投资增长，而较高的 δ^j 值则导致较小的投资增长。通过选择不同部门的 δ^j 值可以调节储蓄在不同部门配置的比例，特别是避免投资过度集中于某些部门。

需要注意的是，引入资本收益率的目的只是为了形成一种调节储蓄在各部门之间分配的机制。部门资本收益率高低本身对总投资规模没有任何影响。总投资的规模是由居民储蓄率决定的。

式(8-7)是投资均衡条件。当各部门预期收益率相等时,储蓄的分配就达到了均衡。在只有两个部门的模型中,当一个部门的投资使得该部门预期收益率与另一部门的预期收益率相等时,两个部门的投资就都达到了均衡。

式(8-8)为总储蓄约束条件,总储蓄等于各部门投资之和。

式(8-9)表示 j 部门期末资本存量。

对于两部门以上更多部门增长模型,上述的储蓄分配机制还需增加一个资本平均预期净收益率方程,公式为

$$R^* = \left(\sum_{i=1}^{N} R_i \right) / N$$

其次,需要 $N-1$ 个部门的投资金额 I_i 为均衡变量,通过调节这些投资金额使 $N-1$ 个部门的收益率等于平均收益率。此时投资均衡条件为

$$R_i = R^* \quad (i = 1, \cdots, N-1)$$

最后,当 $N-1$ 个部门的投资资金分配完成后,第 N 个部门的投资金额 I_N 可以从总储蓄约束条件中推算出来。此时,第 N 个部门的收益率自然也就与其他部门的收益率相等。

第三节　莫纳什动态模型

澳大利亚莫纳什(MONASH)动态模型(Dixon,Rimmer,2002)中包含 3 种类型的跨期联系:物质资本积累、金融资产/负债积累及滞后调整过程,其具体设置如下。

一、跨期设置

1. 物质资本积累

与大多数动态 CGE 模型相同,j 行业的资本积累方程为

$$K_j(t+1) = K_j(t) * (1 - D_j) + I_j(t) \tag{8-10}$$

式中:$K_j(t)$ 为行业 j 在第 t 年使用的资本量;$I_j(t)$ 为行业 j 在第 t 年新增资本量;D_j 为折旧率,为已知参数。折旧率设置,更精细的做法根据一个行业存量资本不同组成部分的寿命和折旧方法选择来设置折旧率。

在给定基期资本 $K_j(0)$ 和投资 $I_j(t)$ 的情况下,式(8-10)给出了 j 的资本存量随时间变化的路径。在 MONASH 的动态 CGE 模型中,j 行业的投资决定机制可以用以下方程表示。

$$E_t[\mathrm{ROR}_j(t)] = -1 + \frac{E_t[Q_j(t+1)]}{C_j(t)} \cdot \frac{1}{1+r} + (1 - D_j) \cdot \frac{E_t[C_j(t+1)]}{C_j(t)} \cdot \frac{1}{1+r}$$

$$\tag{8-11}$$

$$E_t[\text{ROR}_j(t)] = f_{jt}\left(\frac{K_j(t+1)}{K_j(t)} - 1\right) \tag{8-12}$$

式中：E_t 为第 t 年的预期；$\text{ROR}_j(t)$ 为行业 j 在第 t 年的投资收益率；$Q_j(t+1)$ 为 j 在第 $t+1$ 年的资本租金收入；r 为利率；$C_j(t)$ 为第 t 年为行业 j 额外增加单位资本的成本；f_{jt} 为一个非递减函数。为简化，式(8-10)和式(8-11)省略了税收，并将利率视为常数。

式(8-11)将行业 j 在第 t 年的预期收益率定义为新增单位投资的预期现值：在第 t 年，预期单位投资购买 $1/C_j(t)$ 单位资本，该资本在第 $t+1$ 年预期产生 $E_t[Q_j(t+1)]/C_j(t)$ 的租金收入，并减少 $(1-D_j)\cdot E_t[C_j(t+1)]/C_j(t)$ 的投资支出需求。式(8-12)定义了一个投资—供给曲线：它表示投资者向行业 j 增加单位投资所要求的回报率与行业 j 的资本存量的增长率间的关系。

从式(8-10)～式(8-12)，我们可以区分两种广泛的方法：减少投资资金的可用性和增加安装成本。这为模拟冲击(如世界商品价格变化等)的短期反应提供了不同的方法。

MONASH 模型采用第一种方法。假设式(8-12)中的 f 函数具有正斜率，即假设行业 j 已经吸引了大量的投资资金，使其具有较高的资本增长率，那么它必须具有较高的预期收益率才能吸引边际投资者。斜率的值被设定为与可用的计量经济学证明一致。通过选择相对较大的值，我们防止 MONASH 隐含对预期资本租金和式(8-11)右边的其他组成部分的变化做出不切实际的大规模短期投资反应。

其他动态 CGE 模型的构建者一般采用第二种抑制投资响应的方法，假设 $C_j(t)$ 是 $I_j(t)$ 的递增函数。使用这种方法，通常假设投资基金在现行利率(f_{jt} 是零函数)的无限弹性利率中可用。然而，对我们来说，增加安装成本不是实现真实投资反应的主要机制。对于大多数企业来说，单位建筑服务成本和其他资本产生的投入只是微弱地依赖于企业自有投资的变化。

McKibbin 和 Sachs(1991)不仅通过增加安装成本来抑制投资反应，而且假设一些公司必须依赖当期利润作为主要投资资金来源。Jorgenson 和 Wilcoxen(1992,1993a)及 Malakellis(1998,2000)均未采用抑制策略。实际上，他们假设 f_{jt} 是零函数，且 $C_j(t)$ 与 $I_j(t)$ 无关。在缺乏投资抑制策略的情况下，必须使用较低的出口需求和供应弹性来避免剧烈的投资波动。低贸易弹性的方法不适合小型开放经济体，如澳大利亚。

预期可采用两种方法来处理：静态和前瞻性。在静态预期下，式(8-11)右边出现的 $E_t[Q_j(t+1)]$ 和 $E_t[C_j(t+1)]$ 被当前租金和当前单位资本成本或使用当前通胀率外推的这些变量所取代。在前瞻性预期下，式(8-11)的预期项被模拟结果所取代，即

$$E_t[Q_j(t+1)] = Q_j(t+1)$$
$$E_t[C_j(t+1)] = C_j(t+1) \tag{8-13}$$

静态设置的一个优点是，它们允许递归求解。第 1 年的解可以从第 1 年的假设和第 0 年或可能更早年份的数据中计算出来；第 2 年的解可以从第 2 年的假设和第 1 年或可能更早年份的数据中计算出来等。式(8-13)的前瞻性设置与递归方法不同。第 1 年的投资取决于第 2 年的租金率和其他变量。因此，第 1 年的解不能在第 2 年的解之前计算；同样，第 2 年的解也不能在第 3 年的解之前计算；以此类推。

直到 20 世纪 90 年代,几乎所有的动态 CGE 模型都使用了各种形式的静态或前瞻性预期,使它们能够保持递归结构。早期递归动态 CGE 模型的主要例子是 Hudson 和 Jorgenson(1974)对美国能源的研究。另一个详细的递归模型是 Longva 等人(1985)对挪威的研究。

涉及前瞻性预期的非递归规范可以追溯到动态整体经济规划模型(Adelman 和 Thorbecke,1966)。然而,在这些规划模型中,价格反应行为几乎没有发挥作用。一个具有价格反应行为的非递归模型的早期例子是 Dervis(1975)。对现代的非递归 CGE 模型的发展做出贡献的有 Ballard 和 Goulder(1985)、Goulder 和 Summers(1989)、Bovenberg 和 Goulder(1991)、Jorgenson 和 Wilcoxen(1993a)及 Mercenier 和 Sampaio(1994)。随着计算机和用户友好软件包(如 GEMPACK 和 GAMS)的出现,非递归设置迅速流行起来。例如,Harrison 等人(2000)提出的模型大多是非递归的。

处理非递归计算有两种广泛的策略。第一种方法是同时求解所有年份,即向计算机提供一组涵盖每一年变量之间和不同年份变量之间关系的方程。这一策略隐含在整体经济的动态规划模型中,在该模型中,解是通过最大化消费路径的函数来计算的,而消费路径受制于所有经济运行时的内部和跨期生产及贸易约束。Wilcoxen(1985,1987)和 Bovenberg(1985)认识到了将同步策略应用于现代动态 CGE 模型的潜力。Malakellis(2000)是 Codsi 等(1992)在 GEMPACK 中使用自动化方法的策略的最新应用。

第二种为迭代方法。这是 MONASH 所采用的策略。迭代法是 Fair-Taylor 算法。首先猜测预期收益率 $E_t[\text{ROR}_j(t)]$ 的路径,并剔除式(8-11)和式(8-13)来递归求解模型。然后使用式(8-11)和式(8-12)计算预期收益率的隐含路径。这个隐含路径用于修改猜测路径。重复剔除式(8-11)和式(8-11)的递归解,并计算出一条新的隐含路径。继续这一过程,直到猜测的路径和隐含的路径相同。由于 MONASH 是一个细分模型,通常有 100 多个行业,前瞻性求解方案会带来相当大的计算负担。由于对前瞻性预期的描述性优势的质疑,所以在大多数 MONASH 应用中都假设了静态或外推预期。

Fair-Taylor 算法由 Fair(1979)提出,随后被 Fair 和 Taylor(1983)扩展。在具有前瞻性预期的动态 CGE 模型中应用的其他迭代方法包括单映射(Press 等,1986;Roberts 和 Shipman,1972)和多映射(Lipton 等,1982;Roberts 和 Shipman,1972)。关于所有这些算法和同步方法的讨论,参见 Dixon 等(1992)。

2. 金融资产/负债积累

MONASH 第二类跨期联系与赤字和负债有关。在澳大利亚,关于宏观经济问题的政治讨论主要围绕两种赤字及其相关负债展开:经常账户赤字及其相关的净外债、预算赤字及与之相关的政府债务。为了便于将 MONASH 应用于公共辩论,我们已经纳入了这些赤字的详细说明及相关金融资产和负债的积累方程。

我们通过以下形式的跨期关系来建模金融资产和负债的积累。

$$D_q(t+1) = D_q(t) \cdot V_q(t,t+1) + \left[\frac{D_q(t)+D_q(t+1)}{2}\right] \cdot R_q(t) +$$

$$J_q(t) \cdot V_q(t_m,t+1) \tag{8-14}$$

式中：$D_q(t)$为第 t 年年初 q 类资产或负债水平；$R_q(t)$为第 t 年应用于资产或负债 q 的平均利率或股息率；$J_q(t)$为 q 在第 t 年的积极积累；$V_q(t, t+1)$是将 q 值从第 t 年年初转换到第 $t+1$ 年年初的因子；$V_q(t_m, t+1)$是将 q 值从第 t 年年中转换到第 $t+1$ 年年初的因子。

积极积累，是在利息和股息积累之外的新借贷或投资。例如，在一个简单的外债方程中，贸易平衡的逆差是积极积累，而应计利息和估值效应是消极积累。积极积累和消极积累的概念是在 Dixon 和 McDonald(1986)中发展和应用的。利息和股息的支出(收入)被记录为负债(资产)的积极积累，是 $J_q(t)$ 的负组成部分。我们假设积极积累发生在每年的年中。因此，在推导第 $t+1$ 年年初的 q 水平时，对于不同的 q，我们也使用了不同的平移因子。其中，如果 q 是本国以外币偿还的债务，则 V 是第 t 年年中到第 $t+1$ 年年初、第 t 年年初到第 $t+1$ 年年初的汇率变化；若 q 是外国在本国产业 j 中的持股量，则 V 为产业 j 资产价格的变化量；如果 q 是本国在其他国家的持股量，则 V 为汇率和资产价格的变化量。

赤字和积累关系的建模增加了 MONASH 的复杂性。例如，对年初、年中和年末变量的跟踪。然而，其好处也十分明显。MONASH 不仅给出了在政治上重要的赤字和负债的预测和政策偏差结果，而且还捕捉到了一般均衡模型中无法获得的影响。例如，通过考虑外国持股，MONASH 表明，本国煤炭行业放松劳动力管制的收益明显由外国人获得。Dixon 等(1984b)、Horridge(1987)的 ORANI 和 Walmsley(1999)的 GTAP 都将外资持股纳入了程式化的 CGE 模型。一般来说，通过记录资产和负债，MONASH 模型能够刻画本国居民的财富变化，这些结果可以在福利分析中考虑。

3. 滞后调整过程

在 MONASH 模型中，跨期方程的最后一个来源是劳动力市场和投资的滞后调整。

在大多数 CGE 应用中，假设工资会随着劳动力市场的出清而调整；在一些应用中，假设工资不受正在考虑的政策冲击的影响，从而允许非自愿失业。在 MOANSH 中，我们可以采取一种介于两者之间的立场，即工资在短期内具有黏性，在长期内具有灵活性。这是通过跨期方程来实现的，这些方程可以简化为

$$\frac{W(t)}{W_f(t)} - \frac{W(t-1)}{W_f(t-1)} = \alpha \left[\frac{E(t)}{E_f(t)} - 1 \right] \tag{8-15}$$

式中：$W(t)$、$E(t)$为政策模拟中第 t 年的实际工资率和就业；$W_f(t)$ 和 $E_f(t)$为第 t 年实际工资率和就业的基本情况预测(在没有政策冲击的预测模拟中生成)；α 是一个正参数。

在式(8-15)中，我们假设当就业高于其预测水平时，实际工资越来越高于其预测水平。这意味着对劳动力有利的冲击会导致就业的短期增长和实际工资的长期增长。

在投资建模中，我们经常发现基期数据隐含着不平衡，即投资水平一方面和回报率不一致，另一方面和我们的投资行为理论不一致。在模拟中，可通过以下形式的跨期方程来消除这些不平衡。

$$\text{DISEQ}(t) = \beta \cdot \text{DISEQ}(t-1) \tag{8-16}$$

式中：β 为调整系数，其值在 $0\sim1$ 之间。

二、资本供给函数、回报率和前瞻性预期

此部分包括 3 项内容：①描述了 MONASH 的预期回报率和资本增长率（资本供给函数）之间的关系；②定义了实际和预期的收益率；③描述了具有前瞻性预期的获得 MONASH 求解方案的算法。前瞻性预期又称为理性预期或模型一致预期。

1. 资本供给函数

在 MONASH 模型中，式(8-12)中的 f_{jt} 为行业 j 的资本供给函数，描述了 j 的预期收益率 $E_t[\text{ROR}_j(t)]$（下面简写为 EROR_j）与 j 的资本存量在年初和年底之间的比例增长 $\left(\dfrac{K_j(t+1)}{K_j(t)}-1\right)$ 之间的关系。MONASH 包含两种预期收益率规范：静态和前瞻性。将在此进一步讨论。

在两种规范下，第 t 年的预期收益率由两部分组成。

$$\text{EROR}_j = \text{EQEROR}_j + \text{DIS}_j \tag{8-17}$$

式中：EQEROR_j 为行业 j 的均衡预期收益率，即无限期维持 j 行业第 t 年资本增长率所需的预期收益率；DIS_j 为行业 j 在第 t 年预期收益率不均衡的度量。

如图 8-3 所示的 AA' 曲线所示，我们将行业 j 的均衡预期收益率指定为 j 的资本存量成比例增长的反比逻辑函数。

$$
\begin{aligned}
\text{EQEROR}_j = &\ \langle\text{ERON}_j + F\_\text{ERORJ}_j + F\_\text{EROR}\rangle + \frac{1}{C_j}*[\ln(K\_\text{GR}_j - K\_\text{GR\_MIN}_j) - \\
&\ \ln(K\_\text{GR\_MAX}_j - K\_\text{GR}_j) - \ln(\text{TREND}\_K_j - K\_\text{GR\_MIN}_j) + \\
&\ \ln(K\_\text{GR\_MAX}_j - \text{TREND}\_K_j)]
\end{aligned}
\tag{8-18}
$$

式中：$K\_\text{GR\_MIN}_j$ 为最小可能的资本增长率，设为行业 j 折旧率的负值；TREND_K_j 是该行业历史上正常的资本增长率，这是在历史时期内观察到的资本增长率。$K\_\text{GR\_MAX}_j$ 是行业 j 的最大可能资本增长率。例如，在 MONASH 应用中，设置 $K\_\text{GR\_MAX}_j$ 为 TREND_K_j 加上 0.06，可避免不切实际的资本和投资大幅模拟增长率。因此，如果一个行业的历史正常资本增长率为 3%，我们将其在任意年份 t 的模拟资本增长率上限设为 9%。

RORN_j 是该行业历史上正常的回报率。对于每个行业 j，RORN_j 是对该行业平均年资本增长率为 TREND_K_j 在历史期间应用的平均回报率的估计。

F_ERORJ_j 和 F_EROR 允许资本供给曲线（图中的 AA' 曲线）垂直移动。

为了理解式(8-17)和式(8-18)，首先假设 F_ERORJ_j、F_EROR 和 DIS_j 都固定为零。那么式(8-17)和式(8-18)表示行业 j 要想在第 t 年吸引足够的投资达到 TREND_K_j 的资本增长率，其预期收益率必须为 RORN_j。为了该行业能在第 t 年吸引到足够的投资并使资本增长超过 TREND_K_j，其预期收益率必须大于 RORN_j；同样，如果业内预期回报率小于观测的历史时期，然后假设不存在不均衡，式(8-17)和式(8-18)就意味着投资者将限制他们的行业资本供给低于历史上观察到生成资本增长的所需水平。

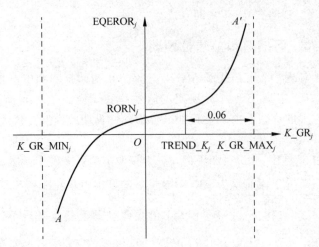

图 8-3　行业 j 收益表的均衡预期率(假设 F_ERORJ_j 和 F_EROR 均为零)

现在考虑 F_EROR 和 F_ERORJ_j 的非零值的作用。如果 F_EROR 不为零,则所有行业的资本供给曲线都在图 8-3 中 AA' 曲线的位置上垂直位移了一个等量。能够均匀地移动 AA' 曲线在预测模拟中是有用的。在这些模拟中,我们经常从模型之外获得关于总投资路径的信息。总投资变动的外生环境可以通过 F_EROR 移位的内生决定来适应。F_ERORJ_j 的非零值可以用来在 AA' 曲线的位置施加非均匀的位移。这是在长期比较静态和历史模拟中内生完成的。在这些模拟中,我们没有使用 AA' 曲线来确定收益率和资本增长率之间的关系,式(8-18)通过 F_ERORJ_j 内生来关闭。

接下来考虑式(8-17)右边第二项 DIS_j 的作用。对于行业 j 的预期回报率和资本增长,我们第 $t-1$ 年的数据(无论是观测到的还是 $t-1$ 的最终模拟解)通常不会在 j 的 AA' 曲线上给出一个点。因此,在我们第 $t-1$ 年的数据中,DIS_j 通常是非零的。在模拟中,我们通常通过 DIS_j 向零方向的外生移动来消除这种随时间推移的不均衡。如果行业 j 的预期收益率最初相对于 j 的资本增长率($DIS_j>0$)较高,那么对于任何给定的预期收益率变化,DIS_j 的消除将[通过式(8-17)]增加 $EQEROR_j$,因此,通过式(8-18)增加 j 的资本增长率。所以,鉴于行业的预期回报率及其 AA' 曲线,我们倾向于预测对于目前增长率低于预期的任何行业,其资本增长率将会增加。

最后,我们考虑式(8-18)中参数 C_j 的评估。在式(8-18)起积极作用的模拟中,j 的资本增长对其均衡预期收益率变化的敏感性由参数 C_j 控制,公式为

$$C_j = \left[\frac{\partial EQEROR_j}{\partial K\_GR_j} \bigg|_{K\_GR_j = TREND\_K_j} \right]^{-1} \cdot$$
$$\left[\frac{K\_GR\_MAX_j - K\_GR\_MIN_j}{(K\_GR\_MAX_j - TREND\_K_j)(TREND\_K_j - K\_GR\_MIN_j)} \right] \quad (8\text{-}19)$$

如果我们可以给图 8-3 中 AA' 曲线在 $K\_GR_j = TREND\_K_j$ 区域的斜率倒数赋值,式(8-19)允许我们评估 C_j。

没有个别行业的数据可以提供这种赋值的依据。然而，在澳大利亚宏观模型中的投资函数，可以得到所有行业的资本增长对预期收益率变化敏感性的平均值的估计，用 SMURF 表示。然后，我们通过式(8-19)计算 C_j 的值，得到

$$\left[\left.\frac{\partial EQEROR_j}{\partial K\_GR_j}\right|_{K\_GR_j = TREND\_K_j}\right]^{-1} = SMURF \qquad (8\text{-}20)$$

2. 实际收益率和预期收益率

MONASH 对实际收益率的定义首先从在第 t 年购买用于行业 j 的单位物质资本的现值 $PV_{j,t}$ 开始，公式为

$$PV_{j,t} = -\Pi_{j,t} + [Q_{j,t+1} \cdot (1-T_{t+1}) + \Pi_{j,t+1} \cdot (1-D_j) +$$
$$RALPH \cdot T_{t+1} \cdot \Pi_{j,t+1} \cdot D_j]/[1+INT_t \cdot (1-T_{t+1})] \qquad (8\text{-}21)$$

式中：$\Pi_{j,t}$ 是在第 t 年购买或建造用于行业 j 的单位资本的成本；D_j 为折旧率；$Q_{j,t}$ 为 j 的资本在第 t 年的租金率，即单位资本在第 t 年的使用成本；RALPH 是一个系数，表示可抵扣税额的折旧比例；T_t 为第 t 年各行业资本收入应用的税率；INT_t 为第 t 年的名义利率。

式(8-21)中，假设在第 t 年对行业 j 一单位物质资本的购买涉及对 $\Pi_{j,t}$ 的直接支出，随后是第 $t+1$ 年的 3 个收入，必须用 1 加上税收调整后的利率贴现[$INT_t \cdot (1-T_{t+1})$]。第一个收益是第 $t+1$ 年额外单位资本的税后租金价值 $Q_{j,t+1} \cdot (1-T_{t+1})$。第二个是价值，是在第 $t+1$ 年折旧后的资本单位可以出售的价值 $\Pi_{j,t+1} \cdot (1-D_j)$。第三个是第 $t+1$ 年与折旧相关的税收抵扣，在 RALPH 设定为 1 的情况下，第三种收益是通过将税率 (T_{t+1}) 应用于折旧值($\Pi_{j,t+1} \cdot D_j$)来计算的。在 MONASH 的大多数应用中，都将 RALPH 设为零。因此，在计算$PV_{j,t}$ 时，我们假设税收是对总资本收入征收的。通过对税率(T_t)校准，使对资本收入的隐含征税与数据一致。在 MONASH 关于经营税收的应用中，有必要进行如下设置：给 RALPH 一个行业维度和非零值；认识到不同行业的资本收入适用不同的税率(即 T_t 应该有一个行业维度)；并对资本收入征收其他税，如资本利得税。关于旨在丰富 MONASH 资本税处理的初步工作(Dixon and Rimmer，1999a)。

为了推导一个收益率公式，我们将式(8-21)两边除以 $\Pi_{j,t}$，即我们定义行业 j 的物质资本在第 t 年的实际收益率$ROR\_ACT_{j,t}$ 为 1 元投资的现值，得到

$$ROR\_ACT_{j,t}$$
$$= -1 + \frac{[(1-T_{t+1}) \cdot Q_{j,t+1} + \Pi_{j,t+1} \cdot (1-D_j) + RALPH \cdot T_{t+1} \cdot \Pi_{j,t+1} \cdot D_j]}{\Pi_{j,t}[1+INT_t \cdot (1-T_{t+1})]}$$

$$(8\text{-}22)$$

对 MONASH 资本增长和投资的决定取决于预期(而不是实际)回报率。在大多数模拟中，我们假设第 t 年的资本增长和投资取决于第 t 年在 $ROR\_ACT_{j,t}$ 中的预期。

在静态预期下，假设投资者预期税率不变(即预测 T_{t+1} 与 T_t 相同)，租金率 Q_j 和资产价格 Π_j 将以当前通胀率 INT 的速度增长。在这些假设下，它们对$ROR\_ACT_{j,t}$ 的预期$EROR\_ST_{j,t}$ 为

$$EROR\_ST_{j,t} = -1 + \frac{[(1-T_t) \cdot Q_{j,t}/\Pi_{j,t} + (1-D_j) + RALPH \cdot T_t \cdot D_j]}{[1 + R\_INT\_PT\_SE_t]}$$

$$(8\text{-}23)$$

式中：$R\_INT\_PT\_SE_t$ 是实际税后利率的静态预期，定义为

$$1 + R\_INT\_PT\_SE_t = \frac{[1 + INT_t \cdot (1-T_t)]}{[1 + INT_t]}$$

$$(8\text{-}24)$$

在前瞻性或静态预期下，我们假设投资者正确地预期实际收益率，即他们对 $ROR\_ACT_{j,t}$ 的预期 $EROR\_FL_{j,t}$ 为 $ROR\_ACT_{j,t}$。

练 习 题

1. 试分析递归动态与跨期动态资本积累表达式的异同。
2. 试述分部门资本增长模型的原理与方程。
3. 请图示说明预期净收益率与资本投资关系。

第九章　多国一般均衡模型

世界经济一体化,国家之间的联系越来越紧密,多国一般均衡模型具有广泛的需求。目前,多国一般均衡模型在各国得到广泛应用。有影响的模型包括以 GTAP 模型、世界银行的 LINKAGE 模型,OECD 的 GREEN 模型等[①]。这些世界经济一般均衡模型的基本结构都是相同的。本章将对多国一般均衡模型的原理和构建思路进行说明。

第一节　多国一般均衡模型的数据结构与关系

多国一般均衡模型与一国一般均衡模型的根本区别在于国与国之间的经济联系,其中包括贸易、投资和移民等。简单地说,多国一般均衡模型可以被视为一个许多一国一般均衡模型的"并联"。用以联系各国经济的主要纽带是国际贸易,以及跨国投资、劳动和人口的国际流动等。

在一国一般均衡模型中,一国经济面对的是世界其他地区,而未进一步细分各国,其进出口和要素流动都与世界其他地区进行。这是一种简化的处理,在研究一国经济时能够满足需要。但如果拟研究两个国家之间或多国间的经济相互关系,则需要详细刻画各国之间的贸易和要素流动情况。在多国一般均衡模型中,每一个国家与所有其他国家的双边贸易均被刻画。假如有 n 个国家,每个国家都生产 m 种产品,每种产品都有 d 个用户,那么整个模型仅产品的需求方程就会有 $m \cdot n \cdot n \cdot d$ 个。

多国一般均衡模型的数据基础,是基于世界投入产出表编制的世界 SAM 表。世界投入产出表反映全球化背景下一国投入产出关系,以及各国间投入产出关系,其中包含着丰富的经济信息。其具体结构如图 9-1 所示。

图 9-1 中每个方格表示一个矩阵,如矩阵 **AA** 表示 A 国生产的产品在本国的销售,该矩阵为 $m \times d$ 阶。其中,d 不仅包括中间产品用户(n 种产品的生产部门),还包括最终用户,如居民、政府、投资等,因此,$d > m$。通常在投入产出表中,会将最终用户与中间产品分开,此时,中间产品投入产出矩阵为 $m \times m$。第一行为其他矩阵(**AB**、**AC** 等)表示 A 国向其他国家出口。第 1 列中的其他矩阵(**BA**、**CA** 等)表示 A 国从其他国家进口,既有用于中间投入品的进口,也有用于居民、政府和投资的进口品。底部一行表示要素收入,为 $f \times m$ 矩阵,f 表示生产要素。由此可见,该表是各国投入产出表的延伸和连接。其中,

---

① GTAP 模型,可详见 HERTEL, THOMAS W: *Global trade analysis: modeling and applications*, GTAP Books,1997; LINKAGE 模型,可详见 BANK T W: *Linkage technical reference document*, version,2010; GREEN 模型,可详见 BURNIAUX J M, NICOLETTI G, OLIVEIRA-MARTINS J: *Green: a global model for quantifying the costs of policies to curb* CO_2 *emissions*, OECD Economic Studies,1919,(19),49-92.

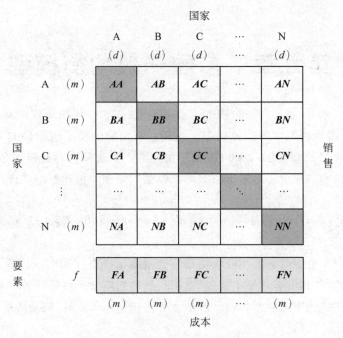

图 9-1　世界投入产出表基本结构

主对角线以外的部分为外国间商品的连接,这些连接在单国投入产出表中均为一个总量,而世界投入产出表中则将其分国分产品进行分解,从而可以表示世界经济一体化联系。对于每个国家的每个行业来说,该表的行和为产品总销售额,列和为产品总生产成本,在均衡条件下,二者相等。

在图 9-1 中,国家与国家之间分产品的细分贸易关系,又称国际贸易矩阵。可见,它是世界投入产出表中各国间贸易联系的核心。因为一国不能向本国出口,所以它的对角向量都为零向量。图 9-1 中一国出口对另一国是进口,二者相等,但其前提假设是不存在中间费用,如运输费、保险费、进出口税收等。如果加上这些费用,则应形成多个国际贸易矩阵,如考虑运输费用,可形成分别用离岸价和到岸价表示的两个国际贸易矩阵,如果再进一步考虑进口税收和出口税收,还可以形成含税的国际贸易矩阵和不含税的国际贸易矩阵。

可见,多国一般均衡模型的数据主要包括两部分:一是国别投入产出表,二是国际贸易矩阵。前者的主要来源是各国统计部门,后者则是各国际组织,如联合国统计署、世界贸易组织等。各国投入产出表一般用本国货币表示,要把各国投入产出表联系起来,还需要按统一货币换算。

多国投入产出表中包含一些重要的经济关系。例如一国的 GDP,等于增加值和生产环节税收,或本国居民消费、政府消费、投资和净出口之和。如果各国储蓄不等于总投资,表明有投资资金在国际流动。这会导致各国贸易不平衡。有贸易顺差的国家输出资本,有贸易逆差的国家输入资本。输入资本和输出资本相互抵消,国际资本流动之和等于零。

在多国一般均衡模型中,经常需要把许多国家按区域合并,从而使合并国家间的贸易变成区内贸易,并需要计算该区域与其他区域或国家间的贸易。

国际贸易数据与国内产品通过两层嵌套形成复合消费品。从商品来源看,通常采用两层嵌套 Armington 模型,第一层是不同来源进口产品间的替代关系形成一个复合进口品,第二层是复合进口品和国内产品之间第二层替代形成复合消费品。其中,具体包括中间投入品、家庭消费品、政府消费品、投资品的复合。

第二节　多国一般均衡模型的核心方程

理论模型是对实际数据的某种解读。下面介绍描述上述世界投入产出数据关系的理论体系。多国一般均衡模型的核心体系可分为以下八个模块,并使用集合 G、U、R 分别表示产品(产业部门)、用户和国家。用户包括使用中间品的厂商、居民、政府、投资。

一、复合产品模块

在需求方面,假定先由一国总用户把从各国进口的产品汇总形成复合进口品,再由各用户(厂商、家庭、政府和投资)把复合进口品和国产品汇总形成各自使用的复合消费品。

复合消费品由 Armington 函数表示如下。

$$C_{idr} = A_{idr}^c (\beta_{idr} D_{idr}^{\frac{\theta_{idr}-1}{\theta_{idr}}} + (1-\beta_{idr}) M_{idr}^{\frac{\theta_{idr}-1}{\theta_{idr}}})^{\frac{\theta_{idr}}{\theta_{idr}-1}}$$

式中:C_{idr} 表示 r 国 d 用户对 i 部门复合产品的数量;D_{idr} 和 M_{idr} 分别表示各用户对国产商品和进口商品的需求量。其最优解如下。

$$D_{idr} = \frac{1}{A_{idr}^{c}{}^{1-\theta_{idr}}} \left(\beta_{idr} \frac{P_{idr}^c}{P_{idr}}\right)^{\theta_{idr}} \cdot C_{idr}$$

$$M_{idr} = \frac{1}{A_{idr}^{c}{}^{1-\theta_{idr}}} \left[(1-\beta_{idr}) \frac{P_{idr}^c}{P_{idr}^{ms}}\right]^{\theta_{idr}} \cdot C_{idr}$$

进口商品是由不同国家进口产品复合构成,假设各种商品按相同比例从各国进口。此时,r 国对 i 部门进口复合产品的总需求为

$$M_{ir} = \sum_d M_{idr}$$

与之对应,r 国对 i 部门国产品的总需求为

$$D_{ir} = \sum_d D_{idr}$$

r 国对 i 部门进口复合产品的总需求是由来自不同国家的进口产品复合而成,其式如下。

$$M_{ir} = A_{ir}^m \left(\sum_s \delta_{isr} M_{isr}^{\frac{\sigma_{ir}-1}{\sigma_{ir}}}\right)^{\frac{\sigma_{ir}}{\sigma_{ir}-1}}$$

最优化求解得,r 国对从 s 国进口的产品 i 的需求为

$$M_{isr} = \frac{1}{A_{ir}^{m\,1-\delta_{ir}}} \left(\delta_{isr} \frac{P_{ir}^{ms}}{P_{isr}^{m}} \right)^{\delta_{ir}} \cdot M_{ir}$$

r 国 i 部门进口 s 国产品的基本价格方程为

$$P_{isr}^{m} = P_{isr}^{cif}(1 + t_{isr}^{m})$$

式中：P_{isr}^{cif} 为 r 国 i 部门进口 s 国产品的到岸价；t_{isr}^{m} 是进口中从价关税税率。

r 国 i 部门进口复合品(总进口)的 CES 价格指数为

$$P_{ir}^{ms} = \frac{1}{A_{ir}^{m}} \left[\sum_s \delta_{isr}^{\sigma_{ir}} (P_{isr}^{m})^{1-\sigma_{ir}} \right]^{\frac{1}{1-\sigma_{ir}}}$$

r 国 i 部门进口复合品的购买者价格为

$$P_{idr}^{ms} = P_{ir}^{ms}(1 + t_{idr}^{dm})$$

式中：t_{idr}^{dm} 是进口复合品的国内从价税率。

r 国 d 用户使用的 i 部门国产品的购买者价格方程为

$$P_{idr} = (1 + t_{idr}^{d})$$

式中：t_{idr}^{d} 是国产品的国内从价税率。

二、厂商模块

在供给方面,厂商行为为新古典生产函数。每一部门厂商用复合中间投入品和生产要素生产产品。生产技术为规模报酬不变。自由竞争使净经济利润为零。其生产函数表示为

$$X_{jr} = A_{jr}^{x} \left[\omega_{jr} K_{jr}^{\frac{\gamma_{jr}-1}{\gamma_{jr}}} + (1-\omega_{jr}) L_{jr}^{\frac{\gamma_{jr}-1}{\gamma_{jr}}} \right]^{\frac{\gamma_{jr}}{\gamma_{jr}-1}}$$

式中：X_{jr} 表示 r 国 j 部门总产量；K_{jr} 和 L_{jr} 分别表示生产中使用的资本和劳动数量。其最优解如下。

$$K_{jr} = \frac{1}{A_{jr}^{x\,1-\gamma_{jr}}} \left(\omega_{jr} \frac{P_{jr}^{F}}{R_r} \right)^{\gamma_{jr}} \cdot X_{jr}$$

$$L_{jr} = \frac{1}{A_{jr}^{x\,1-\gamma_{jr}}} \left[(1-\omega_{jr}) \frac{P_{jr}^{F}}{W_r} \right]^{\gamma_{jr}} \cdot X_{jr}$$

根据零利润条件,r 国 j 部门产品成本为

$$H_{jr} = \sum_i \eta_{ijr} X_{jr} + R_r K_{jr} + W_r L_{jr}$$

r 国 j 部门产品的价格为

$$P_{jr} = H_{jr}(1 + t_{jr}^{P})/X_{jr}$$

式中：t_{jr}^{P} 为生产税税率。

三、家庭模块

r 国家庭用于消费的税后收入为

$$Y_r^h = (1 - t_r^h)(1 - s_r^h)(R_r K_r + W_r L_r)$$

式中：t_r^h 为收入税率；s_r^h 为储蓄率。

采用 LES 需求函数，r 国家庭对 i 部门复合产品的 LES 需求为

$$C_{ihr} = \theta_{ihr} + \frac{\beta_{ihr}}{P_{ir}}\left(Y_r^h - \sum_i P_{ir}\theta_{ihr}\right)$$

式中：θ_{ihr} 为 r 国家庭用于 i 部门复合产品的最低消费额。

四、政府模块

政府收入包括各种税收，r 国政府对 i 部门复合产品需求为

$$C_{igr} = \frac{\varphi_{ir} Y_r^g}{\sum_i \varphi_{ir} P_{igr}^c}$$

五、投资模块

一国总投资等于国内总储蓄加上外资净输入。从前面的投入产出数据可以看到，各国投资总额不等于国内总储蓄，其差额是外资净流入。如外汇储备不变，外资净流入应等于一国的贸易逆差，即进口额与出口额之差。

r 国固定资本投资总额为

$$Y_r^I = (1 - t_r^h)(R_r K_r + W_r L_r)s_r^h + P_r^I K_r^F$$

式中：K_r^F 为外国资本净输入量；P_r^I 为资本品价格指数。

资本品价格指数公式如下。

$$P_r^I = \sum_i \phi_{ir} P_{iIr}$$

式中：ϕ_{ir} 为 i 部门复合资本品在总资本形成中的比例系数。

r 国对复合资本品的总需求为

$$C_{rI} = \frac{Y_r^I}{P_r^I}$$

r 国对 i 部门复合产品的需求为

$$C_{iIr} = \phi_{ir} C_{rI}$$

各国资本收益率的差额是引导投资资金在国际流动的因素。在动态模型中一般用预期收益率作为资本收益率的指标。但在比较静态模型中，因为没有时间因素，也可以使用实际收益率。资本在国际间流动会最终导致各国资本收益率均等化，但这是一个长期的趋势。在静态模型中，假设各国资本收益率均等化会导致各国贸易不平衡，而这种不平衡会成为长期均衡的一部分。一国不可能长期保持贸易或国际收支不平衡。把这种状态作为世界经济长期均衡显然是不正确的。因此在比较静态模型中，应当使用贸易均衡的假设，避免使用资本收益率均等的假设。

六、国际运输模块

国际贸易需要通过运输才能进行，运输费用可以假定按各国出口流量的固定比率计算，当然也可按距离或运输工具计算。假定世界对出口运输服务的总需求（复合运输服务）F 可由一个 CES 方程决定，即

$$F = A^t \left(\sum_r \psi_r F_r^{\frac{\mu-1}{\mu}} \right)^{\frac{\mu}{\mu-1}}$$

式中：F_r 为国际贸易对 r 国运输服务的需求。世界运输优化问题为，在给定总运输量的前提下，通过选择各国运输量使成本最小。通过一阶条件可得对 r 国运输的需求方程为

$$F_r = \frac{F}{(A^t)^{1-\mu}} \left(\psi_r \frac{P^F}{P_{Tr}} \right)^{\mu}$$

世界对出口运输服务的总需求为

$$F = \sum_i \sum_s \sum_r M_{isr} \varepsilon_{isr}$$

式中：ε_{isr} 为 s 国向 r 国出口的运输加价率。

s 国向 r 国出口所需运输服务的单位成本为

$$c_{isr}^F = \varepsilon_{isr} P^F$$

r 国 i 部门出口产品离岸价为

$$P_{isr}^{fob} = P_{is} (1 + t_{isr}^e)$$

式中：t_{isr}^e 是出口税率。

r 国 i 部门从 s 国进口产品的到岸价为

$$P_{isr}^{cif} = P_{isr}^{fob} + c_{isr}^F$$

以上 6 个模块构成了多国一般均衡模型的基本体系。

七、国际资本投资模块

r 国期末资本存量为

$$K_r^* = K_r (1 - d_r) + C_{rI}$$

式中：d_r 为资本折旧率；C_{rI} 为 r 国新增投资。

r 国资本预期净收益率均衡值为

$$R_r^* = \left(\frac{R_r}{P_r^I} - d_r \right) \left(\frac{K_r^*}{K_r} \right)^{-\delta} + \psi_r$$

式中：δ 是投资调节系数；ψ_r 是 r 国资本收益率差额系数。

r 国外国资本输入净值为

$$I_r^F = \sum_s I_{sr}^F - \sum_s I_{rs}^F$$

$$I_{sr}^F = P_r^I K_r^F$$

世界资本投资配置的均衡条件为

$$R_r^* = R_s^*$$

八、宏观闭合模块

国际均衡条件的选择大体有以下两种。

一是产品贸易均衡决定资本流动。基年贸易差额不变,资本市场不均衡,各国资本收益率不均等。二是资本供求均衡决定产品贸易。资本市场均衡,各国资本收益率均等,基年的贸易差额随投资变化。

前者比较简单,只要将各国贸易的实际余额设为不变即可。后一种闭合,一种选择是设一个虚拟的"世界银行",把各国的储蓄集中起来,然后按某种方式在各国之间进行分配。这需要定义一个世界储蓄的"价格",即世界各国投资品的平均价格。各国资本预期收益率均等是投资均衡的条件。另一种选择是采用投资资金双边流动的方法,即每一国都可以向另一国投资或吸收另一国的投资。双边投资的方向取决于两国资本预期收益率的高低。国际投资均衡的条件是所有双边预期收益率都实现均等。与前一种方法相比,后一种方法似乎更直观,更符合投资者的行为。

第三节　多国一般均衡模型扩展

一、多国一般均衡模型动态化

与单国一般均衡模型的动态化机制类似,多国一般均衡模型的基本动态机制也是资本积累和经济增长之间的互动关系。在多国一般均衡模型的资本投资模型中,已有关于期末资本存量的定义。建立一个简单的递归动态一般均衡模型,只要将期末资本存量作为下期的固定资本存量即可。

由于投资资金的国际间流动,由外国投资形成的固定资产,应当作为外国资本处理,其收入也应当作为外国居民收入输出国外。因此,需要增加资本收入账户,形成与贸易账户有别的经常账户。然而,在投入产出数据中只有贸易数据,没有各国所用资本的所有权结构的存量指标。资本存量所有权数据需要单独搜集。有了资本存量的构成,就可以推算出一国的海外投资净收入。它和贸易净出口共同构成国际收支账户中的经常账户的余额,它的负值 等于金融和资本账户的余额,即国外资金的流入。

在递归动态多国一般均衡模型中,随着资本积累和经济增长,各国要素的构成比例会有趋同的趋势。虽然在每一期各国的资本收益率不一定要达到完全均等,但是经过长期经济增长,各国要素构成比例趋同,各国资本收益率也会出现均等化。从理论上看,长期均衡条件下资本收益率均等的前提是,各国资本禀赋相对于其他要素的比例趋于均等。如果其他要素是劳动,这就意味着各国资本、劳动的比例相同。在这种条件下,资本收益率均等是必然的。如果各国资本收益率均等,资本也就没有必要在国际流动。没有资本流动,各国贸易自然也就平衡了,即长期稳态均衡。

二、生产要素的国际流动

在多国一般均衡模型中，一般假定作为存量的生产要素可以在国内各部门之间流动，但不能在国际间流动。各国经济只是通过国际贸易彼此发生联系。但是在现实经济中，生产要素的流动并不完全受一国边界的限制。例如，各国投资资金就是资本在国际流动，劳动或移民则是劳动力在国际流动。

(一) 资本的国际流动

1. 静态模型中资本的国际流动

在比较静态模型中，投资的流动对本期均衡结果没有直接影响。如果只允许投资变化，而不允许资本存量变化，各国资本就变成固定不变的了。为了采用较为灵活的设置，一个可行的选择是允许固定资本在国际重新配置。如果允许世界固定资本总存量在各国之间重新配置，其结果必然要求各国资本租金价格或收益率均等化。这个假设意味着资本是一个国际能用的同质的生产要素。

这种选择也是由比较静态模型的实质决定的。比较静态，即比较两个互不相连的地区均衡状态的区别。它要回答的问题是，在不同的条件下，模型的均衡状态会有什么不同。它并不能回答一个均衡是如何过渡到另一个均衡，或两个均衡状态之间存在什么因果关系。

从这个意义上，可以重新解释静态模型中资本"流动"的概念。在一个比较静态模型中，如果一国固定资本的总量在不同的均衡条件下互不相同，则表明不同均衡条件对资本的需求不同，并不意味着固定资本从一国转移到了另一国。当然，在世界资本总供给固定不变的前提下，一国资本的增加意味着其他国家资本的减少。但是，这只是既定资本量在不同条件下的不同配置，不一定表示资本在各国之间的流动。因此，在比较静态模型中，通常所说的"资本流动"，实际上是对允许固定资本在国际间重新配置这种设置的一种简称。因为从理论上讲，现在固定资本不能在国际流动，只有固定资本的投资才可以在国际流动。

2. 动态模型中资本的国际流动

在动态模型中，作为存量的固定资本可以在国内各部门之间流动，但是不能直接在国与国之间流动。这是因为一国的固定资本被视为一种同质的生产要素，因此具有相同的租金价格。不同国家的固定资本被视为不同质的生产要素，具有不同的租金价格。要实现跨国"流动"，各国的固定资本必须经过折旧变现，转变为金融资本，才能作为外国资金进入其他国家。

投资和固定资本积累共同决定资本在国际的配置。这种资本的"国际流动"是经济增长的一部分，是由经济增长推动的。一国固定资本总量通过折旧和投资的消长取决于国内储蓄和国外净投资的变化。从长期来看，固定资本可以通过这种消长在国际重新配置。

(二) 劳动的国际流动

在多国一般均衡模型中，一般都假定劳动力是一种各国特有的生产要素，不能在国与国之间流动。但是,在实际生活中,作为一国劳动力所有者的居民是可以迁移到其他国家的。因此,劳动力应当是一种可以在国际流动的生产要素。劳动力的跨国迁移有两种形式,一种是短期的劳务和商务活动,另一种是长期(永久)移民。为了分析劳动力国际流动的影响,多国一般均衡模型需要具备某种理论机制,能够对劳动力流动的行为进行描述。

与资本一样,作为一种生产要素,劳动力的流动也应当受其价格变动的影响。如果我们允许劳动力跨国流动,在一般均衡条件下,必然导致各国劳动力工资的均等化。这意味着,各国使用的劳动力必须是一种国际通用的同质的生产要素,各国工资的差异是劳动力跨国流动的基本动力。只有在一般均衡条件下,当世界各国工资相等时,劳动力的流动才会停止。

在 CGE 模型中,基期劳动力价格均设为 1,但这只是一个相对价格,并不意味着各国的实际劳动工资是均等的。通常的解释是由于存在某种壁垒,限制了劳动力的流动。因此,在政策模拟中,可以将各国劳动力供给设为外生变量,用以分析劳动力国际流动对经济的影响。

此时的劳动力供给不受工资变动产生的流动,即不是内生的。内生设置的做法是:各国劳动力的供给受各国工资差额比率的影响,其中劳动力供给为内生变量,工资差额比率为外生变量。可以将基期差额比率设置为 0,随着政策的变化,改变差额比率。当工资差额比率变化后,各国相对工资发生变化,劳动供给亦做出调整,并形成新的均衡。

为了描述劳动力国际流动方向,需要在原有的投入产出数据之外增加一组新的数据,其中包括基年各国实际劳动人口的存量和各国双边劳动人口迁移的数据。使用该数据可以从投入产出表的工资额中推算出各国劳动力的平均工资,使用这组劳动人口和平均工资数据,可以在多国一般均衡模型的主结构之外建立一个劳动力国际流动的激励机制。从理论上讲,平均工资高的国家是劳动力的输入国,平均工资低的国家是劳动力的输出国。输出国和输入国平均工资的差异率,可以作为输入国的移民政策变量,由政府进行调控。当输入国通过高额的税率使外国劳动力的税后工资与国内工资相等时,该国就不会输入新的外国劳动力。如果移民政策放宽,在模型中降低输入国的移民所得税率,输入国对外国劳动力的需求会增加,从而导致输出国工资上升,输入国工资下降。当两国工资最终完全相等时,劳动力国际配置就达到新的均衡。

上述方法适用于模拟永久居民,如果模拟短期劳务活动劳动力国际流动,还需考虑短期在外务工的劳动力收入的处理。通常设立专门的劳务外汇收入账户。

练 习 题

1. 简述世界投入产出表的结构和特征,并将其与单国投入产出表比较。
2. 简述多国 CGE 模型中要素流动的不同设置。

第十章 国内多区域一般均衡

考虑到一国经济在区域间的异质性,构建国内多区域一般均衡模型十分必要。它可以反映区域间的经济联系、区别,以及由各区域经济构成的整体经济,是国内多区域一般均衡模型的进一步扩展,具有广泛的使用价值。然而,该模型的数据和方程也更加复杂。

国内多区域一般均衡模型结构的复杂性并不逊于多国一般均衡模型,甚至在某些方面(如区域间商品流通、要素流动、中央与地方政府关系等)更加复杂。

目前用于政策研究的实用型地区模型基本可以分为两大类型:详尽型和简约型。前者可以 MMRF 模型为代表,后者可以 TERM 模型为代表[①] MMRF 模型包含 8 个地区100 多个部门。本章将以 MMRF 模型为例,介绍国内多区域一般均衡模型的主要原理和方程。

第一节 国内多区域一般均衡模型的数据

国内多区域一般均衡模型的数据基础为多区域 SAM 表。多区域 SAM 表主要由地区间投入产出表和多区域其他重要经济数据编制而成。下面重点介绍地区间投入产出表的编制与特点。

地区间投入产出表可由一国总投入产出表按地区分解而得,也可以由各地区投入产出表组合而得。与一国投入产出表不同,该表突出区域概念。该表的每列包含了每个区域每个行业的本区域、国内其他区域和国外的中间品投入、要素投入、税收数据等。该表的每行包含了每个区域生产的产品用于本区域、其他区域和国外的生产、居民消费、政府消费、投资等。其中,政府部门消费可以进一步细分为中央政府消费和地方政府消费,居民消费还可以进一步细分为城镇居民消费和农村居民消费。

多区域投入产出表数据量根据区域和行业细分程度增加,数据量和复杂程度也迅速增大。

第二节 国内多区域一般均衡模型的核心函数

国内多区域一般均衡模型的核心方程包括以下 7 个模块:复合产品需求、厂商生产、居民消费、政府消费、资本形成、区际运输和对外贸易。

---

① MMRF 模型(monash multi-regional forecasting model)有很多不同的修改和扩充版本,该模型最初的版本可参考 Peter 等(1996)的 *The theoretical structure of monash-mrf*。TERM 模型(the enormous reginal model)的最初版本可参考 Horridge 等(2005)的 *The impact of the 2002—2003 drought on australia*。

下面以 C 表示产品或部门集合,如 $C(1,2,3)$ 表示农业、工业和服务业。R 表示地区集合,如 $R(1,2,3)$ 表示东部、中部和西部。U 表示用户集合,如 $U(1,2,3,h,g,v)$ 表示农业、工业、服务业、居民、政府和投资。

一、复合产品需求模块

多区域模型中,复合产品通过两级 Armington 模型替代形成。首先,国内各区域(包括本地区)同一部门生产的产品具有相同的可替代性,构成初级复合品,即复合国产品。其次,复合国产品和进口品也具有可替代性,构成总复合产品。以上复合通过两层嵌套 CES 函数来描述。

首先,不同区域的产品 D_{iudr} 通过一个 CES 方程合成一个供 r 地区各用户使用的复合产品 i,即

$$D_{iur} = B_{iur} \Big(\sum_d \delta_{iudr} D_{iudr}^{\frac{\sigma_{iur}-1}{\sigma_{iur}}} \Big)^{\frac{\sigma_{iur}}{\sigma_{iur}-1}}$$

式中:δ_{iudr} 为份额系数;B_{iur} 是规模系数。其通过最优化求解得到 r 地区 u 用户对 d 地区 i 部门国产品的需求为

$$D_{iudr} = \frac{D_{iur}}{B_{iur}^{1-\sigma_{iur}}} \Big(\frac{\delta_{iudr} P_{iur}^d}{P_{iudr}} \Big)^{\sigma_{iur}}$$

其次,复合国产品 D_{iur} 和进口品 M_{iur} 通过另一个 CES 函数合成总复合产品 N_{iur},即

$$N_{iur} = A_{iur} \Big[\beta_{iur} D_{iur}^{\frac{\theta_{iur}-1}{\theta_{iur}}} + (1-\beta_{iur}) M_{iur}^{\frac{\theta_{iur}-1}{\theta_{iur}}} \Big]^{\frac{\theta_{iur}}{\theta_{iur}-1}}$$

式中:β_{iur} 是复合国产品的份额系数;A_{iur} 是规模系数。其通过最优化求解得到 r 地区 u 用户对 i 部门生产的复合国产品和进口品的需求为

$$D_{iur} = \frac{N_{iur}}{A_{iur}^{1-\theta_{iur}}} \Big(\frac{\beta_{iur} P_{iur}^n}{P_{iur}^d} \Big)^{\theta_{iur}}$$

$$M_{iur} = \frac{N_{iur}}{A_{iur}^{1-\theta_{iur}}} \Big[\frac{(1-\beta_{iur}) P_{iur}^n}{P_{iur}^m} \Big]^{\theta_{iur}}$$

对总复合产品 N_{iur} 的需求是由用户各自决定(见以下厂商中间投入模块、居民消费模块、政府消费模块等内容)。因此上式也是一个嵌套函数,是嵌套在用户各自需求函数下的子函数。

国内产品 D_{iudr} 的购买者价格为

$$P_{iudr} = (P_{id} + P_{iudr}^{td})(1+t_{iur}^d)$$

式中:t_{iur}^d 是国内产品税税率;P_{iudr}^{td} 是国内区际贸易的单位运输成本。

进口产品 M_{iur} 的国内购买者价格为

$$P_{iur}^m = \phi P_{ir}^{cif}(1+t_{ir}^m) + P_{iur}^{tm}$$

式中:ϕ 表示汇率,即用本币表示的外币价格;t_{ir}^m 为进口产品税税率;P_{iur}^{tm} 为进口产品

的单位运输成本。

二、厂商生产模块

r 地区 j 部门的总供给为

$$X_{jr} = \sum_u \sum_{k \in R} D_{jurk} + E_{jr} + S_{jr}$$

该式表示市场均衡条件，总产出 X_{jr} 等于国内需求 D、国外需求 E 和存货变动 S 之和。

r 地区 j 部门对复合中间投入品 i 的需求量为

$$N_{ijr} = \eta_{ijr} X_{jr}$$

式中：η_{ijr} 为投入产出系数。

生产可用 CES 生产函数描述，此处忽略中间投入品，仅考虑劳动和资本一层生产结构。其函数如下。

$$X_{jr} = H_{jr} \left[\omega_{jr} K_{jr}^{\frac{\gamma_j - 1}{\gamma_j}} + (1 - \omega_{jr}) L_{jr}^{\frac{\gamma_j - 1}{\gamma_j}} \right]^{\frac{\gamma_j}{\gamma_j - 1}}$$

式中：H_{jr}、ω_{jr}、γ_j 分别为规模系数、比例系数和替代弹性系数。其最优化求解，得 r 地区 j 部门资本和劳动需求量分别为

$$K_{jr} = \frac{1}{H_{jr}^{1-\gamma_j}} \left(\omega_{jr} \frac{P_{jr}^F}{R} \right)^{\gamma_j} X_{jr}$$

$$L_{jr} = \frac{1}{H_{jr}^{1-\gamma_j}} \left((1 - \omega_{jr}) \frac{P_{jr}^F}{W} \right)^{\gamma_j} X_{jr}$$

r 地区 j 部门产品的单位成本和商品的价格为

$$C_{jr} = \sum_i P_{ijr}^n \eta_{ijr} + \frac{1}{X_{jr}} (RK_{jr} + WL_{jr})$$

$$P_{jr} = C_{jr}(1 + t_{jr}^{tp})$$

式中：t_{jr}^{tp} 为生产税税率。

假定要素的初始供给量以地区为基础，K_r、L_r 在模型中作为外生变量给定，全国要素总供给为地区要素供给的加总，可得

$$K = \sum_r K_r$$

$$L = \sum_r L_r$$

如果要素可以在地区间流动，在新的均衡状态下，一地区实际使用的要素量可能与初始量不同。两者之差就是要素的净输入。虽然要素在地区间流动，但从全国来看，要素总供求仍然均衡，因此可得

$$K = \sum_j \sum_r K_{jr}$$

$$L = \sum_j \sum_r L_{jr}$$

模型中要素价格为内生变量,由市场均衡条件决定其均衡价格。

此处,可以根据需要,对要素流动进行设定。例如,假定要素仅在某地区内流动,则需要用每个地区的要素价格 R_r 和 W_r 来代表全国的要素价格 R 和 W。并且地区劳动和资本的均衡条件也需修改为

$$K_r = \sum_j K_{jr}$$

$$L_r = \sum_j L_{jr}$$

这表明要素可以在一个地区内不同行业间流动,但不在地区间流动。

三、居民消费模块

r 地区居民用于消费的收入为

$$Y_r^h = (1 - s_r)(1 - t_r) \sum_j (RK_{jr} + WL_{jr})$$

该式表示 r 地区居民用于消费的收入 Y_r^h 为该地区各行业劳动和资本收入扣除所得税率和储蓄后的余额部分。此处的居民为整体居民,还可以进一步对居民进行细分,细分后需要计算不同细分居民的劳动和资本收入及其所得税和储蓄。需要注意的是,式中的要素收入是按地区要素的需求而不是供给来计算的。在地区间要素不流动的假设下,一地区的初始要素供给量和实际要素需求量是相等的,居民的收入可以按要素供给量计算。但如果假设要素在地区间流动,则一地区的要素供给和实际需求量不一定相等,因此,要以要素的实际使用量来计算一地区的居民收入。但还需进一步假设要素所有者是否会随要素的流动离开输出地,进入输入地,并在期末成为输入地的居民。否则,需要计算其他地区要素所有者从本地区获得的所得,如资本所有者跨地区进行投资。进一步地,还需要考虑地区外投资者获得的投资收益是继续投资于本地还是返回投资者所在地。

r 地区居民对复合产品 i 的消费需求采用 LES 需求函数,r 地区居民对 i 部门复合产品的 LES 需求函数为

$$N_{ihr} = \theta_{ihr} + \frac{\beta_{ihr}}{P_{ir}}(Y_r^h - \sum_i P_{ir}\theta_{ihr})$$

式中:θ_{ihr} 为 r 地区居民用于 i 部门复合产品的最低消费额。

四、政府消费模块

r 地区政府的收入为

$$Y_r^g = t_r \sum_j (RK_{jr} + WL_{jr}) + \sum_i \sum_u (\sum_d P_{iudr} D_{iudr} t_{iur}^d + P_{iur}^m M_{iur} t_{ir}^m) +$$

$$\sum_i P_{ir} E_{ir} t_{ir}^e + \sum_j C_{jr} X_{jr} t_{ir}^{tp}$$

此式表示将政府通过收入、国内消费、进口、出口、生产环节征收的各项税收加总。但

此处仅考虑了政府整体,在一国多区域模型中,需要进一步区分中央政府和地方政府,对于同一税源,其取得的税收收入,还可能按比例在中央和地方政府间进行分配,这些都需要通过方程进一步刻画。

r 地区政府的实际消费总量为

$$Q_r^g = Y_r^g / P_r^g$$

r 地区政府的消费价格指数为

$$P_r^g = \sum_i \varphi_{ir}^g P_{igr}^n$$

式中: φ_{ir}^g 为政府消费系数,且有 $\sum_i \varphi_{ir}^g = 1$。

r 地区政府对复合产品 i 的需求量为

$$N_{igr}^n = \varphi_{ir}^g Q_r^g$$

五、资本形成模块

r 地区投资总金额为

$$Y_r^v = s_r (1 - t_r)(R_r K_r + W_r L_r) + V_r^k$$

该式表示 r 地区投资总金额 Y_r^v 为本地税后劳动和资本收益中用于储蓄的部分,再加上地区外投资资金净流入 V_r^k,该流入包括国内其他地区和国外两部分。

r 地区的资本品价格为

$$P_r^v = \sum_i \varphi_{ir}^v P_{ivr}^n$$

式中: φ_{ir}^v 为资本构成系数,且 $\sum_i \varphi_{ir}^v = 1$。

r 地区的固定资本形成总量为

$$Q_r^v = Y_r^v / P_r^v$$

r 地区政府对复合产品 i 的需求量为

$$N_{ivr}^n - \psi_{ir}^v Q_r^v$$

六、区际运输模块

r 地区输入产品对本地区运输服务的需求为

$$Q_r^t = \sum_{i,i \neq 3} \sum_u \left(\sum_{k,k \neq r} \varepsilon_{iukr}^d D_{iukr} + \varepsilon_{iur}^m M_{iur} \right)$$

式中: ε_{iukr}^d 和 ε_{iur}^m 分别是每单位输入的国产品和进口品的运输加价比率系数。

r 地区 u 用户从 k 地区输入产品 i 的单位运输成本为

$$P_{rukr}^{td} = \varepsilon_{iukr}^d P_{3r}$$

r 地区 u 用户进口产品 i 的单位运输成本为

$$P_{rur}^{tm} = \varepsilon_{iur}^m P_{3r}$$

与多国一般均衡模型不同,此处没有假设总运输服务固定再求各地区最优运输量,而是根据每个地区贸易量来计算运输服务需求。P_{rukr}^{td} 和 P_{rur}^{tm} 在前面复合产品需求模块中出现,表示运输费用加到购买者价格中。

该模块中还假设,出口产品的运输费用由买方(外国)支付,而不需要出口地区的服务部门提供。

七、对外贸易模块

国外对 r 地区出口产品 i 的需求为

$$E_{ir} = \frac{1}{A_{ir}^{1-\theta_{ir}}} \left(\frac{P_{ir}}{P_{ir}^{fob}} \right)^{\lambda_{ir}} X_{ir}$$

该出口需求函数是产品在国内和出口间函数的最优解。式中:P_{ir}^{fob} 为出口离岸价;λ_{ir} 为产品在国内和出口间的替代弹性。

r 地区出口产品 i 的国际价格为

$$P_{ir}^{fob} = \frac{P_{ir}(1+t_{ir}^{e})}{\phi}$$

式中:t_{ir}^{e} 是出口税税率;ϕ 为汇率,即用本币表示的外币价格。

全国对外贸易净出口值为

$$F = \sum_{i} \sum_{r} \left(P_{ir}^{fob} E_{ir} - P_{ir}^{cif} \left(\sum_{u} M_{iur} \right) \right)$$

上式表示全国对外贸易净出口值,F 是各地区净出口之和。

国际收支均衡条件为

$$F = -\sum_{r} \left(V_{r}^{k} + \sum_{i} P_{ir} S_{ir} \right)$$

全国净出口之和等于区外投资资金净流入和区内存货变动净值的相反数。

以上 7 个模块给出了一国多区域一般均衡模型的全部核心变量和方程,其中除了各种税率、进口到岸价 P_{ir}^{cif}、储蓄率 s_r、存货变动量 S_{ir}、全国要素总供给 K、L 为外生变量,其余均为内生变量。其中,有 3 个均衡条件:全国资本市场均衡条件、全国劳动力市场均衡条件、全国国际收支均衡条件。这些均衡条件分别由要素价格 R、W 和汇率 ϕ 的变动来调节。这 3 个内生变量没有任何方程定义,是内生的均衡变量。

第三节　多区域模型的扩展

一、引入中央与地方关系

在一国多区域模型中,可以对政府进一步细分,包括中央政府和地方政府。其中,地方政府通过其收支活动,并对当地和外溢后的其他地区经济产生影响,中央政府通过收支活动对全国经济产生影响。中央政府与各地方政府间还存在着收入划分、资金转移支付等活动,从而调节区域间政府资金配置,并对各地区经济产生影响。中央与地方的关系是一个复杂的系统,需要通过专门的方程,根据实际情况进行设置。包含中央与地方的关系的一国多区域模型显然在分析区域经济差异和协调等方面可以发挥重要作用。

二、投资和资本积累动态化

多区域模型最简单的动态机制就是投资分配和资本积累。可以假定各地区资本存量不流动，但允许储蓄(投资)资金在地区间自由分配。这样，各地区资本存量通过折旧损耗和新资本的积累增长，同样可以达到跨区域优化配置的目的。

各地区资本实际收益率 r_r 等于资本租金价格 R_r 除以资本品价格 P_r^v 减去折旧率 d_r，公式为

$$r_r = R_r / P_r^v - d_r$$

定义各地区期末资本存量 K_r^* 等于期初资本量 K_r 减去折旧加上新资本形成 Q_r^v，即

$$K_r^* = K_r(1 - d_r) + Q_r^v$$

各地区资本的预期收益率 r_r^e 是期初和期末资本量和实际收益率的函数，即

$$r_r^e = r_r \left(\frac{K_r^*}{K_r} \right)^{-\rho}$$

式中：ρ 是调节跨区域投资速度的弹性系数。

r 地区总投资额中应加上跨地区的净投资额，即

$$Y_r^v = s_r Y_r^h + \sum_{k, k \neq r} V_{rk} - \sum_{k, k \neq r} V_{kr}$$

式中：$S_r Y_r^h$ 是区域内居民储蓄；$\sum_{k, k \neq r} V_{rk}$ 中 V_{rk} 是 r 地区从 k 地区吸收的投资额，将 V_{rk} 按输出区域 k 加总得到各地区在 r 地区投资总额；$\sum_{k, k \neq r} V_{kr}$ 是将 V_{kr} 按输入区域 k 加总，即 r 地区对外投资总额。后两项之差等于区外投资净输入。跨地区投资是由地区间资本预期收益之差导致的，在一般均衡条件下，跨地区投资的结果是使各地区资本预期收益率均等化。

由于一地区的投资可能在另一地区使用，有必要将投资形成的资本收入记为输出区域的收入，而不是输入区域的收入。这样，一地区的总产出和总收入可能不等，类似于 GDP 和 GNP 的区别，其差别由各地区的资本来源构成决定。

三、劳动力区域转移的细化

劳动力在地区间流动是多区域模型中需要考虑的问题。劳动力会因为政策或经济条件变化而在地区间流动。当劳动力转移到一个新的地区，该地区产出会因此而提高，居民收入也会提高；反之，劳动力流出，产出和收入会下降。但此时产出和收入的变化仅是总量的变化，还有必要看人均变化，二者有时会出现差异。劳动力流出不一定会导致一地区居民福利下降，劳动力流入也不一定会导致一地区居民福利上升。

如果某一要素在全国范围内流动，则该要素只有一个全国的总供给量和一个全国统一价格。如果某一要素是地区特有的，只能在所属地区内流动，则该要素只有地区供给量和地区价格。

如果假定劳动力可以在全国流动，则形成全国统一工资。但现实中，劳动工资具有地

区差异,劳动力的跨区域流动也不是完全自由的,要描述一种更为现实的情形,需要引入劳动力转移的机制。

像资本一样,劳动力的流动具有双向特点。通过搜集数据,可以建立基年劳动力双边流动的数量结构。以 A、B、C 3 地区模型为例,这个双边劳动力流动结构如表 10-1 所示。表 10-1 中的对角线部分是各地区对本地劳动力的使用,行表示一地区向各地区的劳动输出,列表示一地区从各地区的劳动输入。行合计等于各地区劳动力的总供给,列合计等于各地区劳动力的总需求。

表 10-1　劳动力双边流动数据结构

	A 区域	B 区域	C 区域	合计
A 区域	A→A	A→B	A→C	A 区域劳动力总供给
B 区域	B→A	B→B	B→C	B 区域劳动力总供给
C 区域	C→A	C→B	C→C	C 区域劳动力总供给
合计	A 区域劳动力总需求	B 区域劳动力总需求	C 区域劳动力总需求	

上述数据描述了劳动力地区间转移的行为。一般来说,根据对劳动力的不同假设,有以下两种方法可供选择。

(1) 如果假定劳动力是一种同质生产要素,在均衡条件下,则全国工资相等。在上面的基本模型中,我们直接假设名义工资会达到均等,这是一种对同质劳动的较为简单的设置。另一种较为复杂的设置需要计算各地区平均工资,劳动力转移的动力是与名义工资有别的实际平均工资的地区差异,即平均名义工资除以地区消费物价指数(这里假定劳动者没有所谓的"货币错觉")。如果一个地区的实际工资高于其他地区,该地区就会吸引其他地区的劳动力,劳动力的流动会最终消除实际工资之间的差异。

(2) 如果我们假设各地区使用的劳动力是有差别的,即使在自由市场均衡条件下,各地的工资也不会相等,那么还可以采用供给函数的形式来描述劳动力的地区流动。具体方法如下。

采用 CET 函数形式,s 地区的总劳动供给函数表示如下。

$$L_s^S = A_s^S \left(\sum_r \eta_{sr} L_{sr}^{S \frac{\sigma-1}{\sigma}} \right)^{\frac{\sigma}{\sigma-1}}$$

式中:η_{sr} 是 CET 比例系数,$\sum_r \eta_{sr} = 1$;σ 是 CET 转移弹性,$\sigma < 0$;A_s^S 是规模系数。s 地区的总劳动力由 3 部分不同质的劳动力组成,每一部分只用于一个特定地区。s 地区的劳动者所面对的优化问题是,在上式的约束条件和各地区工资 W_r 既定的条件下,怎样将劳动力分配在 3 个地区才能使以下的总收入 Y_s 最大化

$$Y_s = \sum_r L_{sr}^S W_r$$

通过求最优解得 s 地区的劳动力向 r 地区转移的 CET 供给方程为

$$L_{sr}^S = \frac{L_s^S}{A_s^S} \left(\eta_{sr} \frac{W}{W_r} \right)^{\sigma}$$

式中 W 是 CET 价格指数，W 为

$$W = \frac{1}{A_s^S} \left(\sum_r \eta_{sr}^\sigma W_r^{1-\sigma} \right)^{\frac{1}{1-\sigma}}$$

在这个 CET 劳动供给结构中，CET 转移弹性 σ 控制劳动力的差别程度。σ 越接近于 0，各地区劳动力的差别越大；反之，σ 的绝对值越大，各地区劳动力的差别就越小。在实际模型中，确定了劳动力双边流动数据后，上述 CET 函数中的参数系数就可以按基年的数据校准。

练　习　题

1. 试根据统计数据绘制中国区域间劳动力流动表。
2. 试分析区域间劳动力转移的动力机制及 CGE 模型设置。
3. 试分析区域间资本转移的动力机制及 CGE 模型设置。

第十一章　CGE 模型的数据基础

CGE 模型以社会核算矩阵(SAM 表)为数据基础,而社会核算矩阵又以投入产出表(IO 表)和其他宏观、微观数据为基础。本章将重点介绍投入产出数据和社会核算矩阵等内容。

第一节　投入产出表的结构与内涵

投入产出核算是国民经济核算体系的一个重要组成部分,用于描述国民经济各部门在一定时期内从事生产活动的投入来源和产出使用去向,从而揭示国民经济各部门间相互依存、相互制约的数量关系。投入产出核算把生产法 GDP、收入法 GDP、支出法 GDP整合在一起,是 GDP 核算的延伸和细化。产品部门分类的投入产出表,对生产法 GDP 的中间投入部分按照产品部门进行了细致划分,同时,对支出法 GDP 中的消费,资本形成和进出口等项目,既给出了总量数据,也给出了详细的结构数据。

一、投入产出表基础

投入产出表记录了国家、地区或某个行业在一定时期内(通常为一年)的投入和产出情况。它是一种矩阵结构,将经济活动按照行业和产品划分为不同的部门和类别,记录了各部门之间的投入产出关系和经济活动的总体结构。在投入产出表中,有几个重要概念需要理解,包括中间投入、增加值、中间使用和最终使用。具体而言,中间投入是指一个产业在生产过程中所使用的其他产业的产品或服务。中间投入包括原材料、零部件、能源等。它们是用于生产最终产品或提供服务的必要要素。中间投入的概念强调了各个产业之间的相互依赖性,一个产业的生产需要依赖其他产业的中间投入。增加值是指一个产业在生产过程中创造的附加价值,它是最终产品或服务的市场价值与中间投入的总价值之间的差额。增加值是经济增长和发展的重要指标,它反映了一个经济系统中各个产业的生产效率和创造力。在投入产出表中,增加值包括劳动者报酬、生产税净额、固定资产折旧、营业盈余 4 方面。中间使用是指一个产业在生产过程中使用其他产业的产品或服务的数量。中间使用可以用于计算一个产业的中间投入量,也可以用于衡量一个产业对其他产业的依赖程度。中间使用的概念强调了各个产业之间的相互关联和影响。最终使用是指一个产业生产的最终产品或服务的使用方式。最终使用可以包括居民消费、政府消费、资本形成总额和出口等。最终使用的概念强调了经济活动的最终目的和影响。总之,中间投入、增加值、中间使用和最终使用是投入产出表中的重要概念,它们揭示了一个经济系统中各个产业之间的相互依赖关系和经济活动的流动情况。

表 11-1 是中国 2020 年 3 个部门经济的投入产出表的简化示例。这 3 个部门是:农业,

表 11-1 中国 2020 年投入产出表

（单位：亿元）

| | | 中间使用 | | | | 最终使用 | | | | | 进口 | 总产出 |
		农业	工业	服务业	中间使用合计	居民消费	政府消费	资本形成总额	出口	最终使用合计		
中间投入	农业	18 313	67 162	10 010	95 485	33 080	1964	7248	1817	44 109	6426	133 168
	工业	22 154	608 950	256 431	927 535	121 700	0	85 795	147 670	355 165	137 214	1 145 487
	服务业	10 526	187 154	461 906	659 585	229 228	171 661	340 478	38 439	779 807	19 019	1 420 373
	中间投入合计	50 994	863 265	768 347	1 682 606	384 008	173 625	433 521	187 926	1 179 081	162 659	2 699 028
增加值	劳动者报酬	82 111	100 032	347 423	529 566							
	生产税净额	−4553	44 381	49 752	89 580							
	固定资产折旧	2305	40 324	107 953	150 582							
	营业盈余	2312	97 484	146 899	246 694							
	增加值合计	82 175	282 221	652 026	1 016 422							
	总投入	133 168	1 145 487	1 420 373	2 699 028							

数据说明：表中数据为四舍五入后数据，原始数据数据来源于国家统计局公布的《中国 2020 年投入产出表》。

其总产出为 133 168 亿元;制造业,其总产出为 1 145 487 亿元;服务业,其总产出为
1 420 373 亿元。观察表 11-1 的上半部分,其行账户为农业、工业、服务业及中间投入合
计,列账户除了包含农业、工业、服务业及中间使用合计项之外,还包含居民消费、政府消
费、资本形成总额、出口、最终使用合计、进口和总产出。行账户的功能用于描述各类产业
部门产品的使用去向,因此,需从行向的角度对相应账户进行解读。以农业部门为例,
表 11-1 中农业部门的 133 168 亿元的总产出中,有 95 485 亿元作为中间使用,44 109 亿
元作为最终使用。具体而言,在中间使用部分,农业部门生产的产品中,有 18 313 亿元的
产品作为农业本部门的中间使用,如作为种子。有 67 162 亿元的产品被工业部门使用,
如作为食品加工业的原材料。有 10 010 亿元的产品被服务业部门使用,如作为餐饮部门
的食材。在最终使用部分,农业部门生产的产品作为最终商品用于最终使用,具体而言,
居民消费 33 080 亿元的农产品,政府消费了 1964 亿元的农产品,用于资本形成总额(投
资)7248 亿元,用于出口 1817 亿元。此外,还要从总产出中扣除 6426 亿元的进口产品,
因为在农业部门产品的中间使用和最终使用中,既包含对国内产品的需求,也包含对进口
产品的需求。该表的工业和服务业部门以相同的方式描述了其商品或服务的流动。

　　观察表 11-1 的左半部分,其行账户为农业、工业、服务业、中间投入合计、劳动者报
酬、生产税净额、固定资产折旧、营业盈余、增加值合计及总投入,列账户为农业、工业、服
务业及中间使用合计。列账户的功能是用于描述各产业部门生产过程中的投入结构,因
此,需从列向的角度对相应账户进行解读。以农业部门为例,表 11-1 中农业部门的
133 168 亿元的总投入(总产出)中,有 50 994 亿元的中间投入,82 175 亿元的增加值投
入。具体而言,在中间投入部分,为生产 133 168 亿元的总产出,农业部门需要投入
18 313 亿元的农产品,22 154 亿元的工业品,以及 10 526 亿元的服务品。除此之外,完整
的生产活动还需要投入劳动力、资本等各类生产要素,而投入各类生产要素需要支付相应
的报酬。具体而言,农业部门的生产过程中需要支付 82 111 亿元的劳动报酬,−4553 亿
元的生产税净额,2305 亿元的固定资产折旧,以及 2312 亿元的营业盈余。

　　在实际工作中,投入产出表不会像表 11-1 中仅包含 3 个部门,一般情况下,投入产出
表中的部门是数十个或上百个,如 2020 年国家统计局公布的竞争型投入产出表包含 153
个部门。

二、投入产出表的主要指标

　　在投入产出表中,有几个核心概念:总投入、总产出、中间投入、中间使用、增加值和
最终使用。接下来分别从主栏和宾栏的角度对相关指标进行介绍。

　　从主栏的角度来看。主要包括总投入、中间投入和增加值。其中,总投入是指一个部
门或经济体在生产过程中所使用的全部货物和服务的价值总和。它包括中间投入、劳动
力成本和其他生产要素的成本。总投入反映了一个部门或经济体的生产成本。中间投入
是指一个部门在生产过程中所使用的货物和服务,这些货物和服务不是最终产品或服务
的一部分,而是用于生产其他产品或服务的中间环节。中间投入包括原材料、零部件、能
源等。增加值是指一个部门在生产过程中创造的附加价值,代表了一个部门的贡献,体现

了其在经济中的创造力和生产效率。此外，增加值部分又包括劳动者报酬、生产税净额、固定资产折旧和营业盈余。其中，劳动者报酬是指用于支付劳动力的报酬，包括工资、薪水、福利和津贴等。它是劳动者为参与生产所获得的经济回报，是劳动者劳动所创造的价值的一部分。劳动者报酬反映了劳动力的使用情况和对劳动者的回报程度，是衡量国家或地区经济活动的重要指标之一。生产税净额是指企业或产业在生产过程中缴纳的税务净额。它包括各种生产税种的征收和减免后的净额，如增值税、消费税等。生产税净额是国家或地区税收收入的重要组成部分，也是投入产出表中衡量企业或产业经济效益的重要指标之一。固定资产折旧是指企业或产业在生产过程中由于固定资产的使用和消耗而发生的价值减少。固定资产包括房屋、机器设备、交通工具等长期使用的资产。由于使用和时间的推移，这些资产的价值会逐渐减少，折旧是一种用于衡量这种价值减少的概念。固定资产折旧反映了企业或产业的资本消耗情况，也是投入产出表中衡量生产过程中资本使用效率的重要指标之一。营业盈余是指企业在生产过程中扣除各种成本后所得到的利润。它是衡量企业经营状况和盈利能力的重要指标。营业盈余包括企业的销售收入减去各种成本，如原材料成本、人工成本、税费等。营业盈余的高低反映了企业或产业的盈利水平，是投入产出表中衡量经济活动效益的重要指标之一。

从宾栏的角度来看，主要包括总产出、中间使用和最终使用。其中，总产出是指一个部门或经济体在生产过程中所创造的全部货物和服务的价值总和，它包括最终产品和中间产品的价值。总产出反映了一个部门或经济体的生产规模和价值创造能力。中间使用是指一个部门将其他部门生产的产品作为中间投入用于本部门的生产过程。最终使用是指经济中的最终需求，即用于最终消费或最终投资的货物和服务。最终使用可以分为消费支出合计、资本形成总额、出口和进口。消费支出合计包括居民消费支出和政府消费支出，居民消费支出又进一步分为农村居民消费支出和城镇居民消费支出。具体而言，居民消费支出是指(农村和城镇)个人和家庭用于购买物品和服务的支出，它包括衣食住行、教育、医疗保健、娱乐等方面的消费支出。居民消费是经济中重要的需求来源，对经济增长起到重要作用。政府消费是指政府用于购买物品和服务的支出，它包括政府部门的日常运营开支、公共服务提供、基础设施建设等方面的支出。政府消费是经济中另一个重要的需求来源。资本形成总额包括固定资本形成总额和存货变动。固定资本形成总额是指生产部门在一定时期内获得的固定资产减处置的固定资产的价值总额。固定资产是通过生产活动生产出来的，且其使用年限在一年以上、单位价值在规定标准以上的资产，不包括自然资产、耐用消费品等。固定资本形成总额是经济增长的重要驱动力，对提高生产能力和促进经济发展起到关键作用。存货变动是指企业在一定时期内存货的增加或减少。正的存货变动表示存货增加，负的存货变动表示存货减少。存货变动反映了企业对于市场需求的预期和调整。除此之外，还包括出口和进口，其中，出口是指一个国家或地区向其他国家或地区销售的物品和服务的价值，进口是指一个国家或地区从其他国家或地区购买的物品和服务的价值。进出口是经济中的一个重要组成部分，对经济增长和国际贸易平衡起到重要作用。

这些指标在投入产出表中的记录和分析，可以帮助我们了解一个经济体的生产结构、消费结构、投资状况及国际贸易情况,有助于进行经济政策制定和发展战略的决策。

三、投入产出表的结构

投入产出表的主栏分为中间投入和增加值,宾栏分为中间使用和最终使用,因此,可以简单把投入产出表分为 4 个象限,具体如表 11-2 所示。接下来,将具体介绍每个象限的具体含义。

表 11-2 投入产出表

投入		产出								总产出
		中间使用				最终使用				
		农业	工业	服务业	合计	居民消费	政府消费	资本形成总额	净出口	
中间投入	农业 工业 服务业 中间投入合计	第Ⅰ象限 z_{ij}				第Ⅱ象限 f_{ik}				x_i
增加值	劳动者报酬 生产税净额 固定资产折旧 营业盈余 增加值合计	第Ⅲ象限 v_{vj}				第Ⅳ象限				—
总投入		x_j				—				—

第Ⅰ象限核算中间产品,是由部门名称、数目、排序完全一致的中间投入和中间使用的交叉部分组成的一个方阵,是投入产出表的核心内容。第Ⅰ象限中的每个数值都有两层含义,从行向看,它表示某部门的产品作为生产消耗投入到各个部门生产活动中的数量,称为中间使用。从纵向看,它表示各个部门所生产的产品投入到某部门生产活动过程中所消耗的数量,称为中间投入。该方阵从中间投入和中间使用的视角,反映国民经济各部门之间相互依存、相互制约、互为条件的技术经济联系,因此又被称为中间消耗矩阵,是投入产出表中最重要的一个象限。表 11-2 中,z_{ij} 表示第 i 个部门产品投入到第 j 个部门的直接投入量。

第Ⅱ象限核算最终使用,由中间投入和最终使用的交叉部分组成,是第Ⅰ象限在水平方向上的延伸,称为最终需求矩阵。从行向看,这一部分反映各部门货物或服务用作不同最终使用类型的数量,最终使用包括居民消费、政府消费、资本形成总额和净出口等。从纵向看,这一部分反映了各类最终需求对各种产品的需求数量。表 11-2 中,f_{ik} 表示第 i 部门的产品作为第 k 类最终需求的数量。第Ⅰ象限和第Ⅱ象限连续起来,反映了国民经济各部门货物或服务的分配使用去向。

第Ⅲ象限核算增加值,由增加值和中间使用的交叉部分组成,是第Ⅰ象限在垂直方向上的延伸,反映各部门生产活动过程中形成的增加值及其构成情况,称为增加值矩阵。从行向看,反映了各增加值部分的数量和部门构成,从列向看,反映了各部门增加值的分配情况。表 11-2 中,v_{vj} 表示第 v 类增加值投入到第 j 部门的数量。第 Ⅰ 象限和第 Ⅲ 象限连接在一起,反映了国民经济各部门在生产经营活动中的投入情况,体现了国民经济各部门生产货物或服务的价值形成过程。

第 Ⅳ 象限核算收入分配,由增加值和最终使用的交叉部分组成,是第 Ⅲ 象限在水平方向的延长部分和第 Ⅱ 象限在垂直方向的延长部分组成,表示各部门在第 Ⅲ 象限提供的增加值经过资金流动转变为第 Ⅱ 象限最终使用的转换过程,从而反映国民收入的再分配过程。但是由于资金流动和收入再分配是一个极其复杂的过程,很难在一张表中准确刻画,因此,目前编制的投入产出表并未包含第 Ⅳ 象限。

投入产出表的部门与国民经济行业不同。投入产出表的部门是产品部门,也称"纯部门";国民经济行业是按照生产经营活动性质划分的分类。产品部门分类遵循同质性原则,即消耗结构相同、生产工艺相同、经济用途相同。一个产品部门就是满足上述同质性原则的同类产品组成的产品群。但是在实际操作中,同一部门内的货物或服务往往不能同时满足上述三个条件。

四、投入产出表的数据口径

投入产出表中的部门不是一般意义上的产业部门,而是更具有同质性的产品部门。投入产出表产品部门分类是按照同质性原则对货物和服务进行细分,在投入产出核算中,产品部门分类遵循同质性原则,即,生产工艺相同、消耗结构相同和经济用途相同,只有满足以上三种同质性原则,才称之为同质性产品。然后在实践工作中,同一产品部门的货物和服务很难同时满足三个同质性条件,而只能满足其中的一个或两个。在投入产出核算中,产品部门分类以《国民经济行业分类》(GB/T 4754—2017)为基础,按照《统计用产品分类目录》,结合统计基础资料和投入产出分析的需求确定。

在投入产出核算中,通常会涉及三种不同的价格概念:基本价格、生产者价格和购买者价格。按照《中国国民经济核算体系(2016)》中的定义,基本价格指生产者将自己生产的货物或服务出售给购买者时所获得的单位产品价值(包含其他生产税[1],但不包含商业毛利和货物离开生产单位后所发生的运输费用),加上获得的产品补贴,减去货物或服务生产或销售时应付的产品税。生产者价格为基本价格加上除增值税之外的产品税[2],减去产品补贴。购买者价格指购买者购买单位货物或服务所支付的价格,等于生产者价格加上不可抵扣的增值税、商业毛利和购买者为取得货物所支付的运输费用。

三者之间的关系为

生产者价格 ＝ 基本价格 ＋ 产品税(不包含增值税) － 产品补贴

---

[1]　其他生产税是指除产品税以外,企业因从事生产活动而应缴纳的所有税收,即因在生产中使用土地、建筑和其他资产等而应缴纳的税收。属于其他生产税的主要有:房产税、车船使用税、城镇土地使用税等。

[2]　产品税是指对生产、销售、转移、出租或交付货物或服务而征收的税收,以及对用于自身消费或资本形成的货物或服务而征收的税收。属于产品税的主要有:增值税、消费税、进口关税、出口税等。

　　　购买者价格＝生产者价格＋不可抵扣的增值税＋运输费用和商业毛利

　　在我国目前的核算体系中,生产者价格包含增值税,并且我国投入产出表中也采用生产者价格。

五、投入产出表优势

　　投入产出表是一种在经济学研究中广泛应用的工具,它能够对一个国家、地区或经济领域的资源分配和生产活动进行系统分析,帮助我们理解一个经济体内不同部门之间的联系,以及在供应链中的相互依赖关系,为经济政策制定和社会经济发展提供重要的决策依据。

　　投入产出表具有系统性和全面性。投入产出表可以提供一个全面的经济结构图,显示了不同部门之间的联系和依赖关系。可以对各个经济领域或部门的资源、生产和消费过程进行分析,具有系统性和全面性。通过对各项经济活动的记录和分析,投入产出表能够揭示不同部门之间的关联和依赖关系,以及该部门对经济的整体贡献。通过对整个经济体进行横向和纵向的分析,不仅可以反映不同经济部门之间的联系,包括产业链、价值链等,也可以发现它们之间的贸易关系,还可以反映出一个国家或地区的经济状况和结构特征。此外,它可以帮助研究者和决策者了解一个经济体的产业组成、产出和就业状况。这对于制定经济政策、进行市场预测和促进产业升级非常有价值。

　　投入产出表具有时效性和灵活性。投入产出表能够根据经济情况的不断变化随时更新,因此能够代表最近时间内的经济活动情况。与其他区域调查资料相比,它具有时效性和及时性。此外,由于投入与产出之间的数学模型具有较高的灵活性,因此它能够针对不同经济场景进行模拟和分析。这使得投入产出表成为一个能够适应不同环境的研究工具,使决策者能够更好地预测和分析各项经济活动的结果。

　　总的来说,投入产出表的主要优势在于清晰地描述了经济系统中各部门之间的相互依存关系。作为一种经济学分析工具,可以有效揭示经济结构、分析影响链条、评估经济影响、测量多重效应和辅助政策制定等优势,为我们理解和分析一个经济体的运行提供了有力支撑。此外,投入产出表也为一般均衡思想提供了一个理论与现实之间的桥梁。因此,投入产出表在宏观经济分析和政策制定中具有重要的地位和作用。

第二节　投入产出分析

一、投入产出分析基础关系式

　　投入产出模型是根据特定经济区域的观测数据构建的。首先,我们将该区域假设为一个国家,该区域的经济活动必须能够分为多个生产部门。这些生产部门是通常意义上的行业(如批发零售),也可能是较小的类别(如农药化肥)或较大的类别(如制造业)。必要的数据是产品在不同生产部门之间的投入和产出流量。这些生产部门间流动或交易是在特定时期(通常是一年)内以货币价值的方式表示的。

投入产出模型的一组基本数据是部门之间(从部门 i 到部门 j)交易的货币价值,这些通常被称为 z_{ij}。年内 j 部门对其他部门投入的需求将与同期 j 部门生产的商品数量有关。例如,汽车行业对钢铁行业产量的需求与汽车产量密切相关,制鞋行业对皮革的需求取决于生产的鞋子数量。

假设经济可以分为 n 个部门。如果我们用 x_i 表示部门 i 的总产出,用 f_i 表示部门 i 产品的最终总需求,我们可以写出一个简单的公式,描述部门 i 通过向其他部门和最终需求销售产品的行为,即

$$x_i = z_{i1} + \cdots + z_{ij} + f_i = \sum_{j=1}^{n} z_{ij} + f_i \tag{11-1}$$

式中: $\sum_{j=1}^{n} z_{ij}$ 表示部门 i 对所有部门 j 的行业间销售(也称为中间投入)。式(11-1)表示部门 i 产出的分布,即部门 i 的产出一部分作为部门 j 的中间使用,另一部分作为部门 i 的最终使用。对于有 n 个生产部门的经济体,有如下公式。

$$x_1 = z_{11} + \cdots + z_{1j} + \cdots z_{1n} + f_1$$
$$\vdots \tag{11-2}$$
$$x_n = z_{n1} + \cdots + z_{nj} + \cdots z_{nn} + f_n$$

令

$$\boldsymbol{x} = \begin{bmatrix} x_1 \\ \vdots \\ x_n \end{bmatrix}, \quad \boldsymbol{Z} = \begin{bmatrix} z_{11} & \cdots & z_{1n} \\ \vdots & \ddots & \vdots \\ z_{n1} & \cdots & z_{nn} \end{bmatrix}, \quad \boldsymbol{f} = \begin{bmatrix} f_1 \\ \vdots \\ f_n \end{bmatrix} \tag{11-3}$$

因此,式(11-2)可以简单记为

$$\boldsymbol{x} = \boldsymbol{Z}_i + \boldsymbol{f} \tag{11-4}$$

式中: i 表示 n 维 1 列向量。

二、投入产出分析与国民经济核算

国民经济核算是指对一个国家或地区整体经济活动进行测量、统计和分析的过程,用来反映经济的规模、结构、增长和效益等方面的情况。它是国家经济管理和决策的重要工具,也是国际比较和经济研究的基础。通过国民经济核算,可以深入了解一个国家或地区的经济状况、结构、增长和效益等重要信息,为宏观调控、经济政策制定和国际经济比较提供依据。同时,国民经济核算也是经济学研究和理论分析的基础,为经济问题的研究和解决提供重要参考。

围绕国民经济核算所形成的一套理论和方法被称为国民经济核算体系,我国国民经济核算体系由基本核算和扩展核算组成,基本核算是国民经济核算体系的主要内容,旨在系统描述国民经济运行全过程。基本核算包括国内生产总值核算、投入产出核算、资金流量核算、资产负债核算、国际收支核算。国内生产总值核算描述生产活动最终成果的形成和使用过程,反映国民经济各行业、产业增加值及生产成果最终使用的总量和结构,是国民经济核算体系的核心内容。投入产出核算是国内生产总值核算的整合和扩展,描述国

民经济各部门在一定时期内生产活动的投入来源和产出使用去向,揭示国民经济各部门间相互联系、相互依存的数量关系。资金流量核算是国内生产总值核算的延伸,以收入分配和资金运动为核算对象,描述一定时期内各机构部门收入的分配和使用、资金的筹集和运用情况。资产负债核算描述特定时点资产负债的存量和结构情况,以及资产负债从期初到期末发生的变化。国际收支核算描述我国常住单位与非常住单位之间的经济往来关系,一方面反映一定时期内发生的对外经济收支往来,另一方面反映对外资产负债及其变动状况。

扩展核算是对基本核算的补充与扩展,旨在对国民经济中某些特殊领域的活动进行描述。扩展核算通过扩展国民经济核算相关基本概念或对相关基本分类进行重新组合,以及改变处理方法等,对国民经济中某些领域的活动或与国民经济有密切关系的领域进行核算,以满足特定类型分析和专门领域管理的需要。根据我国管理需要和统计基础状况,扩展核算分为两大类。一类是对原有基本核算内容的补充和扩展,主要包括资源环境核算、人口和劳动力核算。另一类是对原有核算分类进行重新组合,主要包括卫生核算、旅游核算等。扩展核算体现了国民经济核算体系的开放性和灵活性(摘自《中国国民经济核算知识读本》,中国统计出版社出版)。

投入产出核算作为国民经济核算体系的重要组成部分之一,基于投入产出表来描述一个国家或地区经济各部门之间的相互关系和经济活动的内部联系。投入产出表通过记录不同部门之间的货物和服务流动,以及各部门的投入和产出量,反映了经济体系的互动和相互依赖性。通过投入产出表,可以计算出各个经济部门的产出、中间投入和最终投入,进而计算出国内生产总值(GDP)和其他相关的经济指标。投入产出表还可以用于分析经济结构、经济增长和产业关系的变化,帮助政府和企业制定经济政策和发展战略。本节将在上述内容的基础上,详细阐述投入产出表在国民经济核算体系中的地位和作用。

投入产出表一个重要的作用就是检验 GDP 核算,众所周知,GDP 核算包括生产法、支出法和收入法。按生产法,GDP 等于总产出减去中间使用合计;按支出法,GDP 等于居民消费、政府消费、资本形成总额与净出口之和;按收入法,GDP 等于劳动者报酬、生产税净额、固定资产折旧与营业盈余之和。如果不考虑数据收集过程中存在的误差,3 种方法得到的 GDP 数值相等。投入产出表之所以可以作为检验 GDP 核算的工具,是因为可以通过投入产出表在部门层次上采用三种方法分别计算 GDP。为了更加清晰明了地解释投入产出表和 GDP 核算之间的关系,我们以表 11-1 为例,详细阐述 GDP 核算的 3 种方法。

(一)生产法

生产法通过将经济活动按照产业部门划分,统计各个产业部门在一定时期内生产的货物和服务的市场价值,即总产出。然后,通过扣除产业部门之间的中间投入,即一个产业部门购买来自其他产业部门的货物和服务的市场价值,避免重复计算。生产法是计算 GDP 的一种主要方法,它从产业部门的角度考虑经济活动,可以反映不同产业的贡献和经济结构。它在国民经济核算体系中扮演着重要的角色,为经济政策制定和经济发展提供了重要的统计依据。表 11-1 详细记录了各个部门的总产出和中间使用合计,因此,可

以很方便地基于投入产出表采用生产法计算 GDP。以生产法计算的表 11-1 的 GDP 为

$$GDP = 农业总产出(133\ 168) - 农业中间使用合计(95\ 485) + 工业总产出(1\ 145\ 487) - $$
$$工业中间使用合计(927\ 535) + 服务业总产出(1\ 420\ 373) - $$
$$服务业中间使用合计(659\ 585)$$
$$= 1\ 016\ 422(亿元)$$

(二) 支出法

支出法 GDP 通过统计不同部门和个体在一定时期内的消费、投资、政府支出和净出口等支出数据，计算出 GDP 的数值。支出法将经济活动从需求的角度考虑，反映了不同部门和个体在经济中的支出情况。通过统计各项支出数据，可以综合评估经济的总需求和经济活动的规模。支出法是计算 GDP 的一种主要方法，也是国民经济核算体系中的重要组成部分，为经济政策制定和经济发展提供了重要的统计依据。以支出法计算的表 11-1 的 GDP 为

$$GDP = 居民消费合计(384\ 008) + 政府消费合计(173\ 625) + $$
$$资本形成总额(433\ 521) + 出口(187\ 926) - 进口(162\ 659)$$
$$= 1\ 016\ 422(亿元)$$

(三) 收入法

收入法 GDP 通过统计一定时期内各个经济主体(如个人、企业、政府)的收入情况，计算出国内生产总值的数值。根据收入法，GDP 可以通过将这些不同来源的收入相加得出。另外，还需要考虑外国人在国内的收入和国内人在国外的收入，以及补贴和税收的影响，从而得到最终的 GDP 数值。收入法是计算 GDP 的一种重要方法，它从收入的角度考虑经济活动，反映了经济主体在经济中的收入状况。收入法为经济政策制定和经济发展提供了重要的统计依据。以收入法计算的表 11-1 的 GDP 为

$$GDP = 劳动者报酬合计(529\ 566) + 生产税净额(89\ 580) + $$
$$固定资产折旧(150\ 582) + 营业盈余(246\ 694)$$
$$= 1\ 016\ 422(亿元)$$

投入产出表提供了 GDP 核算所需的数据基础，记录了各个产业的产出、投入和最终需求等信息，这些数据可以用于计算 GDP 的各个组成部分，如消费、投资和净出口等。通过投入产出表，可以分析各个产业对 GDP 的贡献和相互关系，以及经济活动的传导效应。同时，GDP 核算的结果也可以用于验证和补充投入产出表的数据。通过将 GDP 核算的结果与投入产出表中的数据进行比较，可以评估统计数据的一致性和准确性，进一步完善和修正投入产出表的内容。因此，投入产出表和 GDP 核算是相互关联的，投入产出表提供了 GDP 核算所需的数据基础，而 GDP 核算的结果也可以用于验证和补充投入产出表的数据。两者的关系有助于更全面和准确地理解和分析经济体系的结构和运行情况。

三、投入产出表中的主要系数

(一) 直接消耗系数

直接消耗系数是指一个部门或行业在生产过程中直接使用其他部门或行业的产品的

比例,它反映了一个部门或行业对其他部门或行业产品的直接需求程度。直接消耗系数反映了不同部门或行业之间的相互依赖关系,也可以用于评估一个部门或行业对其他部门或行业的经济影响力。直接消耗系数的计算公式为

$$a_{ij} = \frac{z_{ij}}{x_j} \quad (i, j = 1, 2, \cdots, n)$$

式中:a_{ij} 表示 j 部门生产单位总产品对 i 部门产品的直接消耗数量,即为直接消耗系数;z_{ij} 表示 j 部门生产时所消耗的 i 部门产品的数量;x_j 表示 j 部门的总产出。

（二）完全消耗系数

完全消耗系数是指一个部门或行业在生产过程中使用其他部门或行业产品的总比例,包括直接消耗和间接消耗。它表示了一个部门或行业对其他部门或行业产品的全部需求程度。完全消耗系数可以用于评估一个部门或行业对整个经济的影响力和依赖程度。完全消耗系数的计算公式为

$$b_{ij} = a_{ij} + \sum_{k=1}^{n} a_{ik}a_{kj} + \sum_{k=1}^{n}\sum_{s=1}^{n} a_{is}a_{sk}a_{kj} + \sum_{k=1}^{n}\sum_{s=1}^{n}\sum_{t=1}^{n} a_{it}a_{ts}a_{sk}a_{kj} + \cdots \quad (i, j = 1, 2, \cdots, n)$$

式中:b_{ij} 表示 j 部门每提供一单位最终产品对 i 部门产品的完全消耗数量,即为完全消耗系数。

令 B 表示完全消耗系数矩阵,则上式用矩阵形式可以表示为

$$B = A + A^2 + A^3 + A^4 + \cdots$$
$$= (I - A)^{-1} - I$$

式中:A 表示直接消耗系数矩阵;I 为单位矩阵;$(I - A)^{-1}$ 被称为列昂惕夫逆矩阵。

（三）直接分配系数

直接分配系数是指一个部门或行业在生产过程中直接向其他部门或行业供应产品的比例。它表示了一个部门或行业对其他部门或行业的直接供应程度。直接分配系数反映了一个部门或行业对其他部门或行业的经济贡献程度,也可以用于评估一个部门或行业的市场地位和竞争力。直接分配系数的计算公式为

$$h_{ij} = \frac{z_{ij}}{x_i} \quad (i, j = 1, 2, \cdots, n)$$

式中:h_{ij} 表示 i 部门的单位产出中第 j 部门所能分配的产品份额,即为直接分配系数;z_{ij},从列向来看,表示 j 部门生产时所消耗的 i 部门产品的数量,从行向来看,表示第 i 部门的产品分配到第 j 部门的数量;x_i 表示 i 部门的总产出。

（四）完全分配系数

完全分配系数是指一个部门或行业在生产过程中向其他部门或行业供应产品的总比例,包括直接分配和间接分配。它表示了一个部门或行业对其他部门或行业的全部供应程度。完全分配系数可以用于评估一个部门或行业的市场份额和对整个经济的贡献程度。在计算完全消耗系数时,我们用到了列昂惕夫逆矩阵,而列昂惕夫逆矩阵又称为完全分配系数矩阵,即

$$\widetilde{B} = (I - A)^{-1}$$

这些系数在投入产出分析中的应用,可以帮助我们了解不同部门或行业之间的相互联系和相互依赖程度,评估经济中的资源配置和产业结构,以及制定相应的经济政策。

第三节　社会核算矩阵概述

社会核算矩阵(social accounting matrix,SAM)亦称国民经济综合矩阵或国民经济循环矩阵,用矩阵的方法将国民经济各个账户系统地联结起来,表示国民经济核算体系的统计指标体系,反映国民经济运行的循环过程。它利用矩阵形式将国民经济各个账户按照流量和存量、国内与国外有序地排列起来。行分别表示收入、货物和服务的使用、负债和净值;列分别表示支出、货物和服务的来源和资产。SAM 不是一种新的核算方法,它所使用的指标和核算关系与国民经济账户体系完全一致,但是它反映简明、体系性强,有利于电子计算机运算和分析的运用,并可在行和列上任意细化交易分类和平衡项及机构部门分类,对于宏观经济变量及其数量关系具有直接表示和检验数据衔接的特点,有利于宏观经济计量模型体系的建立和应用。

一、社会核算矩阵简介

社会核算矩阵是一个涵盖整个经济的数据框架,用于捕捉一个国家或地区的详细经济结构,描述经济体系内各个部门之间相互关系的一个正方形矩阵,其中每个账户由一行和一列表示。每个单元格反映从列账户到行账户的付款,即收入按行显示,支出按列显示。复式记账要求每个账户的总收入(行合计)等于总支出(列合计)。它通常包含了经济体系中各个部门的生产、消费、投资、进出口等信息。通过对这些信息进行综合分析,可以得出不同经济部门之间的关联度、依存关系及它们对经济和社会的影响。

综合来看,社会核算矩阵作为一种综合性统计工具,它的作用主要体现在以下几方面。

第一,揭示经济关系。SAM 表以国民经济核算为基础,涵盖了各类国民经济核算数据,能够提供一个全面而细致的经济系统描述,将各个经济单元(如产业、家庭、政府、资本等)联系起来,揭示它们之间的相互作用和依赖关系。根据研究需要,可以编制世界、多国、单国或地区层面的 SAM 表,由于 SAM 表可以在很大程度上刻画一个经济体在特定时期内的静态经济结构,也有人因此把它称为经济的"快照"。因此,基于 SAM 表的国民经济分析被广泛应用,通过 SAM 表,可以了解不同部门之间的货物和服务流动,以及资源和收入的分配情况,包括各个部门的生产、消费、投资、进出口等活动,这有助于揭示经济体系的运行机制。

第二,整合和校准经济统计数据。SAM 表是一个综合性的统计工具,可以将各个经济部门的生产、消费、投资和进出口等数据整合在一个矩阵表中,形成一个完整的经济体系的描述和分析框架。在构建 SAM 表时,经济统计数据来源于各个部门的统计报表、国家统计局的统计数据和其他相关的调查数据。这些数据可能来自不同的统计体系和统计方法,具有不同的统计范围和统计周期。对于这些来源于不同途径的统计数据,单独使用时很难发现其中的问题,当把这些数据整合到统一的 SAM 表框架下之后,数据之间的不一致性及可能存在的问题便显现出来。因此,从这个角度讲,编制和调整 SAM 表的过程其实也是对各类经济统计数据的总览和校验。

第三,支持政策分析。社会核算矩阵可以用于评估政策的影响和效果。通过基于 SAM 表的分析,可以衡量政策对各个经济部门、社会群体和经济指标的影响。这有助于制定经济政策时提供科学依据,优化政策效果。例如,政府可以通过 SAM 表的乘数分析,评估"营改增"政策对不同部门的影响,以及对就业、收入分配和经济增长的影响。此外,SAM 表被广泛作为 CGE 模型的基础数据集,CGE 模型需要一个涵盖"生产—分配—交换—消费"等各个方面的完整一致的数据集作为基准年的数据组织形式,而 SAM 表的结构和 CGE 模型的结构有着密切的相互关系,是 CGE 模型不可或缺的重要组成部分。

社会核算矩阵的特点主要体现在以下几方面。

第一,SAM 表通常是一个矩阵。SAM 表是一个由各个经济部门的行业产出与用途之间的交易关系构成的矩阵。它以经济部门为行和列,描述了各个部门之间的相互联系和交流。每个元素表示了一个经济部门对其他部门产出的需求或者提供给其他部门的产出。一般来说,SAM 表行账户和列账户相同,代表了经济体系中的全部经济部门。这样可以确保矩阵的行和列代表了同样的经济部门,从而方便进行行业之间的交易和联系的分析。然而,SAM 表并不具有对称性。这是因为各个经济部门之间的交易和联系并不是对称的。不同的经济部门之间可能存在着不同的需求和供给关系,以及不同的交易规模和方式。因此,SAM 表中的元素通常是不对称的,即矩阵的行元素和列元素不相等。

第二,SAM 表采用单式记账的方式反映复式记账的内容。在会计学中,复式记账是一种常用的记账方法,它要求每一笔交易都要同时记录借方和贷方的金额,以保持会计方程式的平衡。借方和贷方的金额相等,这样可以确保会计账簿的总账平衡。然而,SAM 表采用的是单式记账的形式,即每一笔交易只记录其中一方的金额。这是因为社会核算矩阵的目的是描述和分析经济体系中各个部门之间的交易和联系,而不是进行会计核算。SAM 表中的交易记录只涉及交易的一方,即只记录了借方或贷方的金额。这样可以简化矩阵的构建和计算过程,并且降低了数据收集和处理的难度。然而,虽然 SAM 表采用单式记账的形式,但它仍然能够反映复式记账的内容。在 SAM 表中,每个元素都可以从行向和列向两个维度去理解,表示了一个经济部门对其他部门产出的需求或者提供给其他部门的产出。这些交易可以是货物和服务的交换,也可以是金融资本的流动。每个元素的数值代表了这种交易的金额。

第三,SAM 表具有可拓展性。SAM 表可以根据实际经济体或者研究需要,对部门进行扩展和调整。例如,在一个发达国家的 SAM 表中,三次产业部门的数据非常详细,而在一个发展中国家,三次产业部门的数据就显得不足。因此,可以根据实际情况,增加或减少相关部门,以适应不同经济体的特点。同时,SAM 表中的其他账户也可以根据研究需要和数据的可获得性进行细化。比如,可以按照居民收入水平的高低将农村居民和城镇居民进行细分,依据企业性质将企业部门分为国有企业、私营企业、外资企业等,还可以把政府分为中央政府和地方政府,等等。此外,SAM 表的行账户和列账户的顺序也是可以根据研究需要随意调整,但是需要保证调整行账户的同时,也需要对列账户进行相应调整。

二、社会核算矩阵的基本原理

(一)SAM 表的账户设置

如上所述,SAM 表是一个矩阵,按照复式记账的原则将各账户的收支情况进行记录。一般情况下,一个开放经济体的 SAM 表的账户包括活动账户、商品账户、要素账户、机构部门账户、资本形成账户和国外账户。其中,要素账户又分为劳动力账户和资本账户,机构部门账户又分为居民账户、企业账户和政府账户,资本形成账户又分为投资储蓄账户和存货变动账户。

SAM 表中各账户核算的主要内容如下。

活动账户。活动账户记录了经济活动中的各种生产活动和服务活动,是 SAM 表的核心部分之一。活动账户对应的是投入产出表中的生产部门,其账户的行方向表示生产活动的收入,即国内各种商品的供应和出口商品获得的收入,其账户的列方向表示生产活动的投入,即生产活动过程中需要的中间投入和要素投入,此外,商品生产的过程中还需要支付各类生产税。活动账户的行和表示生产活动的总产出,列和表示生产活动的总投入或总成本。

商品账户。商品账户记录了经济活动中的各类商品和服务的生产、流通和最终使用情况,用来描述不同商品和服务的供给和需求关系。账户的行方向包括对"生产活动"中间投入的需求、各类经济主体的最终消费需求。账户的列方向包括国内生产国内供给、对国外商品的进口及由此产生的进口关税。商品账户的行和表示商品的总需求,列和表示商品的总供给。

要素账户。要素账户记录了经济活动中的要素(如劳动、资本等)的所有权关系和流动情况。它包括劳动报酬、资本收入等,用来描述要素的分配情况。账户的行方向反映各类要素从生产活动中获得的要素报酬(反映初次分配),账户的列方向反映要素收入在生产要素提供者和机构部门之间的分配。要素账户的行和表示要素收入,列和表示要素收入的分配。

机构账户。机构账户记录了经济活动中的各种经济主体(如居民、企业、政府等)的收入和支出状况。它包括不同机构的收入、支出等信息。账户的行方向反映各经济主体的收入来源,包括劳动收入、资本收入、税收收入、转移支付等。账户的列方向反映各经济主体收入的支出情况,包括消费支出、税收支出、转移支付、储蓄等。机构账户的行和表示各经济主体的总收入,列和反映各经济主体的总支出。

资本形成账户。资本形成账户包括投资储蓄账户和存货变动账户,其中,投资储蓄账户的行方向反映各机构的资本来源于各类储蓄,其行和表示总储蓄,投资账户的列方向反映了总资本的使用情况,其列和表示总投资。存货变动的列方向反映了各部门的存货变动情况,其列和与行和表示总的存货变动情况。

国外账户。国外账户是用来记录国内经济与国际经济之间的交易和资金流动情况的账户,用于描述国内经济与国际经济的联系和影响。国外账户的行方向反映各种商品从国外进口的国外所得,账户的列方向反映国内商品的出口和从国外得到的国外净储蓄等。

这些账户在社会核算矩阵中相互关联,通过记录和统计各种经济活动的数据,可以帮助分析经济的结构、增长、分配和稳定等方面的问题,有助于决策者和研究者对经济运行的全面认识和把控。

值得一提的是,SAM 表的构建很灵活,可以根据研究需要进行进一步细分和拓展。例如,居民可以细分为农村居民和城镇居民,还可以按照收入水平的高低进一步细分为低收入组家庭、中间偏下收入组家庭、中间收入组家庭、中间偏上收入组家庭、高收入组家庭,劳动力可以进一步细分为熟练劳动力和非熟练劳动力,企业可以细分为内资企业、外资企业等,政府可以进一步细分为中央政府和地方政府等。

第四节　社会核算矩阵的编制

一、社会核算矩阵的数据基础

SAM 表的编制是一个庞大的系统工程,编制过程中需要做大量的数据收集和整理工作,此外,还要完成对数据的核算和校验工作。编制 SAM 表的过程中,需要的数据资料一般包括以下内容。①投入产出表:包括单国投入产出表、多国投入产出表、单区域投入产出表、多区域投入产出表等,依据研究需要进行选择使用;②国家或地区的统计年鉴:包括国家统计年鉴、地区统计年鉴、财政年鉴、税务年鉴、金融年鉴、能源年鉴、环境年鉴等;③各类调查数据:包括城乡居民生活调查数据、劳动力从业状况的调查数据、经济普查、人口普查、农业普查数据资料等。

需要注意的是,编制社会核算矩阵需要保证数据的准确性、一致性和可比性。为了达到这个目标,通常需要进行数据核对、调整和清洗等工作,确保数据的质量和可靠性。此外,数据的来源和处理方法也要进行透明度和可追溯性的说明,以便其他研究者和政策制定者能够理解和使用这些数据。

二、社会核算矩阵的编制原则

编制 SAM 有两种不同的方法,即自上而下法和自下而上法。

(一)自上而下法

自上而下法是一种从宏观到微观、从整体到局部的演绎方法,即先编制宏观 SAM 表,然后在宏观 SAM 表的基础上根据研究内容,进一步细化行业和经济主体,形成详细的微观 SAM 表,它强调的是数据前后的一致性。遵循自上而下原则编制 SAM 表的一个典型的例子就是 1998 年的美国 SAM 表,基于该 SAM 表已经进行了不少应用研究(Reinert 和 Roland Holst,1992;Hanson 和 Robinson,1989;Roland-Holst 和 Sancho,1992)。

(二)自下而上法

自下而上法是一种从微观到宏观、从局部到整体的归纳方法,即从各种各样的微观详细数据出发,通过汇总得到宏观 SAM 表,但其对数据要求更高,强调数据的准确性。

Keuning 和 De Ruijter(1988)比较赞成自下而上法,认为从分解数据资料开始,然后与此前计算的总量数据相对照,并将其进行分解。遵循自上而下原则编制 SAM 表的一个典型的例子就是 Jabara 等(1992)构建的冈比亚 SAM 表,也已经用于多篇学术论文中。

(三)实践经验

在讲课的过程中,经常遇到学生提出"宏观 SAM 表和微观 SAM 表先编哪个"的问题。根据笔者的实践经验,应该遵循"宏观 SAM 表—微观 SAM 表—宏观 SAM 表"这样的编制顺序。具体说来,在编制宏微观 SAM 表的过程中,首先应根据 CGE 模型的研究目的和内容,在宏观 SAM 表中把生产、商品以及经济主体的各种收支行为——实现和规划出来。也就是说,这个宏观 SAM 表是用来整理 CGE 模型研究思路的,此时不用填入具体的数值,而是填入数值的经济含义即可,着重分析这种规划思路的合理性和逻辑性。思路清晰后,即可以开始编制具体的微观 SAM 表,根据各种数据来源资料(《投入产出表》《中国统计年鉴》《中国财政年鉴》《中国税务年鉴》等),把每一项原始数据填入相应的位置上去,尽可能地把每一项数据都填上,然后调平微观 SAM 表。最后把平衡后的微观 SAM 表进行加总,即可得到平衡的宏观 SAM 表,这样可以避免宏观 SAM 和微观 SAM 来回反复变动,节约时间。

三、社会核算矩阵的平衡方法

在编制金融 SAM 表的过程中,由于需要各种国民统计数据,通常来讲,从一个来源获取的数据与从不同来源获取的数据并不完全一致,这就导致了编制金融 SAM 表的不平衡问题。因此,需要对编制的初始不平衡的金融 SAM 表进行调平处理,接下来将讨论几种常用的 SAM 表调平方法。

(一)RAS 方法

RAS 又称为双边比例法(biproportional method),RAS 方法最初是由列昂惕夫用来确定给定国家投入产出表中各单元的跨期变化来源,而率先将该方法用于调平矩阵则是英国经济学家理查德·斯通,从此,该方法被广泛应用于各种矩阵的平衡处理。RAS 方法的基本原理可以表述为,在 SAM 表的行列现有总值和目标总值已知的情况下,利用 SAM 表中现有总值和目标总值之间的比例关系,使得最后的 SAM 表中的行列总值通过反复迭代达到目标总值。

RAS 方法的优点是可以从 SAM 表中元素之间的比例系数关系的角度对 SAM 表进行平衡,可以应用于行列数不等的非方阵。同时,其平衡过程简单,无须借助复杂的求解软件。其缺点是 SAM 表的目标总值必须固定,且不能根据已有信息对 SAM 表中的个别数值进行修改,缺乏一定的经济学理论基础。同时,在迭代求解的过程中,SAM 表中原有的确定的数据也会随之改变。

(二)交叉熵方法

交叉熵(cross entropy,CE)起源于香农信息论,泰尔将该方法引入经济学,金曼·罗宾逊等率先将此方法用于 SAM 表的平衡处理,此后,交叉熵方法在 SAM 表的更新与平衡处理应用中逐渐流行起来。该方法旨在利用所有可用信息,其目标是最小化与数据中的信息一致的概率和先验信息之间的交叉熵。通俗来讲就是将已知确定信息纳入到 SAM 表中,使得经过平衡处理之后的 SAM 表与原始 SAM 表的整体差异最小,这种差异是通过库尔贝克、莱布勒提出的交叉熵距离来度量的。

尽管交叉熵方法在更新和平衡 SAM 表的过程中相比于其他方法具有明显的优势,再加上在 CGE 模型领域具有国际影响力的金曼·罗宾逊等的推动,使得交叉熵方法在 SAM 表更新和平衡处理问题研究中占据主导地位。但交叉熵方法仍存在一些理论上的缺陷。表现为,经过处理后的 SAM 表与原始 SAM 表相比,对应的某些值存在离差方差较大,但离差期望较小的情况,导致利用交叉熵得到的新的 SAM 表并非我们希望得到的 SAM。因此,直接借鉴"熵理论"更新和平衡 SAM 表的交叉熵方法,存在明显的理论缺陷。

(三)社会核算矩阵的其他平衡方法

除了上述常用的 RAS 方法和交叉熵方法,通过梳理相关文献发现,国内外在更新和平衡 SAM 表方法还包括差值平方法、标准化差值平方法、最小二乘法、加权最小二乘法、极大似然估计法、加权绝对值差法、GRAS 方法及一步一标法等。

四、中国 2020 年 SAM 表各账户的数值确定

为了更好地理解 SAM 表账户中的收支平衡原则以及熟练掌握国家层面的 SAM 表的构建方法,下面将以表 11-3 宏观 SAM 表为例,详细介绍基于 2020 年中国投入产出表编制 SAM 表的过程。

(一)活动账户

表 11-3 中支出方(总投入)各核算项目的数据来源和估算方法如下。

(1)中间投入:取自《2020 年中国投入产出表》中第一象限的相应数据。

(2)劳动投入:取自《2020 年中国投入产出表》中第三象限的劳动者报酬的相应数据。

(3)资本投入:取自《2020 年中国投入产出表》中第三象限的固定资产折旧和营业盈余之和。

(4)间接税:根据编制的 SAM 表的具体部门分类,与《2021 年中国税务年鉴》中的"全国税收收入分税种分产业收入情况(2020 年)"中的部门进行对应,进而确定各类分税种分产业的税收数据。

表 11-3 中收入方(总产出)各核算项目的数据来源和估算方法如下。

表 11-3　中国 2020 年 SAM 表基本结构

	活动	商品	劳动	资本	居民	企业	政府	投资	存货	国外	合计
活动		国内生产国内供给								出口	总产出
商品	中间投入				居民消费		政府消费	固定资本形成总额	存货变动		总需求

续表

	活动	商品	劳动	资本	居民	企业	政府	投资	存货	国外	合计
劳动	劳动投入										劳动收入
资本	资本投入										资本收入
居民			劳动报酬	居民资本收益			政府转移支付				居民收入
企业				企业资本收益			政府转移支付				企业收入
政府	间接税	关税			个人所得税	企业所得税					政府收入
储蓄					居民储蓄	企业储蓄	政府储蓄			国外净储蓄	总储蓄
存货								存货变动			存货变动
国外		进口									外汇支出
合计	总投入	总供给	劳动报酬分配	资本收益分配	居民支出	企业支出	政府支出	总投资	存货变动	外汇收入	

(1) 国内生产国内供给：该项作为活动账户的行列平衡项处理。

(2) 出口：取自《2020 年中国投入产出表》中的第二象限的相应数据。

(二) 商品账户

表 11-3 中支出方(总供给)各核算项目的数据来源和估算方法如下。

(1) 国内生产国内供给：来源同活动账户中的国内生产国内供给。

(2) 关税：取自《2021 年中国财政年鉴》的"2020 年全国一般公共预算、决算收支"中的"关税收入决算数"+"进口货物消费税、增值税收入决算数"。由于目前缺少分行业的关税统计数据,需要采用相关方法进行拆分。关税拆分是整个微观 SAM 表编制工作的难点。我们采取的估算思路是各行业关税税额=各行业关税税率×各行业进口额。各行业关税税率来源于"海关进出口税则"网公布的 HS 编码 10 位码的产品进口税税率,采用简单的算术平均转换为 HS 编码 6 位码关税税率。用估算出的实际关税税率乘以 SAM 表分行业的进口额,即可估算出关税数据。

(3) 进口：取自《2020 年中国投入产出表》中的第二象限的相应数据。

表 11-3 中收入方(总需求)各核算项目的数据来源和估算方法如下。

(1) 中间投入：来源同活动账户中的中间投入。

(2) 居民消费：取自《2020 年中国投入产出表》中第二象限的相应数据。

(3) 政府消费：取自《2020 年中国投入产出表》中的第二象限的相应数据。

(4) 固定资本形成总额：取自《2020 年中国投入产出表》中的第二象限的相应数据。

（5）存货变动：该项作为商品账户的行列平衡项处理。

（三）要素：劳动账户

（1）劳动报酬：取自《2020 年中国投入产出表》中第三象限各行业"劳动者报酬"之和。

（2）劳动投入：来源同活动账户中的劳动投入。

（四）要素：资本账户

（1）资本投入：来源同活动账户中的资本投入。

（2）居民资本收益：该数据主要反映了居民收入中的资本性收入部分，即资本要素收入对国内居民的分配，来源于《2022 年中国统计年鉴》中"2020 年资金流量表（非金融交易）"对居民部门的财产收入的核算。

（3）企业资本收益：该数据主要反映了资本要素收入分配给企业的部分，即资本要素收入对企业的分配。来源于《2022 年中国统计年鉴》中"2020 年资金流量表（非金融交易）"对非金融企业部门和金融机构部门的财产收入的核算。

由于资本收益数据来源于不同统计资料，故资本账户可能出现行列不平衡。因此，为了保证行列平衡，以居民资本收益和企业资本收益在资本收益分配中的占比为结构数，资本收入为控制数，进而估算不同机构部门的资本收益数据。

（五）居民账户

表 11-3 中收入方（居民收入）各核算项目的数据来源和估算方法如下。

（1）劳动报酬：来源同要素——劳动账户中的劳动报酬。

（2）居民资本收益：来源同要素——资本账户中的居民资本收益。

（3）政府转移支付：取自《2022 年中国统计年鉴》中"2020 年资金流量表（非金融交易）"中的住户部门的"社会保险福利"和"社会补助"收入之和。

表 11-3 中支出方（居民支出）各核算项目的数据来源和估算方法如下。

（1）居民消费：来源同商品账户中的居民消费数据。

（2）个人所得税：取自《2021 年中国财政年鉴》中对应的个人所得税数据。

（3）居民储蓄：该项作为居民账户的行列平衡项处理。

（六）企业账户

表 11-3 中收入方（企业收入）各核算项目的数据来源和估算方法如下。

（1）企业资本收益：来源同要素——资本账户中的企业资本收益数据。

（2）政府转移支付：取自《2021 年中国财政年鉴》中的"2020 年全国一般公共预算、决算收支"中的"企业改革补助决算数""支持中小企业发展和管理支出""粮油物资储备支出"决算数三者之和。

表 11-3 中支出方（企业支出）各核算项目的数据来源和估算方法如下。

（1）企业所得税：取自《2021 年中国财政年鉴》中对应的企业所得税数据。

（2）企业储蓄：该项作为企业账户的行列平衡项处理。

（七）政府账户

表 11-3 中收入方（政府收入）各核算项目的数据来源和估算方法如下。

(1) 间接税：来源同活动账户中的间接税数据。

(2) 关税：来源同商品账户中的关税数据。

(3) 个人所得税：来源同居民账户中的个人所得税数据。

(4) 企业所得税：来源同企业账户中的企业所得税数据。

表 11-3 中支出方(政府支出)各核算项目的数据来源和估算方法如下。

(1) 政府消费：来源同商品账户中的政府消费数据。

(2) 政府对居民的转移支付：来源同居民账户中的政府转移支付数据。

(3) 政府对企业的转移支付：来源同企业账户中的政府转移支付数据。

(4) 政府储蓄：该项作为政府账户的行列平衡项处理。

（八）资本形成账户

资本形成账户包括投资账户和存货账户,其中存货账户作为整体 SAM 表的平衡项处理。对于投资账户,具体如下。

表 11-3 中收入方(总储蓄)各核算项目的数据来源和估算方法如下。

(1) 居民储蓄：来源同居民账户中的居民储蓄数据。

(2) 企业储蓄：来源同企业账户中的企业储蓄数据。

(3) 政府储蓄：来源同政府账户中的政府储蓄数据。

(4) 国外净储蓄：该项作为投资账户的行列平衡项处理。

表 11-3 中支出方(总投资)各核算项目的数据来源和估算方法如下。

(1) 固定资本形成总额：取自《2020 年中国投入产出表》中第二象限各行业"固定资本形成总额"数据。

(2) 存货变动：等于商品账户中的"存货变动"数据之和。

五、中国 2017 年多区域 SAM 表各账户的数值确定

上面介绍了国家层面的 SAM 表中各账户的数值确定的方法,而现实中许多研究往往是围绕某一个或者多个地区进行的,如考察京津冀、长三角、粤港澳大湾区等区域的产业发展状况或者分析区域之间的经贸往来等,此时就需要基于多区域 SAM 表进行分析。下面将以表 11-4 多区域宏观 SAM 表为例,详细介绍基于 2017 年中国多区域投入产出表编制多区域 SAM 表的通用性方法。

（一）活动账户

表 11-4 中支出方(总投入)各核算项目的数据来源和估算方法如下。

(1) 中间投入：取自中国碳核算数据库《中国大陆地区 2017 年 31 省区市区域间投入产出表(42 部门)》中第一象限的相应数据。

(2) 劳动投入：取自中国碳核算数据库《中国大陆地区 2017 年 31 省区市区域间投入产出表(42 部门)》中第三象限的劳动者报酬的相应数据。

(3) 资本投入：取自中国碳核算数据库《中国大陆地区 2017 年 31 省区市区域间投入产出表(42 部门)》中第三象限的固定资产折旧和营业盈余之和。

表 11-4　中国 2017 年多区域 SAM 表基本结构

	活动	商品	劳动	资本	居民	企业	税收	中央政府	地方政府	投资	存货	国外	合计
活动		区域内供给											总产出
商品	中间投入				居民消费			中央政府消费	地方政府消费	固定资本形成	存货变动	出口	总需求
劳动	劳动投入												劳动收入
资本	资本投入												资本收入
居民			劳动报酬	居民资本收益				中央政府对居民的转移支付	地方政府对居民的转移支付				居民收入
企业				企业资本收益				中央政府对企业的转移支付	地方政府对企业的转移支付				企业收入
税收	生产税净额												税收收入
中央政府		关税			个人所得税	企业所得税	生产税净额		地方上解中央				中央政府收入
地方政府					个人所得税	企业所得税	生产税净额	中央下拨地方					地方政府收入
储蓄					居民储蓄	企业储蓄		中央政府储蓄	地方政府储蓄			国外净储蓄	总储蓄
存货										存货变动			存货变动
国外		进口											外汇支出
合计	总投入	总供给	劳动报酬分配	资本报酬分配	居民支出	企业支出	税收支出	中央政府支出	地方政府支出	总投资	存货变动	外汇收入	

（4）生产税净额：取自中国碳核算数据库《中国大陆地区 2017 年 31 省区市区域间投入产出表(42 部门)》中第三象限的生产税净额的相应数据。若要将税收细化，则需要根据《2018 年中国税务年鉴》中的"全国税务部门组织收入分地区分税种情况(2017 年)"中的数据进行细分。比如，对于各省区市增值税的细化，首先根据官方给定的不同商品的增值税税率，乘以各省区市的增加值，估算出各省区市分行业的增值税税额，以估算出的增值税税额为结构数，税务年鉴中公布的各省区市的总的增值税为控制数，进而完成增值税的分地区分行业的细化。其他类型的税收细化与之相似。

表 11-4 中收入方(总产出)各核算项目的数据来源和估算方法如下。

（1）区域内供给：该项作为活动账户的行列平衡项处理。

（2）出口：取自中国碳核算数据库《中国大陆地区 2017 年 31 省区市区域间投入产出表(42 部门)》中的第二象限的相应数据。

（二）商品账户

表 11-4 中支出方(总供给)各核算项目的数据来源和估算方法如下。

（1）区域内供给：来源同活动账户中的区域内供给。

（2）关税：取自《2018 年中国财政年鉴》的"2017 年全国一般公共预算、决算收支"中的"关税收入决算数"＋"进口货物消费税、增值税收入决算数"。由于目前缺少分行业的关税统计数据，需要采用相关方法进行拆分。关税拆分是整个微观 SAM 表编制工作的难点。我们采取的估算思路是各行业关税税额＝各行业关税税率×各行业进口额。各行业关税税率来源于"海关进出口税则"网公布的 HS 编码 10 位码的产品进口税税率，采用简单的算术平均转换为 HS 编码 6 位码关税税率。用估算出的实际关税税率乘以 SAM 表各省区市分行业的进口额，即可估算出各省区市分行业的关税数据。

（3）进口：取自分省区市的 2017 年投入产出表中的第二象限的相应数据。

表 11-4 中收入方(总需求)各核算项目的数据来源和估算方法如下。

（1）中间投入：来源同活动账户中的中间投入。

（2）居民消费：取自中国碳核算数据库《中国大陆地区 2017 年 31 省区市区域间投入产出表(42 部门)》中的第二象限的相应数据。

（3）中央政府消费和地方政府消费：首先，根据中国碳核算数据库《中国大陆地区 2017 年 31 省区市区域间投入产出表(42 部门)》中的第二象限的政府消费数据，确定中央政府和地方政府消费的总控制数；其次，根据 2017 年全国一般公共预算、决算收支表和 2017 年中央一般公共预算、决算收支表，估算中央政府的支出项目在全国一般公共支出项目中所占比重，进而可以估算出地方政府支出项目的比重；最后，根据第二步估算出的中央政府和地方政府的支出项目的比重，与投入产出表中的行业部门进行匹配，便可以估算出中央政府和地方政府的消费数据。

（4）固定资本形成总额：取自中国碳核算数据库《中国大陆地区 2017 年 31 省区域间投入产出表(42 部门)》中的第二象限的相应数据。

（5）存货变动：该项作为商品账户的行列平衡项处理。

（三）要素：劳动账户

（1）劳动报酬：取自中国碳核算数据库《中国大陆地区 2017 年 31 省区市区域间投入产出表（42 部门）》中第三象限各行业"劳动者报酬"之和。

（2）劳动投入：来源同活动账户中的劳动投入。

（四）要素：资本账户

（1）资本投入：来源同活动账户中的资本投入。

（2）居民资本收益：该数据主要反映了居民收入中的资本性收入部分，即资本要素收入对国内居民的分配。首先，根据《2019 年中国统计年鉴》中"2017 年资金流量表（非金融交易）"对居民部门的财产收入的核算，确定各省区市的居民资本收益的总控制数；其次，估算各省区市居民财产净收入占全国居民财产净收入的比重，并以此比重作为结构数；最后，用总控制数乘以结构数，进而估算出各省区市的居民资本收益。

（3）企业资本收益：该数据主要反映了资本要素收入分配给企业的部分，即资本要素收入对企业的分配。首先，根据《2019 年中国统计年鉴》中"2017 年资金流量表（非金融交易）"对非金融企业部门和金融机构部门的财产收入的核算，确定各省区市的企业资本收益的总控制数；其次，假设企业资本收益在省区市之间的分配比例等于各省区市增加值占全国总增加值的比重，并以此比重作为结构数；最后，用总控制数乘以结构数，进而估算出各省区市的企业资本收益。

由于资本收益数据来源于不同统计资料，故资本账户可能出现行列不平衡。因此，为了保证行列平衡，以居民资本收益和企业资本收益在资本收益分配中的占比为结构数，资本收入为控制数，进而估算不同机构部门的资本收益数据。

（五）居民账户

表 11-4 中收入方（居民收入）各核算项目的数据来源和估算方法如下。

（1）劳动报酬：来源同要素——劳动账户中的劳动报酬。

（2）居民资本收益：来源同要素——资本账户中的居民资本收益。

（3）政府对居民的转移支付：中央政府对居民的转移支付数据取自《2018 年中国财政年鉴》中的"2017 年中央一般公共预算、决算收支"中的"社会保障和就业支出"中的相应数据，地方政府对居民的转移支付取自《2018 年中国财政年鉴》中的"2017 年地方一般公共预算、决算收支"中的"社会保障和就业支出"中扣除"企业改革补助"后的相应数据。

表 11-4 中支出方（居民支出）各核算项目的数据来源和估算方法如下。

（1）居民消费：来源同商品账户中的居民消费数据。

（2）个人所得税：个人所得税为央地共享税，个人所得税归中央政府和地方政府所有的数据取自《2018 年中国财政年鉴》中对应的个人所得税相应数据。

（3）居民储蓄：该项作为居民账户的行列平衡项处理。

（六）企业账户

表 11-4 中收入方（企业收入）各核算项目的数据来源和估算方法如下。

（1）企业资本收益：来源同要素——资本账户中的企业资本收益数据。

（2）政府对企业的转移支付：中央政府对企业的转移支付数据取自《2018 年中国财

政年鉴》中的"2017 年中央一般公共预算、决算收支"中的"支持中小企业发展和管理支出"及"粮油物资储备支出"决算数二者之和,地方政府对企业的转移支付数据取自《2018 年中国财政年鉴》中的"2017 年地方一般公共预算、决算收支"中的"企业改革补助""支持中小企业发展和管理支出""粮油物资储备支出"决算数三者之和。

表 11-4 中支出方(企业支出)各核算项目的数据来源和估算方法如下。

(1) 企业所得税：企业所得税为央地共享税,企业所得税归中央政府和地方政府所有的数据取自《2018 年中国财政年鉴》中对应的企业所得税相应数据。

(2) 企业储蓄：该项作为企业账户的行列平衡项处理。

(七) 政府账户

表 11-4 中政府账户分为中央政府和地方政府,按照税收管理权限标准分类可将税收分为中央税、地方税和央地共享税,因此,在核算中央政府和地方政府的税收收入时,根据税收归属性质在中央政府和地方政府之间进行分配。收入方(政府收入)各核算项目的数据来源和估算方法如下。

(1) 关税：来源同商品账户中的关税数据,为商品账户关税数据的总和。

(2) 个人所得税：来源同居民账户中的个人所得税数据。

(3) 企业所得税：来源同企业账户中的企业所得税数据。

(4) 生产税净额：来源同活动账户中的生产税净额数据,为活动账户生产税净额数据的总和。需要说明的是,此处的生产税净额数据也可以根据研究需要,将该数据按照中国税务年鉴中的税收类型进行进一步细分,具体方法同全国层面的间接税计算方法。

表 11-4 中支出方(政府支出)各核算项目的数据来源和估算方法如下。

(1) 中央/地方政府消费：来源同商品账户中的中央政府消费和地方政府消费数据。

(2) 中央/地方政府对居民的转移支付：来源同居民账户中的中央政府对居民的转移支付和地方政府对居民的转移支付数据。

(3) 中央/地方政府对企业的转移支付：来源同企业账户中的中央政府对企业的转移支付和地方政府对企业的转移支付数据。

(4) 中央/地方政府储蓄：该项作为中央政府和地方政府账户的行列平衡项处理。

(八) 资本形成账户

资本形成账户包括投资账户和存货账户,其中存货账户作为整体 SAM 表的平衡项处理。对于投资账户,具体如下。

表 11-4 中收入方(总储蓄)各核算项目的数据来源和估算方法如下。

(1) 居民储蓄：来源同居民账户中的居民储蓄数据。

(2) 企业储蓄：来源同企业账户中的企业储蓄数据。

(3) 中央/地方政府储蓄：来源同中央政府和地方政府账户中的中央政府储蓄和地方政府储蓄数据。

(4) 国外净储蓄：该项作为投资账户的行列平衡项处理。

表 11-4 中支出方(总投资)各核算项目的数据来源和估算方法如下。

(1) 固定资本形成总额：取自 CEADS《中国大陆地区 2017 年 31 省区市区域间投入

产出表(42 部门)》中的第二象限各行业"固定资本形成总额"数据。

(2) 存货变动：等于商品账户中的"存货变动"数据之和。

练 习 题

1. 基于表 11-1 的数据,计算直接消耗系数、完全消耗系数、直接分配系数和完全分配系数。

2. 按照本章介绍的构建社会核算矩阵的方法,基于国家统计局公布的《2020 年中国投入产出表》,编制 2020 年中国社会核算矩阵表。

第十二章　CGE 模型的参数

在 CGE 模型中,包含众多参数,如规模参数、份额参数等,本章主要介绍 CGE 模型中参数的校准公式、方法等。参数校准是指根据现有的经验数据或者其他经济理论推导,为模型中的各个参数赋予合理的数值。参数校准的目的是使模型能够尽可能准确地反映实际经济情况,从而提供有用的政策分析和预测。

第一节　CGE 模型弹性估计

在 CGE 模型中,替代弹性是指产品或要素之间的替代关系的一种度量。它衡量了当一个产品或要素的价格发生变化时,市场上其他产品或要素的相对需求或供应的变化程度。替代弹性的概念在经济学中非常重要,因为它可以帮助我们理解市场的反应和经济的调整过程。替代弹性的数值越大,说明产品或要素之间的替代关系越强。当替代弹性接近无穷大时,意味着产品或要素之间可以完全替代,即一个产品或要素的价格发生变化时,市场上其他产品或要素的相对需求或供应会完全调整。替代弹性在 CGE 模型中的应用非常广泛。例如,在分析税收政策的影响时,替代弹性可以帮助我们预测税收的增加或减少对不同产品或要素的影响程度;在研究贸易政策时,替代弹性可以帮助我们理解不同国家之间的产品替代关系,以及关税或贸易壁垒的影响。

对于 CGE 模型中的众多参数,大部分可以通过"标定"的方法进行确定,但是一些参数,如生产函数和 CET 函数中的替代弹性系数,则需要外生确定。由于替代弹性系数具有明确的经济学含义,容易理解和比较部门间的替代程度,因此通常把替代弹性系数外生,替代弹性的大小直接决定了各种投入要素或产品之间的相互替代难易程度。替代弹性系数越大,投入品之间的调整越容易,企业调整成本越小,外来冲击对经济系统造成的影响就越少。

一、生产函数的参数求解

如果生产函数是柯布-道格拉斯(C-D)型的,即

$$Y_i = A_i K_i^{\alpha_i} L_i^{\beta_i} \tag{12-1}$$

将 C-D 生产函数改写成对数线性形式,并进一步转化为计量经济模型形式,即

$$\ln Y_i = \ln A_i + \alpha_i \ln K_i + \beta_i \ln L_i + \mu_i \tag{12-2}$$

式中:i 表示部门;μ_i 表示误差项;增加值 Y_i、资本 K_i 及劳动 L_i 数据可以直接从统计资料中获取。对式(12-2)直接利用普通最小二乘法进行估计,求解出参数 A_i、α_i 和 β_i。然而,由于资本 K_i 和劳动 L_i 往往存在相关性,因此,式(12-2)中的 $\ln K_i$ 和 $\ln L_i$ 会存在共线性。假设生产规模报酬不变,即 $\alpha_i + \beta_i = 1$,则式(12-2)可以进一步写为

$$\ln \frac{Y_i}{L_i} = \ln A_i + \alpha_i \ln \frac{K_i}{L_i} + \mu_i \tag{12-3}$$

式(12-3)为 C-D 生产函数的相对变量形式,同样,对式(12-3)采用 OLS 进行估计,求解出 α_i,再根据 $\alpha_i + \beta_i = 1$,进而计算出 β_i 的估计值。

如果生产函数是规模报酬不变的 CES 函数型的,即

$$Y_i = A_i (\delta_i K_i^{-\rho_i} + (1-\delta_i) L_i^{-\rho_i})^{-\frac{1}{\rho_i}} \tag{12-4}$$

将式(12-4)改写成类似于式(12-2)的形式,即

$$\ln Y_i = \ln A_i - \frac{1}{\rho_i} \ln(\delta_i K_i^{-\rho_i} + (1-\delta_i) L_i^{-\rho_i}) + \mu_i \tag{12-5}$$

式中:i 表示部门;A_i 表示希克斯中性技术进步参数或规模参数;δ_i 表示资本 K_i 份额参数;$1-\delta_i$ 表示劳动力 L_i 的份额参数;ρ_i 表示替代参数;替代弹性为 $\sigma_i = \dfrac{1}{1+\rho_i}$。

将式(12-5)中的 $\ln(\delta_i K_i^{-\rho_i} + (1-\delta_i) L_i^{-\rho_i})$ 在 $\rho_i = 0$ 处泰勒展开至 2 阶,并代入式(12-5),则有

$$\ln Y_i = \ln A_i + \delta_i \ln K_i + (1-\delta_i) \ln L_i - \frac{1}{2} \rho_i \delta_i (1-\delta_i) \left(\ln \frac{K_i}{L_i} \right)^2 + \mu_i \tag{12-6}$$

对于式(12-6),增加值 Y_i、资本 K_i 及劳动力 L_i 数据可以直接从统计资料中获取,再利用 OLS 方法进行估计,即可求解出参数 A_i、δ_i 和 ρ_i 的估计值。此外,在估计生产函数弹性参数时,除了采用普通最小二乘法外,还可以采用 Bayesian 法和 GME 法。

二、需求函数的参数求解

影响需求的影响有很多,但受数据可得性的限制,能真正纳入到模型中的因素并不多,只有收入、消费支出和价格等,需求函数主要有 LES 或者 ELES 表示。LES 是在 Klein 和 Rubin 提出的一种直接效用函数的基础上,经由 Samuelon 和 Geary 的拓展,后由 Stone 首先提出并应用,所以也称为 Stone-Geary 需求系统。

根据 Dervis 等(1982)对 LES 型需求函数的描述,其公式为

$$C_i = \gamma_i + \beta_i \left(Y - \sum_{i=1}^{n} P_i \gamma_i \right) / P_i \tag{12-7}$$

式中:C_i 表示对商品或服务 i 的需求量;Y 表示居民的可支配收入;P_i 表示商品或服务 i 的价格;γ_i 表示居民对商品或服务 i 的基本需求量;$P_i \gamma_i$ 表示居民对商品或服务 i 的基本支出额;$\sum_{i=1}^{n} P_i \gamma_i$ 表示居民对所有商品或服务的基本支出额;β_i 表示剩余的消费支出用于消费商品或服务 i 的比重,称之为边际预算份额,且 $0 < \beta_i < 1$,$\sum_i \beta_i = 1$;$Y - \sum_i P_i \gamma_i$ 表示居民可支配收入扣除基本消费需求后的余额。式(12-7)并未考虑居民储蓄,经济学家 Lluch 对 LES 作了两点修改:用总收入替代 Y,用边际消费倾向替代 β_i,使

得 LES 变为 ELES(Lluch,1973)。

把式(12-7)改写成计量经济模型形式,即

$$C_i P_i = a_i + b_i Y + \mu_i \tag{12-8}$$

式中：$a_i = P_i \gamma_i - \beta_i \sum_i P_i \gamma_i$；$\mu_i$ 表示经济计量模型中的误差项。

式(12-8)是一个线性方程系统,考虑到不同商品或服务之间的 μ_i 可能存在相关性,因此,该方程不能采用 OLS 进行估计,可改用近似不相关回归(seemingly unrelated regression,SUR)估计法,SUR 估计由 Zellner(1962)提出,是考虑到方程间的误差项存在异方差和同期相关的条件下,估计多个方程所构成的参数的一种估计方法(李子奈,2000)。SUR 估计是一个两阶段估计过程,可以证明,误差项相关性越强,该方法就越有效,若误差项之间不相关,SUR 方法与 OLS 方法等价(Greene,2003)。

三、贸易函数的参数求解

在 CGE 模型中,通常用 Armington 弹性刻画国产品和进口品之间的替代程度,即企业根据成本最小化原则在国产品和进口品之间进行选择。CET 弹性则用来刻画国产品在内销和出口之间的替代程度,即企业根据收益最大化原则选择商品是用于供给国内还是用于出口。

对于 Armington 弹性的估计,一般是将 Armington 方程两边取对数,采用经济计量方法进行估计,CET 弹性的估计类似于 Armington 弹性的估计。在估计 Armington 弹性时,需要知道商品进口量、国内生产国内供给的商品量及二者的价格,估计 CET 弹性需要知道商品出口量、国内生产国内供给的商品量及二者的价格。但是,受限于数据的可获得性,在开展特定研究时,通常会根据各自研究需要,选取国内外已有文献中提供的参数,并在最终的模型中,进行弹性参数的敏感性分析和模型的稳健性检验,确保模型弹性参数取值的合理。

第二节　CGE 模型参数校准

在 CGE 模型中,参数校准是将模型的参数与现实世界数据相匹配的过程,以确保模型的结果与实际情况一致。参数校准是经济学中非常重要的一步,它可以用来估计市场的结构、技术进步、政府政策等。在 CGE 模型中,除了替代弹性系数等少数参数是通过经济计量方法或者直接引用其他研究文献外生给定外,大部分参数都是通过校准的方法确定的。校准方法的步骤如下。首先,根据要研究的问题建立一个线性或者非线性的经济模型,而在该经济模型中,有大量待确定的参数,如要素替代弹性、边际消费倾向等。然后,根据经济运行状况为该模型选择一个基准解,在 CGE 模型中,该基准解就是 SAM 表中的相应数值。之后,将基准解代入到经济模型,此时这些待确定的参数为未知数,而原来需要模型求解的内生变量变为常数。根据基准解和通过经济计量方法估计得到的弹性值,采用一定的数理推导即可为待确定的参数给定一个解析解。最后,将基准解和弹性相

应的数值代入解析解,即可确定相应的参数数值。经过校准过的 CGE 模型可以被用来模拟政策变动(如税率变动,非关税壁垒的取消等)对经济体的影响效果,以此来预测经济对现有政策体系变化的反应。

一、生产函数的参数校准

在 CGE 模型中,设定企业生产活动在成本最小化的原则下,将资本 K_i 和劳动力 L_i 以 CES 函数的形式合成增加值 Y_i,即

$$\min r_i K_i + w_i L_i \tag{12-9}$$

$$\text{s. t. } Y_i = A_i (\delta_i K_i^{-\rho_i} + (1 - \delta_i) L_i^{-\rho_i})^{-\frac{1}{\rho_i}} \tag{12-10}$$

构建拉格朗日函数,并关于资本 K_i 和劳动力 L_i 求偏导,得到

$$K_i = A_i^{\sigma_i - 1} \cdot \left(\frac{\delta_i p_i}{r_i} \right)^{\sigma_i} \cdot Y_i \tag{12-11}$$

$$L_i = A_i^{\sigma_i - 1} \cdot \left(\frac{(1 - \delta_i) p_i}{w_i} \right)^{\sigma_i} \cdot Y_i \tag{12-12}$$

$$Y_i = A_i (\delta_i K_i^{-\rho_i} + (1 - \delta_i) L_i^{-\rho_i})^{-\frac{1}{\rho_i}} \tag{12-13}$$

式中:$\sigma_i = \dfrac{1}{1 + \rho_i}$。联立式(12-11)~式(12-13),可得

$$\delta_i = \frac{r_i K_i^{1+\rho_i}}{r_i K_i^{1+\rho_i} + w_i L_i^{1+\rho_i}} \tag{12-14}$$

$$A_i = Y_i / (\delta_i K_i^{-\rho_i} + (1 - \delta_i) L_i^{-\rho_i})^{-\frac{1}{\rho_i}} \tag{12-15}$$

由于在 CGE 模型中,生产函数大多为 CES 函数形式,因此,其他生产要素嵌套的 CES 生产函数校准方法类似,此处不再赘述。

二、贸易函数参数校准

在 CGE 模型中,和贸易相关的函数有两类,一是国内生产国内供给 QD_i 和进口品 QM_i 通过 Armington 假设合成复合商品 QQ_i,二是国内产出 QX_i 通过 CET 函数的形式分配给国内生产国内供给 QD_i 和出口 QE_i。

对于产品需求函数而言,厂商在利润最大化的原则下,选择最优的生产组合,即

$$\max PQ_i \cdot QQ_i - [PD_i \cdot QD_i + (1 + tm_i) \cdot PM_i \cdot QM_i] \tag{12-16}$$

$$\text{s. t. } QQ_i = \lambda_i (\theta_i QD_i^{-\rho_i} + (1 - \theta_i) QM_i^{-\rho_i})^{-1/\rho_i} \tag{12-17}$$

构建拉格朗日函数,并关于 QD_i 和 QM_i 求偏导,得到

$$QD_i = \lambda_i^{\sigma_{mi} - 1} \cdot \left(\frac{\theta_i PQ_i}{PD_i} \right)^{\sigma_{mi}} \cdot QQ_i \tag{12-18}$$

$$QM_i = \lambda_i^{\sigma_{mi}-1} \cdot \left(\frac{(1-\theta_i)PQ_i}{(1+tm_i)PM_i}\right)^{\sigma_{mi}} \cdot QQ_i \tag{12-19}$$

$$QQ_i = \lambda_i (\theta_i QD_i^{-\rho_{mi}} + (1-\theta_i)QM_i^{-\rho_{mi}})^{-1/\rho_{mi}} \tag{12-20}$$

式中：$\sigma_{mi} = \dfrac{1}{1+\rho_{mi}}$。联立式(12-18)~式(12-20)，可得

$$\theta_i = \frac{PD_i QD_i^{1+\rho_{mi}}}{PD_i QD_i^{1+\rho_{mi}} + (1+tm_i)PM_i QM_i^{1+\rho_{mi}}} \tag{12-21}$$

$$\lambda_i = QQ_i / (\theta_i QD_i^{-\rho_{mi}} + (1-\theta_i)QM_i^{-\rho_{mi}})^{-1/\rho_{mi}} \tag{12-22}$$

对于产品分配函数而言，厂商在利润最大化的原则下，选择最优的生产组合，即

$$\max PD_i \cdot QD_i + PE_i \cdot QE_i - (1+t_i)PX_i \cdot QX_i \tag{12-23}$$

$$\text{s. t. } QX_i = \gamma_i (\xi_i QD_i^{\rho_{ei}} + (1-\xi_i)QE_i^{\rho_{ei}})^{1/\rho_{ei}} \tag{12-24}$$

构建拉格朗日函数，并关于 QD_i 和 QE_i 求偏导，得到

$$QD_i = \gamma_i^{\frac{\rho_{ei}}{1-\rho_{ei}}} \cdot \left(\frac{\xi_i(1+t_i)PX_i}{PD_i}\right)^{\frac{1}{1-\rho_{ei}}} \cdot QX_i \tag{12-25}$$

$$QE_i = \gamma_i^{\frac{\rho_{ei}}{1-\rho_{ei}}} \cdot \left(\frac{\xi_i(1+t_i)PX_i}{PE_i}\right)^{\frac{1}{1-\rho_{ei}}} \cdot QX_i \tag{12-26}$$

$$QX_i = \gamma_i (\xi_i QD_i^{\rho_{ei}} + (1-\xi_i)QE_i^{\rho_{ei}})^{1/\rho_{ei}} \tag{12-27}$$

联立式(12-25)~式(12-27)，可得

$$\xi_i = \frac{PD_i QD_i^{1-\rho_{ei}}}{PD_i QD_i^{1-\rho_{ei}} + PE_i QE_i^{1-\rho_{ei}}} \tag{12-28}$$

$$\gamma_i = QX_i / (\xi_i QD_i^{\rho_{ei}} + (1-\xi_i)QE_i^{\rho_{ei}})^{1/\rho_{ei}} \tag{12-29}$$

三、税收函数参数校准

对于 CGE 模型中税收函数的参数，主要是指实际有效税率。

部门 i 的增值税税率为

$$\text{rvat}_i = TVAT_i / (r_i K_i + w_i L_i) \tag{12-30}$$

部门 i 的消费税等其他间接税税率为

$$t_i = TAX_i / (PX_i \cdot QX_i) \tag{12-31}$$

部门 i 的关税税率为

$$tm_i = TARIFF_i / (PM_i \cdot QM_i) \tag{12-32}$$

居民 h 的个人所得税税率为

$$\text{rht}_h = GIHT_h / TY_h \tag{12-33}$$

企业的企业所得税税率为

$$\text{ret} = GIET / TYE \tag{12-34}$$

式中：$TVAT_i$ 为部门 i 的增值税税额；$GIHT_h$ 为居民 h 的个人所得税税额；TY_h 为居民收入；$GIET$ 为企业的企业所得税税额；TYE 为企业收入。

第三节　参数敏感性分析

参数敏感性分析是一种评估模型中参数对结果的影响程度的方法。在 CGE 模型中，参数敏感性分析可以帮助我们了解模型的稳健性，即不同参数取值下模型结果的变化情况。参数敏感性分析的核心思想是通过改变模型中的一个或多个参数，观察模型输出结果的变化。敏感性分析可以帮助我们了解模型的稳定性和可靠性，评估不同参数对结果的重要程度，并帮助确定对结果影响最大的关键参数。

在 CGE 模型中，敏感性分析大体上可以分为两大类：一类是有限敏感性分析（limited sensitivity analysis，LSA），LSA 由于 Shoven 和 Whalley(1984)的推荐而广泛应用于 CGE 模型。另一类是系统敏感性分析（systematic sensitivity analysis，SSA）。LSA 只是考虑部分自由参数，而 SSA 考虑所有自由参数。SSA 又可以分为两种情况（Harrison 等，1993）：一种是条件系统敏感性分析（conditional systematic sensitivity analysis，CSSA），另一种是非条件系统敏感性分析（unconditional systematic sensitivity analysis，USSA）。CSSA 指每个自由参数在其他自由参数不变的条件下，考察感兴趣变量对其变化的稳健性；而 USSA 指在一个自由参数不断变化的同时其他自由参数也变化的情况下，考察所感兴趣变量的稳健性。因此，USSA 面临一个难以克服的缺点是需要大量的运算，从而使其可操作性大大减弱。为了简化 USSA 的计算量，Pagan 和 Shannon(1985)发明了一种近似方法，他们没有采用传统的对弹性值域内的任何点来求解模型的方法，而是在模型均衡解的邻域内通过变化弹性参数来观察解的变化。由于他们的敏感性分析过程依赖于对模型解的线性近似，所以其计算量比 CSSA 大大减小，后来的研究也证明其优越性（鲁晓东，2005）。敏感性分析的其他方法包括：蒙特卡洛（Monte Carlo）方法（Wieck 等，2007；Abler 等，1999）。高斯积分方法（Gauss quadrature）（Arndt，1996；Arndt 和 Pearson，1996）；确定性等价建模方法（deterministic equivalent modeling method）（Webster 等，1998）。在敏感性分析方法中，Abler 等（1999）认为可推荐的方法仅有蒙特卡洛方法和高斯积分方法：当计算上可行时，采用高斯积分方法，当高斯积分法不可行时采用蒙特卡洛方法。针对 CGE 模型结构，通常采用蒙特卡洛方法更适合（Abler 等，1999）。蒙特卡洛方法亦称随机模拟方法，有时也称作随机抽样试验方法，它的基本思想是：首先建立一个概率模型或随机过程，使它的参数等于问题的解，然后通过对模型或过程的观察或抽样试验来计算所求参数的统计特征，最后给出所求解的近似值。而解的精确度可用估计值的标准差来表示。

敏感性分析是 CGE 模型应用中的重要一环，最好能给出模拟结果的可信度表示或置信区间，这对于结果的解释是一个强有力的补充。利用 MATLAB 软件或 GAMS 程序可实现利用蒙特卡洛方法对模型敏感性分析（赵永，2008）。

练 习 题

1. 根据第十一章习题 2 构建的社会核算矩阵表，校准得出 CGE 模型的生产函数和贸易函数的参数大小。

2. 根据各章《中国税务年鉴》中的税收数据，在第十一章习题 2 的基础上，构建细分税收类型的社会核算矩阵表，并校准得出 CGE 模型的税收函数参数大小。

第十三章　GAMS 的程序语法

GAMS 程序基本结构、GAMS 基本程序的语法格式大致如下所述。

（1）集合的声明/宣告（declaration of sets）。

set set_name optional descriptive text / first element, second element, ... /;

（2）数据的声明/宣告（declaration of data）包括直接参数赋值（scalar）、集合参数赋值（parameter）、表格赋值（table）3 种类型。

① scalar scalar_name optional descriptive text / numerical value /;

② parameter parameter _ name（set _ dependency）optional descriptive text/first element with respect to the associated value，second element with respect to the associated value，... /;

③ table table_name（set_1，set_2···）optional descriptive text

	set_2_element_1	set_2_element_2
set_1_element_1	value_11	value_12
set_1_element_2	value_21	value_22;

（3）变量的声明/宣告（declaration of variables）。

variable type variable_name（set_dependency）optional descriptive text;

（4）方程式的声明/宣告（declaration of equations）。

equation equation_name（set_dependency）optional descriptive text;
equation_name.. definition of equation;

（5）模型的陈述（model statement）。

model model_name /all/;

（6）求解方法的陈述（solve statement）。

① solve model_name maximizing objective_function_name using model type;

② solve model_name minimizing objective_function_name using model type;

第一节　集合和索引

一、集合：名称和元素

任何 GAMS 程序中，集合是基本的组成部分，它可以使模型程序变得清晰易懂。集合语句以关键字 set（或 sets）开始，后面跟集合名称，最后是集合元素。其中可以用

"text"在集合名称或集合元素后加上解释性文字来进一步描述前面的集合或元素。

GAMS 程序的集合基本读法规则为：

set set_name ["text"] [/element1 ["text"] ,element2 ["text"] , … /];

【**例 13-1**】　包含 a、b、c、d 4 个元素的集合 S,用数学符号表示为：S＝{a,b,c,d},在
GAMS 程序中,可以写成：

```
set G1 /a, b, c, d / ;
或者：
set G1 "the first group " /a "the element1 ", b "the element2 " ,c "the element3 ",
d "the element4 " / ;
或者：
set G1 "the first group " / a "the element1 "
                            b "the element2 "
                            c "the element3 "
                            d "the element4 " / ;
```

1. 集合名称

集合名称是一个必须以字母开始的最多有 63 个字母数字字符(alphanumeric
characters)构成的标识符(集合名称又称为索引)。例如：

ii15; 28; Countries ; t003; Food&drink ; T003 ;

2. 集合元素

每一个集合元素名称由最多 63 个字符长度构成,分为加引号和不加引号两种形式。
不加引号的集合元素名称必须以字母或者数字的形式开始,后面只能跟字母、数字或者
"_"符号。例如：

Pho-acid; 1987; 2009-march; Novenmer; H2s04; K2_4329; Line＋1

加引号的集合元素名称可以以任何字符开始,后面可以跟任何字符,但两边必须用引
号(单引号或双引号)。例如：

" * TOTAL * "; "Month"; "2846"; "27sy"; '10％increase' ; 'Line 1'

值得注意的是：加引号的集合元素没有值,元素不是数值的概念。例如,"2846"不是
数值 2846；集合元素"010"与集合元素"10"不同。

对于集合元素名称,采用不加引号的形式使用时更为方便,最常用；加引号的形式相
对烦琐,容易出错,通常仅仅对于特殊的集合元素,如 no、ne 或者 sum 这样的名称加以
使用。

集合中,元素名称和元素名称之间必须以逗号或者行结束等形式分开,例如：

set cq /N210,P304/;

又如：

set cq /N210

　　P304/；

注意：GAMS 程序中集合元素两边用斜杠"/"而不是括号。

3．关联文本

解释性的文本可以放在集合名称或者集合元素名称后面，起进一步说明和解释的作用。关联文本不能超过 254 个字符，并且放在双引号（" "）之中。集合中，元素名称和解释文本之间，集合名称与解释文本之间必须以空格来分开。例如：

set fp "final products" /yncrude "refined crude(million barrels)", lpg "liquefied petroleum gas (million barrals)", amm "ammonia(million tons)", sulf "sulfer(million tons)"/；

注意：双括号中的关联文本可以由任何字符组成，包括空格、斜杠、逗号、货币符号等，只要不超过最长限度即可。

4．星号（*）的特殊作用

在 GAMS 程序中，星号（*）在集合定义中起着特殊的作用。对于连续排列的集合元素，使用星号（*）可以使得集合元素输入简洁，例如：

```
set t "time" /1991,1992,1993,1994,1995,1996,1997,1998,1999,2000,2001,2002,2003,2004/；
以上例子可以写为：
set t "time" /1991 * 2004/；
```

对于非数字的集合元素，若集合元素之间的差别仅仅在于某个位置的数字不同，并且前一个集合元素中的数字小于后面集合元素中的数字，而且连续，则也可以使用星号（*）进行简化输入。例如：

```
set g /a1bc * a30bc/；
set w /qw201tons * qw400tons/；
set t1 /a20na * a10na/；
set g /a01bc * a30bc/；
```

值得注意的是，上述设置与下面语句结果不同。

```
set g / a1bc  *  a20bc /；
set g / a01bc  *  a20bc /；"
```

5．多重集合的声明

当 GAMS 程序中有两个或两个以上的集合时，一种方法是使用多个 set；另一种方法是使用一个 sets，例如：

```
Sets s "sector" /Industry, Agriculture, Servers, Residence, Foreign/；
     p "province" /Jiangsu, Anhui, Zhejiang, Beijing, Shanghai, Xinjiang/；
```

注意，set 或 sets 必须以"；"结束。

6．alias 语句：集合的多重命名

有时，需要对同一集合使用两个以上的名字。例如，投入产出表行与列，SAM 表中的行与列等。例如：

```
set c "commodities" /food , clothing, drinking, tobacco, vegetable / ;
alias(c, cp) ;
alias(cp, c) ;
```

7. 子集

在现实经济活动中,如出口和进口,由于对外贸易的行业仅仅是全部行业的一部分,因此,对外贸易部门相对全部行业就是一个子集。当一个较大集合的子集需要单独表示时,就需要用子集定义进行声明。子集定义的基本语法是：

```
set name1 / element1 , element2, element3, element4, element5, … /
    name2(name1) / elementi, … /
    name3(name1) / elementj, … /
```

范例如下。

```
SETS
I   SECTORS
/agric, Imini, Ifood, Itext, Iopro, Ielec, Icook, Ichem, Ibuil, Imetl, Imach, Icons, Stran, Swhol,
Sesta, Sbank, Sothe, /
IA(I) AGRICULTURE SECTOR
/agric/
II(I) INDUSTRY AND CONSTRUCTION SECTORS
/ imini, ifood, itext, iopro, ielec, icook, ichem, ibuil, imetl, imach, icons /
IS(I) SERVICE SECTORS
/stran, swhol, sesta, sbank, sothe/ ;
ALIAS(I, J) ;
```

【补充知识】 动态集合：集合元素可以改变的集合称之为动态集合。
动态集合元素赋值的语法为：

set_name(domain_name/domain_label)＝yes/no;

set_name 是集合名称；yes 和 no 是关键词,分别表示来自被赋值集合的全体成员或缺少的成员。例如：

```
set item all items / dish, ink, lipstick, pen, pencil, perfume /
subitem1(item) first subset of item / pen, pencil /
subitem2(item) second subset of item;
subitem1('ink') = yes; subitem1('lipstick') = yes;
subitem2(item) = yes; subitem2('perfume') = no;
Display subitem1, subitem2;
```

二、数据输入：参数、标量和表格

GAMS 的数据包括直接参数赋值(scalar)、集合参数赋值(parameter)、表格赋值

(table)3 种类型。

（一）直接参数赋值

直接参数赋值用 scalar(标量)语句,适用于单一(标量)数据输入。这个语句给标量参数赋值,即一个参数名称对应一个具体的数值。应用 scalar 语句来声明和初始化一个参数,意味着该参数没有相关的集合,因此只有一个与参数有关的数字。

一般来讲,scalar 的 GAMS 语法为:

scalar[s] scalar_name [text] [/signed_num/]
　　{ scalar_name [text] [/signed_num/]};

同集合名称一样,scalar_name 也必须以字母开始,后面跟最长不超过 63 个字符长度的字母或数字。说明性文本同样不能超过 254 个字符。例如:

```
scalars rho "discount rate" /0.15/
        alpha "rate of investment profit" /0.7/
        beta "lifetime of products " /30/
gamma "the number of liquid capital ";
```

以上语句初始化了参数 rho、alpha 和 beta。以后可以使用一个赋值语句直接赋值:

gamma=5000;

注意,这个赋值语句只有在参数 gamma 经过 scalar 定义以后才有效。

（二）集合参数赋值

集合参数赋值用 parameter 语句,适用于一维的列或行数据输入。一个集合参数可以被一个或者多个索引序列检索,集合中的元素应该是属于那些已经声明过的索引,元素值与数值之间用空格或等号分开。parameter 的 GAMS 语法为:

parameter[s] param_name [text] [/ element [=] signed_num
　　　　　　　　　　　　　　　　{,element [=] signed num} /]
　　　　{,param_name [text] [/ element [=] signed_num
　　　　　　　　　　　　　　　　{,element [=] signed num} /]};

```
例如:
set j "markets" / mexico-df, monterrey, guadalaja /;
parameter dd(j) distribution of demand
          / mexico-df 55
            guadalaja 15/;
    注意:若是对参数没有赋值,则系统默认为零值。

parameter 也可以进行简单的二维或多维数据赋值.例如:
    Set i /row1 * row10/
       J /column1 * column6/;
          Parameter a(i,j);
          a(i,j)=2.5;
```

（三）表格赋值

表格赋值用 table 语句,适用于二维及二维以上的集合参数赋值。表格赋值语句是

GAMS 中唯一的一个格式限定的语句，即表格中的每个元素顺序一定，并且必须与相对应的索引的交叉点(即固定的行、列位置)位置一致。在用表格语句 table 之前，必须用 set 语句来为表格元素确定其在集合中的位置。

table beta (h,j) share parameter in production function

如图 13-1 所示，在应用 TABLE 命令进行数值赋值时，需要注意数据的范围，不在任何列范围或者同时在不同列范围之内都是错误的，数值应该不超出对应集合元素或变量等的竖线范围，否则会出现语法错误。

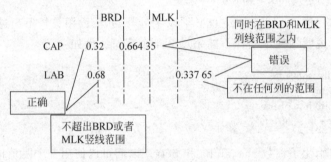

图 13-1　表明数据位置示意图

例如：
```
sets i commodities" /food , clothing, drinking, tobacco, vegetable /
    j companies /company1 * company3/;
table p(i,j) initial productive units(1000 tons per yr)
              company1        company2        company3
food          3702            12910           9875
clothing      23              517             1207
drinking                      181             148
tobacco       207             235             579
vegetable     93719                           122 ;
```

其中的行坐标由 i 确定，列坐标由 j 确定。注意该集合中的数值都是由 i、j 在 p(i,j) 中的位置确定。

如果一行不足以输入所有列数据的话，则可以用"＋"号继续，上例也可以写成：

```
table p(i,j) initial productive units(1000 tons per yr)
              company1        company2
food          3702            12910
clothing      23              517
drinking                      181
tobacco       207             235
vegetable     93719
    ＋         company3
food          9875
clothing      1207
```

```
drinking       148
tobacco        579
vegetable      122 ;
```

注意"＋"号的位置。

表格也可以是多维的、三维的表格，例如：

```
sets i commodities" /food , clothing, drinking, tobacco, vegetable /
     j companies /company1 * company3/
     c cities /Beijing , shanghai /;
```

定义一个三维的表格，可以通过降维方式，即将三维转化为二维，用 table 命令进行赋值，例如：

table p(i,c,j) initial productive units(1000 tons per yr)	company1	company2	company3
food. Beijing	2202	8910	6375
food. Shanghai	1500	4000	3500
clothing. Beijing	15	317	947
clothing. Shanghai	7	200	360
drinking. Beijing		131	28
drinking. Shanghai	0	60	120
tobacco. Beijing	162	115	279
tobacco. Shanghai	45	120	300
vegetable. Beijing	70719		72
vegetable. Shanghai	23000		50;

注意 i、c、j 的位置。

第二节　带参数的基本运算

一、用索引赋值

用索引赋值的示例如下。

```
scalar x /1.5/;
x＝1.2;
x＝x＋2;
```

第一条语句是通过 scalar 语句给 x 赋予初始值 1.5。

第二条语句将 x 的值改为 1.2。

第三条语句是将 x 的值改为 3.2。

第二条和第三条语句都用新值代替了旧值，这样做的前提是标量 x 已经被声明过。

注意：所有的赋值语句前需要用分号作为分隔符。

例如,对参数 a 中的 60 个数据元素进行赋值,程序为
```
set row /r1 * r10/
    col /c1 * c6/;
parameter a(row,col);
    a(row,col)=13.2;
```
也可用索引为集合中的某个元素直接赋值(用双引号或单引号),例如:
```
a("r7","c2")=6;
a(row,"c5")=20;
a("r6",col)=-15;
```

【例 13-2】 已知 B 矩阵为 $B=[1\ 3\ 5;9\ 4\ 8;7\ 12\ 16]$;$C$ 矩阵为 $C=[-2\quad 1;22\quad 20;19\quad 75]$,求 $D=B+C$,程序为

```
sets i /i1, i2, i3/
    h /j1,j2,j3,g1,g2/
    j(h) /j1,j2,j3/
    g(h) /g1,g2/ ;
table b(i,j)
     j1      j2      j3
i1   1       3       5
i2   9       4       8
i3   7       12      16;
table c(i,g)
        g1      g2
    i1   -2      1
    i2   22      20
    i3   19      75;
parameter d(i,h);
    d(i,j)=b(i,j);
    d(i,g)=c(i,g);
```

GAMS 程序中的字母不分大小写,例如 P 与 p 完全一样。

二、利用数学表达式

(一)标准数学运算

同其他计算软件一样,在 GAMS 程序中,"+""-"表示加、减运算;"＊""/"表示乘、除运算;"＊＊"是求幂运算;运算的优先级别与此序相反。可以用括号改变优先级,一般在表达式中使用圆括号。

例如,数学式 $x=(5+7)\div 2\times 9^2$,可以写成

x=(5+7)/2＊9＊＊2

又如,一个数学中的求和计算为 $TC_i=\sum_j C_{i,j}$,用 GAMS 语言表达如下。

```
sets I products /food, clothes, drinking, tobacco/
    J provinces / jiangsu, anhui, zhejiang /
parameter C(i,j) productive capacity in tons per day for each province
        TC(i) total productive capacity in tons per day ;
        TC(i)=sum(j, C(i,j));
```

再如，计算公式为 $\text{count} = \sum_i \sum_j a_{i,j}$ 和 $\text{mp} = \sum_t (l_t \times m_t)$，对应的 GAMS 程序分别为：

```
count= sum((i,j),a(i,j));
mp=sum(t,l(t) * m(t));
```

另外，还可以利用索引寻找集合中的最大、最小值或者求积。例如，f=smax((i,h)，d(i,h))；就是在二维集合 d 中寻找最大值并赋值给参数 f；f=smin((i,h),d(i,h))就是在二维集合 d 中寻找最小值并赋值给参数 f。

（二）函数

GAMS 提供了一些常用的标准函数，表 13-1 给出了 GAMS 中所有的可用函数。

表 13-1 GAMS 常用函数及其含义

函　　数	功　能　描　述
errorf(x)	标准正态分布的积分$(-\infty, x)$
exp(x)	指数 e^x
log(x)	自然对数 $\log_e(x)$
log10(x)	常用对数 $\ln(x)$
normal(x,y)	均值为 x，方差为 y 的随机正态分布函数
uniform(x,y)	均匀分布在 x 与 y 之间的随机数
abs(x)	x 的绝对值
ceil(x)	x 的上限值，大于或等于 x 的最小整数
floor(x)	x 的下限值，小于或等于 x 的最大整数
mapval(x)	映射函数
max(x,y,…)	求序列中的最大值
min(x,y,…)	求序列中的最小值
mod(x,y)	求模 $x-y * \text{trunc}(x/y)$
power(x,y)	整数幂 x^y
round(x)	取整，求最接近 x 的整数
sign(x)	$\text{sign}(x)=1(x>0)$；$-1(x<0)$；$0(x=0)$
sqrt(x)	x 的平方根
sqr(x)	x 的平方
trunc(x)	$\text{sign}(x) * \text{floor}(\text{abs}(x))$
arctan(x)	反正切
cos(x)	余弦
sin(x)	正弦

（三）逻辑运算

GAMS 的逻辑运算符如表 13-2 所示。

表 13-2　GAMS 的逻辑运算符

操 作 符	说 明	操 作 符	说 明
lt,<	小于	ne,<>	不等于
gt,>	大于	not	非
le,<=	小于或等于	and	与
ge,>=	大于或等于	or	或
eq,=	等于	xor	非或

第三节　变　　量

变量同参数一样,在使用之前必须定义(声明),变量同参数的一个重要区别在于它可以设置类型和属性。

一、变量的类型

GAMS 程序中的变量有 5 种基本类型,分别如表 13-3 所示。

表 13-3　变量类型及其特征表

关 键 字	默认取值下限	默认取值上限	变量特征描述
free(默认)	$-\inf$	$+\inf$	变量取值没有界限要求,使用者可以改变变量的上限和下限
positive	0	$+\inf$	变量不可以取负值,使用者可以改变变量的上限
negative	$-\inf$	0	变量不可以取正值,使用者可以改变变量的下限
binary	0	1	只能取 0 和 1 的离散变量
integer	0	100	变量取值只能为值域内的整数,使用者可以改变变量的上限和下限

在上述 5 种变量中,free 为默认类型,即如果某变量在 GAMS 程序中没有特别声明,则该变量就是一个没有界限限制的变量,其取值范围为$(-\infty,+\infty)$。

二、变量的定义

在 GAMS 程序中,基本的变量语句格式为

[var_type] variable[s] var_name [text]

Var_type 是变量类型,不一定在每次变量定义前都使用,可以选用。

Variable 是在 GAMS 程序中用来定义或声明变量的内部语句,同 set、table、scalar 一样。当定义或声明的变量仅有一个时使用单数形式;当定义或声明多个变量时,使用复数形式,即 variables。

Var_name 是定义变量的名称,必须以字母开始,紧跟着更多的字母或数字,但同其他名称一样,最长不超过 63 个字符。附随的解释性文本用于描述它前面的集合或元素,

文本不能超过 254 个字符,并且必须与它所描述的名称在同一行内。

定义变量类型有两种方式,第一种方式是列出所有变量及其相应的解释文本,然后再分组说明变量类型。例如:

```
variables k(t) capital stock(million dollars)
        c(t) consumption(million dollars per year)
        i(t) investment(million dollars per year)
        trade(t) net export (million dollars per year)
        utility utility measure ;
positive variables k, c, i ;
```

根据上述程序,变量 k、c、i 为正值变量;trade 和 utility 为自由变量(free),其取值范围为 $(-\infty, +\infty)$。值得注意的是,同 set(s)、scalar(s)、parameter(s)、table(s)一样,每个 variable 语句必须用分号结束。

另一种常用的定义方式为根据类型对变量进行分组定义。上述程序可等价为

```
free variables trade(t) net export (million dollars per year)
              utility utility measure ;
positive variables k(t) capital stock(million dollars)
                  c(t) consumption(million dollars per year)
                  i(t) investment(million dollars per year);
```

三、变量属性

在 GAMS 程序结束时,往往需要显示变量的大小。由于在 GAMS 程序中,参数或系数往往只有一个数值与之对应,而变量(variable)在求解过程中,可能有多种取值,多种属性。因此,需要利用变量的一个附加设置来说明变量的各种属性。GAMS 语言中,每个变量可以有 7 种属性,如表 13-4 所示。

表 13-4　变量属性

变量属性	变量后缀	属性描述
Lower bound	. lo	变量下限,被使用者设定的准确值或默认值
Upper bound	. up	变量上限,被使用者设定的准确值或默认值
Fixed value	. fx	变量的固定值,使上下限同值
Activity	. l	变量的活动水平值,又称当前值。模型求解后赋予的新值
Marginal or dual value	. m	变量的边际值。模型求解后赋予的新值
Scale value	. scale	变量的比例因子,使非线性规划结果
Branching priority value	. prior	变量分支优先值,仅在混合整数规划模型中使用

例如,某程序为

```
x. up(c,i,j)=1000;
inv. lo=−1 ;
p. fx("agri","mining","energy")=200;
c. l(t) = 4 * alpha;
```

第一个语句为变量 x 中的所有元素设定了一个上限。

第二个语句为变量 inv 设定了一个下限。

第三个语句为变量 p 中的 3 个元素设定了固定值。

最后一个语句将变量 c 中的所有元素设定为参数 alpha 的 4 倍。

在赋值语句中,语句的顺序有时很重要。例如,下面两对语句因顺序不同将得到两个不同的结果。

语句一:c.fx("1990")=1;c.lo(t)=0.01。此时,变量 c("1990")的下限为 0.01。

语句二:.lo(t)=0.01;c.fx("1990")=1。此时,变量 c("1990")的下限为 1。

需要注意的是:

(1) 后缀.fx 是后缀.lo 和后缀.up 的简写,因此在赋值时只能用在赋值语句的左侧。

(2) 在显示语句和赋值语句中,变量必须使用带后缀名(.lo、.up、.l、.m)。不带后缀名的变量只能出现在变量定义语句和方程定义语句中。

(3) 当显示变量的时候必须说明是显示变量 6 个相应值中的哪一个,可以通过在变量名称后面附加一个后缀来实现。例如,语句 Display k.l,c.m;分别显示变量 k 的当前值和变量 c 的边际值。后缀不同,显示结果不同。

第四节 函 数

一、函数的声明

同参数和变量一样,函数在使用前必须声明。

函数的声明与参数和变量的声明类似,其中可以包括值域和解释文本。函数的名称必须以字母开头,后跟字母或数字(它只能包括文字数字式字符),最长 63 个字符,后附的文本用于描述它前面的集合或元素,文本不能超过 254 个字符,并且必须与其描述的标识符在同一行。语法格式为:Equation[s] eqn_name text。例如:

```
Equations
    Cost          the residents' consumption function
    Supply(i)     the supplement for productions of i
    Demand(i)     the demand for production of i
    Tsums         the total of supplyment for production i
```

注意,第一个函数的声明必须在关键词 Equation(s)之后。另外,Equations 在 GAMS 中是广义含义不仅仅是指等式,还包括不等式。

二、函数的定义

函数的定义就是用解释 GAMS 语言中数学函数。GAMS 定义函数的语法格式为

Eqn_name(domain_list).. expression eqn_type expression

其中,Eqn_name 是函数名和代数表达式之间必须加入两个圆点".."。

eqn_type 指表达式之间的符号,主要如下。

＝e＝：等于,左边的表达式等于右边的表达式。

＝g＝：大于,左边的表达式大于右边的表达式。

＝l＝：小于,左边的表达式小于右边的表达式。

＝n＝：函数的左边与右边不存在强制性关系。这类函数很少用到。

例如：

```
equations vari01(i);
vari01(i).. consup(i)＝E＝salary(i) + transfer(i) - tax - saving(i);(正确)
注意:函数与变量必须是同一索引类型. 例如:
equations vari01;
vari01.. consup(i)＝ E＝salary(i) + transfer(i) - tax(i) - saving(i);(错误)
equations vari01;
vari01.. consup1＝consup("agri") + consup("foodm")+consup("serv");(正确)
```

第五节　模　　型

定义模型就是选择进入模型的函数,并给模型命名,使之能被求解。最简单的定义模型的形式就是使用关键词 all,表示在定义模型之前所有被定义的函数都被选进模型。

一、定义模型

定义模型的语法格式为

model(s) model_name [text] /all or eqn_name… /

同所有标示符(参数、变量、函数)一样,model_name 必须以字母开始,后面紧跟字母或数字,长度最多为 10 个字符,解释性文本不能超过 80 个字符,而且必须与其描述的模型名称在同一行。例如：

model transport "a transportation model " /all/

几个模型可以在一个 model 语句中声明(定义),这在尝试不同的函数解决同一问题时往往比较方便,例如：

model nortonl linear version /cb1, rc1, dfl1, bc1, obj1/;
model nortonn nonlinear version / cb2, rc2, dfl2, bc2, obj2 /;

二、模型分类

GAMS 可以求解各种类型的问题,但求解之前必须明确模型的类型,若 GAMS 程序中确定的模型类型与模型数据不符,则 GAMS 就会发布解释性错误信息。比如,模型中存在二进制或整数型变量,若使用线性(LP)或非线性(NLP)方法求解,则 GAMS 在运算时就会给出错误提示信息。GAMS 中模型的类型和描述如表 13-5 所示。

表 13-5 模型的类型及其描述

模 型 类 型	解 释 说 明
LP	线性规划。模型中没有非线性项或离散(二进制或整数)变量
QLP	二次约束规划。模型中有线性和二次项，但没有一般的非线性项或者离散变量
NLP	非线性规划。模型中有一般的非线性项，仅包含光滑函数，不包含离散变量
MIP	混合整数规划。模型可以包括离散变量，但离散条件是强制的，即离散变量在其边界内必须取整数值
RMIP	松弛混合整数规划。模型可以包括离散变量，但离散条件是松弛的，即整数和二进制变量在边界内可取任意值
RMINLP	松弛混合整数非线性规划。模型可以包含离散变量和一般的非线性项，离散条件是松弛的
MINIP	混合整数非线性规划。模型可以包含离散变量和一般的非线性项，离散条件是强制的
MPEC	有均衡约束的数学规划
MCP	混合互补问题
CNS	约束性非线性系统

三、模型求解

模型定义后，就可以可用求解语句(solve)进行模型求解。solve 语法格式为

solve model_name using model_type maximizing/minimizing objvar_name;
solve model_name maximizing/minimizing objvar_name using model_type;

其中：solve 和 using 是保留字；model_name 是定义的模型名称；objvar_name 是被优化的目标变量的名称，目标变量必须是标量和 free 类型；model_type 是模型的类型；maximizing/minimizing 是优化的方向。例如：

Solve transport using lp minimizing cost;

需要注意以下几点。

(1) 目标变量必须是标量和 free 类型。

(2) 所有函数都被定义，并且至少有一个函数含有目标函数。

(3) 每个函数都使用指定的模型类型(lp 要求函数均为线性函数；nlp 要求每个函数均连续可导)。

【例 13-3】 用多个 solve 语句进行灵敏性或情景分析。

多个 solve 语句不仅能够进行不同模型的求解，而且可以改变参数进行敏感性或多情景分析。比如，进行不同增值税政策模拟情境分析，设置增值税减少 10%、20% 或增加 10% 和 15% 情景下的政策模拟，程序为

```
parameter report( * , * );
* 下面是进行不同情境下的增值税政策模拟
rvat(a)＝0.8 * rvat(a);
Solve CNTSCGE maxmizing EV using NLP;
```

```
report("-20%","EV")=EV.L;
rvat(a)=0.9 * rvat(a);
Solve CNTSCGE maxmizing EV using NLP;
report("-10%","EV")=EV.L;
rvat(a)=1.1 * rvat(a);
Solve CNTSCGE maxmizing EV using NLP;
report("10%","EV")=EV.L;
rvat(a)=1.15 * rvat(a);
Solve CNTSCGE maxmizing EV using NLP;
report("15%","EV")=EV.L;
display report;
```

运行结果如下。

```
 ---- 933 PARAMETER report
              EV
 -20%        35.69
 -10%        50.21
 10%         37.14
 15%         15.81
```

这样，就可以比较哪种情景下的社会福利最大。

第六节　结果输出(display)

　　GAMS 默认的输出内容比较丰富，包括程序清单、错误信息、运行参考图、模型统计、状态报告和结果报告。程序清单将列出带语句序号的所有源程序代码，编译过程中出现的问题会在这里说明；运行参考图和模型统计会列出模型中所有变量和参数属性、独立函数与变量的个数，以及它们之间的关系等模型信息；状态报告和结果报告会显示计算所用的算法和迭代次数、模型求解结果类型(是否是可行解或是最优解)。

　　当结果出现 feasible solution 和 optimal solution，或者 EXIT-Optimal Solution found 和 *** State：Normal completion，则表示程序运算成功，得到了最优解。否则，程序出现语法错误提示或者算法和逻辑错误。

　　一般情况下，Display 语法格式为

Display "text" parameter_name / variable_name.l or .m or .up or .lo

　　通常在 display 语句前，可以加上 optimal 语句以控制输出数值的小数点后显示的位数，其格式为

option decimals="value";

　　其中，value 的值为 0~8 之间的整数。如果等于零，则表示不显示小数点后面的数。默认 value=3。例如：

```
option decimals＝4；
display "the first set", s ,"the second set", t, "then a parameter", p,
        "the activity level of a variable", v.l；
```

第七节　GAMS 模型库

GAMS 模型库为新人提供了丰富而翔实的模型案例，这些模型案例几乎包括所有行业、所有类型的 GAMS 建模问题。比如，农业经济模型、水资源开发和利用模型、收入分配模型、信贷风险模型、宏观经济模型、税收政策一般均衡模型、地区经济增长模型、二氧化碳排放税模型、投资组合最优化模型、化学平衡模型、非线性回归模型、储蓄模型、石油贸易模型、最佳定价和开采模型、工艺流程结构最优化模型、能源模型、石油战略储备模型、电力规划模型、金融风险管理模型、贸易及资本流动模型、生产调度模型、基本生产和调度模型、随机规划模型等大约 413 个模型。

通过这些模型案例的学习，可以使我们快速掌握应用 GAMS 程序的建模方法，不断提高模型质量。

第十四章 GAMS 特殊符号与命令

第一节 $条件式

$符号是 GAMS 中比较有用的运算符之一。$与一个逻辑体条件一起应用就构成了$条件式。"$（条件）"可以被读成"在条件成立的情况下"。$条件式常常被用于条件赋值语句、条件表达式和条件函数。

注意：$运算符后不留空格。

一、条件赋值

例如：
if(b>1.5), then a=2;
在 GAMS 程序中,用$条件式可以表示为
a$(b>1.5)=2;
以上语句可读为"a 在 b 大于 1.5 条件成立的情况下等于 2".如果条件不满足,则不赋值。

例如：
u(k)$(s(k)$t(k))=a(k);
上式表明只有在索引 k 中的元素既属于集合 s 也属于集合 t 时,赋值才成立.上式等价于
u(k)$(s(k) and $t(k))=a(k);
为增强程序的可读性,建议采用逻辑符号和括号。

例如：
Rho(i)$(sig(i) ne 0)=(1/sig(i))-1
上式表明:当 sig(i)不零时,rho(i)= (1/sig(i))-1;若 sig(i)为零时,rho(i)不赋值。

例如：
x=2 $(y>1.5)
上式表明:如果 y>1.5,那么 x=2;否则 x=0;
$在等式左边和在等式右边的区别为:
$在等式左边,若$条件不成立,则不进行赋值;
$在等式右边,若$条件不成立,则赋值为零。

二、条件索引

$条件式另一个重要用途是控制索引的运算范围,例如：

```
set  t/1990 * 2000/ ;
parameter
x(t),
TOTAL;
x(t)=2;
total=sum(t$(ord(t) ne 5),x(t));
display total;
```

运行结果显示为

Total=20;

若是程序为

```
set  t/1990 * 2000/ ;
parameter
x(t),
TOTAL;
x(t)=2;
total=sum(t,x(t));
display total;
```

则,运行结果显示为

total=22;

三、条件函数

$ 运算符也可以用于函数中。例如,对于函数含有零的情境,条件语句设置如下。

```
eqQE11(i)$(deltae11(i) gt 0).. SUM(r1,QE(i,r1)) =e= (theta1(i) ** phi1(i) * deltae11(i) *
PE(i)/sum(r1,PEE(i,r1))) ** (1/(1−phi1(i))) * TQE(i);
```

四、option 命令

option 是 GAMS 程序中一个有用的选择命令,它一般放在求解命令 solve 语句之前,它可以对输出格式进行控制,并且在求解过程中对运算方式进行选择,相关标识符如表 14-1 和表 14-2 所示。

表 14-1 option 对输出格式的控制功能

标识符	类　型	描　　　述
decimals	整数	控制输出参数、变量小数点后个数
eject		置于下一页的开头
limcol	整数	函数的列数
limrow	整数	函数的行数
solprint	on/off	控制模型解的是否输出
sysout	on/off	控制求解结果文件的是否输出

表 14-2　option 选择结果对求解过程中计算机资源的需求

标识符	类　　型	描　　述
domlim	整数	限制求解过程中发生值域错误的次数
iterlim	整数	限制求解过程的迭代次数
reslim	实数	限制求解过程的时间
optca	实数	对 MIP 类型的模型求绝对优化的解
optcr	实数	对 MIP 类型的模型求相对优化的解

相关程序示例如下。

```
option eject, iterlim=100, solprint=off, reslim=60;
solve mymodel using lp maximizing profit;
```

注意：多个选项之间用逗号或者行结束字符进行分隔。

第二节　程序控制命令

一、loop 语句

循环语句 loop 经常用在完成循环或迭代的计算中，对于集合里的每一个元素去执行一连串的指令；也就是说，在一个循环(loop)里，GAMS 系统会先用集合里的第一个元素去执行循环里的指令，当执行完毕后，GAMS 系统会将集合里的第二个元素重复相同的动作，如此一直重复下去，直到集合里的最后一个元素执行完毕后，GAMS 系统才会跳出循环，继续执行程序里的下一个指令。

loop 语法的基本格式为：loop(索引[＄条件],语句);。例如：

```
loop(set_name, statement or statements to excute);
```

范例如下所示。

```
set t / 1985 * 1990 /;
parameter pop(t) 1985 年台湾人口(单位:万人)/ 1985 3456 /
         growth(t) 历年人口增长(单位:万人)
         / 1985 25.3, 1986 27.3, 1987 26.2, 1988 27.1,
         1989 26.6, 1990 26.6 /;
loop(t, pop(t+1) = pop(t) + growth(t) );
display pop;
```

以上程序求解结果为

```
----        8 PARAMETER pop
1985 3456.000,    1986 3481.300,    1987 3508.600,    1988 3534.800
1989 3561.900,    1990 3588.500
```

当 t=1985 时：

$$pop(1986) = pop(1985+1)$$
$$= pop(1985) + growth(1985)$$
$$= 3456 + 25.3$$
$$= 3481.3;$$

当 t＝1986 时：

$$pop(1987) = pop(1986+1)$$
$$= pop(1986) + growth(1986)$$
$$= 3481.3 + 27.3$$
$$= 3508.6;$$

⋯⋯⋯⋯⋯⋯⋯⋯⋯⋯⋯⋯⋯⋯⋯⋯⋯⋯⋯⋯⋯⋯⋯⋯

当 t＝1989 时：

$$pop(1990) = pop(1989+1)$$
$$= pop(1989) + growth(1989)$$
$$= 3561.9 + 26.6$$
$$= 3588.5;$$

当 GAMS 系统执行完毕后，即跳出循环，执行程序的下一个指令。

值得注意的是，在 loop 语句内不能声明或定义函数；在 loop 循环体内不能改变集合范围。

```
例如以下两段程序便是错误的。
loop
    eq..sum(i, x(i)) = g = 2);
set i / dish, ink, lipstick, pen, pencil, perfume /
set i1(i)/ dish, ink, lipstick, pen /;
loop
    i1('dish') = no ;
```

二、if-(elseif)-else 语句

if-else 语句用于程序中的条件转移，在某些情况下，可以用 $ 条件语句替代，但是相比而言，由于 if-else 语句类似于 fortune 语言、visual basic 语言等，因此 if 语句使得 GAMS 程序具有更好的可读性。if-elseif-else 语句的语法格式为

```
if(条件,
        语句;
elseif 条件,
        语句;
else    语句;
);
```

注意：if 语句后的括号不能少；条件与语句之间的逗号不能缺；语句后面的分号不能缺。

范例如下。

```
set i /i1 * i10/
    j /j1 * j10/;
parameter p(i) /i1 1.3,i2 2.5,i3 8.9,i4 4.2,i5 3.5,i6 6.8,i7 0.2
                i8 5.7,i9 9.2 ,i10 1.3/
        q(j) /j1 4.2, j2 5.6, j3 4.5, j4 6.9, j5 7.9, j6 4.5, j7 7.2,
            j8 1.7, j9 1.2, j10 4.7 /
        f /7/;
if (f <= 0,
p(i) = -1 ;
q(j) = -1 ;
elseif ((f > 0) and (f < 1)),
p(i) = p(i) ** 2 ;
q(j) = q(j) ** 2.5 ;
else
p(i) = p(i) ** 3 ;
q(j) = q(j) ** 4 ;
) ;
display p, q, f;
```

上述关系式也可以用$条件语句描述：

```
set i /i1 * i10/
    j /j1 * j10/;
parameter p(i) /i1 1.3,i2 2.5,i3 8.9,i4 4.2,i5 3.5,i6 6.8,i7 0.2
                    i8 5.7,i9 9.2 ,i10 1.3/
        q(j) /j1 4.2, j2 5.6, j3 4.5, j4 6.9, j5 7.9, j6 4.5, j7 7.2,
            j8 1.7, j9 1.2, j10 4.7 /
        f /7/;
p(i) $ (f <= 0) = -1 ;
p(i) $ ((f > 0) and (f < 1)) = p(i) ** 2 ;
p(i) $ (f > 1) = p(i) ** 3 ;
q(j) $ (f <= 0) = -1 ;
q(j) $ ((f > 0) and (f < 5)) = q(j) ** 2.5 ;
q(j) $ (f > 5) = q(j) ** 4 ;
display p, q, f;
```

if 语句内不能进行参数或变量声明或者定义函数。

```
例如：
if(s > 0, eq..sum(i, x(i)) = g = 2); (错误)
例如：
if(s > 0, Scalar y; y = 5;); (错误)
```

三、GAMS 的其他语法及注意事项

（1）$ Title title-name：定义 lst 档的标题,通常写于输入档中的第一列。

（2）$ Stitle subtitle-name：定义 lst 档的子标题。

（3）蓝色粗体字通常代表程式指令（GAMS reversed words），如 set、parameter、

variable、equation、model、solve 等，亦可在 GAMS 界面中选择 File→Options→Color 选项自行设定指令的颜色。

（4）Semicolon（；）：通常置于每句 statement 的句尾，表示中止这句 statement command，但要注意中文和英文状态下的不同。

（5）单行注释有以下两种程序语法。

① 在 GAMS 程序中可插入 a single line comment，但必须在每一句句首置入"＊"符号，输出档中会显示以下 comments 及其行数。

```
* this is a comment
    x = 1 ;
* this is also a comment
    y = 2 ;
```

② 另外，GAMS 语言也允许在一行中嵌入注释。它必须使用编译器选项 $ inlinecom 或 $ eolcom 启用，如下所示。

```
范例 1：
$ eolcom #
$ inlinecom {}
x = 1 ; # this is a comment
y = 2 ; { this is also a comment } z = 3 ;
```

```
范例 2：
$ eolcom //
variables x1, x2, obj;
x1.l = 10 ; x2.l = −10;              // initial value
x1.lo = −100; x2.lo = −100;          // lower bounds
x1.up = 100; x2.up = 100;            // upper bounds
```

（6）多样语句注释 s：在 GAMS 程序中亦可插入多行语句注释，通常用于说明此模型的目的或摘要。程式的语法如下。

```
$ ontext
    Write your comment here
    Write your comment here
    Write your comment here
$ offtext
```

注意：同一文件中，$ ontext 与 $ offtext 必须配套使用，一一对应。

（7）Ord 运算语法：Ord 语法英文全名为 order，表示次序的意思。在 GAMS 中，表示集合中每个元素的位置，并依序给予其一个编号。例如，假设 1995 年某省人口有 23 000 000 人且每年的人口增长率为 1.5％，若以 1995 年为基准年，求 1995—2005 年之人口各是多少。对应的 GAMS 语句为

```
set t time periods / 1995 * 2005 /;
parameter pop(t);
pop(t) = 23000000 * (1.015 ** (ord(t) − 1));
display pop;
```

求解结果为

```
----          7 PARAMETER pop
1995 2.300000E+7,     1996 2.334500E+7,     1997 2.369518E+7,
1998 2.405060E+7,     1999 2.441136E+7,     2000 2.477753E+7,
2001 2.514920E+7,     2002 2.552643E+7,     2003 2.590933E+7,
2004 2.629797E+7,     2005 2.669244E+7
```

程序和结果说明如下。

① 1995 * 2005 表示从 1995—2005 年, * 在这里不是乘法的运算符号。

② 2005 2.669244E+7 表示 2005 年某省人口约有 26 692 440 人,2.669244E+7 为科学记数法 $2.669\,244 \times 10^7$。

③ ord(1995)=1、ord(1996)=2、ord(1997)=3、…,依此类推。

(8) Card 运算语法:Card 英文全名为 cardinal,表示基数的意思。在 GAMS 中表示集合中元素的总个数。承上一个范例,求集合 t 共有几个元素。对应的 GAMS 语句为

```
set t time periods / 1995 * 2005 /;
parameter s;
s = card(t);
display s;
```

求解结果为:s=11,因为 1995 至 2005 共有 11 个数,表示此集合总共 11 个元素。

第三节 GAMS 软件与 EXCEL 软件的联合应用

一、如何将数据从 GAMS 导出至 Excel

将数据导出至 Excel 的 GAMS 程序语法如下。

```
execute_Unload 'filename.gdx', data_name;
execute 'Gdxxrw.exe filename.gdx O = filename.xls data_type = data_name Rng = Excel spreadsheet!';
```

其中第一行的程序语法是表示创造一个新的档案,副档后缀名为 gdx,后面紧接着所要汇出数据的名称。第二行的程序语法则表示将 gdx 档转换成 excel 档,副档后缀名为 xls,此 excel 档储存的路径会紧跟着输出档(副档后缀名为 lst)储存的路径,其路径可在输出档结构中最后的部分:File Summary 里找到。

第二行程序语法中的 O 表示 output file,即一个输出的 excel 档。

要将一个或多个数据汇出至 excel spreadsheet,首先数据类型(data types)必须明确

告知 GAMS 系统，数据类型通常包括 set、par、var 及 equ。

Rng 表示要输入汇出数据至 excel 的格式范围，注意若没有输入此范围则以 Excel 第一页表格的 A1 开始读写数据。

例如，运输问题的线性程序。

```
  ⋮
solve transport using lp minimizing z;
display x.l, x.m ;
execute_Unload 'transport.gdx', c, x, z;
execute 'Gdxxrw transport.gdx O = transport.xls par = c Rng =Sheet1!a1:d3';
execute 'Gdxxrw transport.gdx O = transport.xls var = x Rng = Sheet1!a5:d7';
execute 'Gdxxrw transport.gdx O = transport.xls var = z Rng = Sheet1!e8';
```

其中：c、x、z 表示所导出数据的名称；transport 表示档案名称；Sheet1!a1:d3 表示参数 c 的数据会被 GAMS 系统读写至 Excel 第一页表格中的 a1～d3；Sheet1!a5：d7′ 表示变量 x 的数据会被 GAMS 系统读写至 Excel 第一页表格中的 a5～d7，Sheet1!e8′ 表示变量 z 的数据会被 GAMS 系统读写至 Excel 第一页表格中的 e8。

二、如何将数据从 Excel 导出至 GAMS 系统

将 Excel 数据导出至 GAMS 程式语法如下。

```
execute 'Gdxxrw.exe filename.xlsx output = filename.gdx data_type = data_name Rng = cdim = rdim= ';
    $ gdxin sam.gdx
    $ load sam
    $ gdxin
```

范例如下。

```
execute "gdxxrw sam.xls output=sam.gdx par=sam rng=a1:k11 cdim=1 rdim=1"
$ gdxin sam.gdx
$ load sam
$ gdxin
```

Gdxxrw：GAMS 内置命令，用来读写数据，其中：

(1) sam.xlsx　output＝sam.gdx：表示将名为 sam 的 xlsx 文件先转成 gdx 文件；

(2) Par＝sam rng＝a1:k26：对象是参数 sam，元素范围是 Excel 中的 a1:k26；

(3) Rdim＝1　cdim＝1：rdim 规定了行索引，cdim 规定是列索引，说明 sam 是二维数据。值得注意的是，若引入的数据是一维行数据，则只需要列出 Rdim＝1 即可，若引入的数据是一维列数据，则只需要列出 cdim＝1 即可；另外，还需要注意的是，Excel 表中是有行列表头，因此在读取某数据范围时，需要把表头也包括进去，行数要往前一行。

$ gdxin sam.gdx：$ gdxin＋文件名表示指定要读取的 gdx 文件。

$ load sam：从 gdx 文件中读取的 sam 中的所有数据。

$ gdxin：后面没有文件名，表示关闭当前 gdx 文件。

第十五章 封闭经济的 CGE 模型

第一节 封闭经济的模块函数

封闭经济的 CGE 模型行为主体包括居民、企业和政府。其中,居民提供劳动,并从生产中获得劳动报酬,消费商品,并向政府缴纳个人所得税,剩余部分进行储蓄;企业提供资本,并从生产中获得资本收益,然后缴纳企业所得税,对居民进行补贴,剩余部分进行储蓄;政府收入来源于个人所得税和企业所得税;政府支出主要有三个去向:政府消费、企业补贴和居民补贴,剩余部分进行政府储蓄(财政盈余或财政赤字)。三者共同维持着封闭经济体的生产周转和经济运行。图 15-1 显示了三者之间的作用关系。

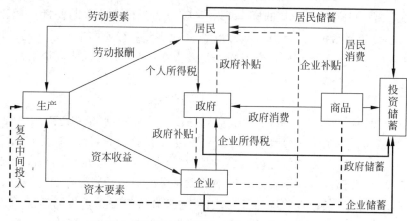

图 15-1 封闭经济的行为主体之间作用关系图

一、生产模块

生产函数采用三层嵌套的方式:第一层为劳动和资本的嵌套,采用 CES 生产函数进行描述;第二层为劳动-资本复合要素与复合中间投入进行嵌套,也采用 CES 生产函数进行描述;第三层由于中间投入品之间具有不可替代关系,因此采用列昂惕夫生产函数进行描述。CES 生产函数和列昂惕夫生产函数都隐含着完全竞争市场的假设,即生产过程不存在垄断行为,无超额垄断利润[1]。生产模块的相关函数如下。

---

[1] 若是现实经济中存在垄断行业、存在垄断利润,则相关行业的生产函数需要采用垄断生产函数进行描述和刻画。

$$QKL_i = \lambda_{qx,i}^{(\sigma_{qx,i}-1)} \left(\frac{\beta_{kl,i} \cdot PX_i}{(1 + rvat_i) \cdot PKL_i} \right)^{\sigma_{qx,i}} \cdot QX_i$$

$$QINT_i = \lambda_{qx,i}^{(\sigma_{qx,i}-1)} \left(\frac{\beta_{nd,i} \cdot PX_i}{PINT_i} \right)^{\sigma_{qx,i}} \cdot QX_i$$

$$QX_i = \lambda_{qx,i} (\beta_{kl,i} \cdot QKL_i^{\rho_{qx,i}} + \beta_{nd,i} \cdot QINT_i^{\rho_{qx,i}})^{1/\rho_{qx,i}}$$

$$QK_i = \lambda_{kl,i}^{(\sigma_{kl,i}-1)} \left(\frac{\beta_{k,i} \cdot PKL_i}{WK} \right)^{\sigma_{kl,i}} \cdot QKL_i$$

$$QL_i = \lambda_{kl,i}^{(\sigma_{kl,i}-1)} \left(\frac{\beta_{l,i} \cdot PKL_i}{WL} \right)^{\sigma_{kl,i}} \cdot QKL_i$$

$$QKL_i = \lambda_i (\beta_{k,i} \cdot QK_i^{\rho_{kl,i}} + \beta_{l,i} \cdot QL_i^{\rho_{kl,i}})^{1/\rho_{kl,i}}$$

$$QINT_{i,j} = ca_{i,j} \cdot QINT_j$$

$$PINT_j = \sum_i ca_{i,j} \cdot PQ_i$$

式中：QKL_i 为 i 行业的劳动资本复合要素；$QINT_i$ 为 i 行业的复合中间投入品；QX_i 为 i 行业的产出；QK_i 为 i 行业的资本要素；QL_i 为 i 行业的劳动要素；PKL_i 为 i 行业的劳动资本复合要素价格；$QINT_{i,j}$ 为 i 商品投入到 j 行业的中间投入品；$PINT_j$ 为 j 行业的复合中间投入品价格；WK 为资本要素价格；WL 为劳动要素价格。

二、居民模块

居民模块包括居民收入、居民消费及居民储蓄等。首先,居民通过提供劳动获得劳动报酬,并分别从政府和企业获得政府转移支付和企业转移支付,居民获得收入后,分别向政府缴纳个人所得税,购买商品进行消费,剩余部分进行居民储蓄；由于线性 ELES(扩展线性支出系统)消费函数考虑了收入和价格因素对居民消费结构的影响,把居民的各项消费支出看作是相互联系、相互制约的行为,因此在没有价格详细数据的情况下,也可以直接运用截面数据进行相关参数估计,从而进行居民边际消费倾向、需求收入弹性分析等,因此居民消费函数采用线性 ELES 函数进行刻画。居民模块的相关函数如下。

$$YL_i = WL \cdot QL_i$$

$$TYL = \sum_i YL_i$$

$$TRANSGTH = rtrangth \cdot TYG$$

$$TYH = TYL + TRANSGTH + TRANSETH$$

$$SH = rsh \cdot (1 - rihtax) \cdot TYH$$

$$GIHTAX = rihtax \cdot TYH$$

$$HD_i = ELESh \cdot HD0_i + conh_i \cdot \left(TYH - SH - GIHTAX - \sum_j PQ_j \cdot ELESh \cdot HD0_j \right) / PQ_i$$

式中：YL_i 为 i 行业的劳动报酬收入；TYL 为劳动报酬总收入；TRANSGTH 为政府对居民补贴；TYH 为居民总收入；SH 为居民储蓄；GIHTAX 为个人所得税；HD_i 为 i

商品的居民消费；PD_i 为 i 商品的复合商品价格；$HD0_i$ 为 i 商品的居民最低消费量。

三、企业模块

企业模块包括企业收入、转移支付和企业储蓄等。首先,企业通过提供资本获得资本收益,并分别从政府获得转移支付,企业获得收入后,分别向政府缴纳企业所得税,对居民进行补贴,剩余部分进行企业储蓄。企业模块的相关函数如下。

$$YK_i = WK \cdot QK_i$$

$$TYK = \sum_i YK_i$$

$$GIHTAX = riet \cdot TYE$$

$$TRANSGTH = rtrangte \cdot TYG$$

$$TRANSETH = rtraneth \cdot TYE$$

$$TYE = TYK + TRANSGTE$$

$$SE = TYE - TRANSETH - GIETAX$$

式中：YK_i 为 i 行业的资本收益；TYK 为总资本收益；$GIHTAX$ 为企业所得税；$TRANSGTH$ 为政府对企业的补贴；$TRANSETH$ 为企业对居民的补贴；TYE 为企业总收入；SE 为企业储蓄。

四、政府模块

政府模块包括增值税、其他间接税、政府总收入、政府储蓄及政府消费等。首先,政府从生产、居民和企业那里获得增值税等各类间接税、个人所得税和企业所得税；获得收入后,分别对企业和居民进行企业补贴和居民补贴,然后进行政府消费,以便为社会提供公共产品,确保政府部门正常运转。其中,与居民消费函数一样,政府消费函数也采用ELES 消费函数进行刻画。值得一提的是,该封闭经济的政府税收包含 3 种类型的税收：增值税、其他间接税和所得税,包含了现实经济中的全部税收种类(消费税、契税、印花税、耕地使用税等都属于间接税),这样可以方便进行税收种类的函数扩展。政府模块的相关函数如下。

$$GVAT_i = rvat_i \cdot (QK_i \cdot WK + QL_i \cdot WL)$$

$$GINDTAX_i = rindtax_i \cdot QX_i \cdot PX_i$$

$$TYG = GIHTAX + \sum_i (GVAT_i + GINDTAX_i) + GIETAX$$

$$SG = rsg \cdot TYG$$

$$GD_i = ELESg \cdot GD0_i + cong_i \cdot (TYG - TRANSGTH - TRANSGTE - SG - \sum_j PQ_j \cdot ELESg \cdot GD0_j)/PQ_i$$

式中：$GVAT_i$ 为 i 行业的增值税；$GINDTAX_i$ 为 i 行业的其他间接税；TYG 为政府总收入；SG 为政府储蓄；GD_i 为 i 商品的政府消费；$GD0_i$ 为 i 商品的政府最低消

费量。

五、投资和市场出清模块

该模块主要包括投资函数、产品出清函数、商品出清函数、要素出清函数等。首先,行业投资按照投资份额进行分配,同时满足总储蓄等于总投资(背后隐含着储蓄驱动型的投资模式);然后要求产品和商品市场同时出清,即生产供给等于需求,商品供给等于需求;另外还需要满足劳动需求等于劳动总供给,资本需求等于资本总供给;最后,由于封闭经济没有进出口外来因素,因此产品的生产价格等于商品市场价格,这是封闭经济的关键函数之一。还有,$\sum_i QK_i = qks0$ 和 $\sum_i QL_i = qls0$ 分别是劳动要素价格 WL 和资本要素价格 WK 的隐函数。投资和市场出清模块的相关函数如下。

$$QINV_i = invest_i \cdot TINV/PQ_i$$

$$TSAV = SH + SE + SG$$

$$QQ_i \cdot PQ_i = QX_i \cdot PX_i + GINDTAX_i$$

$$QQ_i = \sum_j (QINTA_{i,j} + HD_i + GD_i + QINV_i)$$

$$\sum_i QK_i = qks0$$

$$\sum_i QL_i = qls0$$

$$TINV = TSAV + WALRAS$$

$$PQ_i = PX_i$$

$$EV = \sum_i PQ0_i \cdot (HD_i - HD0_i)$$

式中：$QINV_i$ 为 i 行业的投资量；TSAV 为总储蓄；PX_i 为 i 行业的生产价格；PQ_i 为 i 行业的商品价格；TINV 为总投资；EV 为社会福利变量。值得说明的是,由于 CGE 模型需要选取一个价格变量作为基准价格(该封闭经济选取劳动要素价格 WL 作为基准价格,WL. FX＝WL0,可以理解为把该内生价格固定为其初值,相当于将其外生固定),导致函数个数与内生变量个数不等,因此本节新增一个虚拟变量,即 WALRAS(瓦尔拉斯值),选取 WALRAS 变量主要有两个用处：一是使得函数数量与内生变量数量相等；二是检验模型是否存在问题,当模型系统无误时,无论是基准模拟还是政策模拟,该 WALRAS 应该为零,否则说明该模型存在问题。

第二节 封闭经济的社会核算矩阵设计

封闭经济的社会核算矩阵表(表 15-1)共包括 14 个账户,分别为：农业、工业、服务业、劳动要素、资本要素、居民、企业、政府、增值税、间接税、企业所得税、个人所得税、储蓄投资、汇总。

表 15-1 封闭经济的社会核算矩阵（SAM）表

（单位：百亿元）

	农业	工业	服务业	劳动要素	资本要素	居民	企业	政府	增值税	间接税	企业所得税	个人所得税	储蓄投资	汇总
农业	140	620	72			268		17.5					29	1147
工业	207	8191	1441			1155							3514	14 508
服务业	82	2184	2793			2330		1444					700	9533
劳动要素	644	1516	2560											4720
资本要素	72	1476	1988											3536
居民				4720			350	151						5221
企业					3536			25						3561
政府									612	590	325	140		1667
增值税	0.4	313	298.6											612
间接税	1.2	208	380.8											590
企业所得税							325							325
个人所得税						140								140
储蓄投资						1328	2886	29.5						4243
汇总	1147	14 508	9533	4720	3536	5221	3561	1667	612	590	325	140	4243	

数据来源：表中数据是根据《中国 2018 年投入产出表》《2019 年中国财政年鉴》《中国统计年鉴》等编制而成。

第三节　模型参数估计与校准

该封闭系统模型中，主要参数估计校准函数如下。

$$\text{rvat}_i = \frac{\text{GVAT0}_i}{\text{QK0}_i \cdot \text{WK0} + \text{QL0}_i \cdot \text{WL0}}$$

$$\text{rindtax}_i = \frac{\text{GINDTAX0}_i}{\text{QX0}_i}$$

$$\text{riet} = \frac{\text{GIETAX0}}{\text{TYE0}}$$

$$\text{rihtax} = \frac{\text{GIHTAX0}}{\text{TYH0}}$$

$$\text{ca}_{i,j} = \frac{\text{QINTA0}_{i,j}}{\text{QINT0}_j}$$

$$\text{rtrangth} = \frac{\text{TRANSGTH0}}{\text{TYG0}}$$

$$\text{rtraneth} = \frac{\text{TRANSETH0}}{\text{TYE0}}$$

$$\text{rsh} = \frac{\text{SH0}}{(1 - \text{rihtax}) \cdot \text{TYH0}}$$

$$\text{invest}_i = \frac{\text{QINV0}_i}{\sum_j \text{QINV0}_j}$$

$$\text{rtrangte} = \frac{\text{TRANSGTE0}}{\text{TYG0}}$$

$$\text{rsg} = \frac{\text{SG0}}{\text{TYG0}}$$

$$\text{cong}_i = \frac{\text{GD0}_i \cdot \text{PQ0}_i \cdot (1 - \text{ELES}g)}{\text{TYG0} - \text{TRANSGTH0} - \text{TRANSGTE0} - \text{SG0} - \sum_j (\text{PQ0}_j \cdot \text{ELES}g \cdot \text{GD0}_j)}$$

$$\text{conh}_i = \frac{\text{HD0}_i \cdot \text{PQ0}_i \cdot (1 - \text{ELES}h)}{\text{TYH0} - \text{SH0} - \text{GIHTAX0} - \sum_j (\text{PQ0}_j \cdot \text{ELES}h \cdot \text{HD0}_j)}$$

$$\rho_i^{qx} = \frac{\sigma_i^{qx} - 1}{\sigma_i^{qx}}$$

$$\beta_i^{kl} = \frac{(1 + \text{rvat}_i)\text{QKL0}_i^{(1-\rho_i^{qx})}}{(1 + \text{rvat}_i)\text{QKL0}_i^{(1-\rho_i^{qx})} + \text{QINTL0}_i^{(1-\rho_i^{qx})}}$$

$$\beta_i^{nd} = 1 - \beta_i^{kl}$$

$$\lambda_i^{qx} = \frac{\mathrm{QX0}_i}{(\beta_i^{kl} \cdot \mathrm{QKL0}_i^{\rho_i^{qx}} + \beta_i^{nd} \cdot \mathrm{QINT0}_i^{\rho_i^{qx}})^{1/\rho_i^{qx}}}$$

$$\rho_i^{kl} = \frac{\sigma_i^{kl} - 1}{\sigma_i^{kl}}$$

$$\beta_i^{l} = \frac{\mathrm{QL0}_i^{(1-\rho_i^{kl})} \cdot \mathrm{WL0}}{\mathrm{WK0} \cdot \mathrm{QK0}_i^{(1-\rho_i^{kl})} + \mathrm{WL0} \cdot \mathrm{QL0}_i^{(1-\rho_i^{kl})}}$$

$$\beta_i^{k} = 1 - \beta_i^{l}$$

$$\lambda_i^{kl} = \frac{\mathrm{QKL0}_i}{(\beta_i^{k} \cdot \mathrm{QK0}_i^{\rho_i^{kl}} + \beta_i^{l} \cdot \mathrm{QL0}_i^{\rho_i^{kl}})^{1/\rho_i^{kl}}}$$

式中：rvat_i 为 i 行业的增值税税率；$\mathrm{rindtax}_i$ 为 i 行业的间接税税率；riet 为企业所得税税率；rihtax 为个人所得税税率；$\mathrm{ca}_{i,j}$ 为 i 行 j 列的中间投入系数；$\mathrm{rtrangth}$ 为政府对居民补贴参数；$\mathrm{rtraneth}$ 为企业对居民补贴参数；rsh 为居民储蓄率；invest_i 为 i 行业的投资分配系数；$\mathrm{rtrangte}$ 为政府对企业补贴系数；$\mathrm{rsgcong}_i$ 为 i 行业的政府消费份额参数；conh_i 为 i 行业的居民消费份额参数；ρ_i^{qx} 为 i 行业的 CES 生产函数的替代弹性参数；β_i^{kl} 为 i 行业 CES 生产函数中的复合资本劳动要素的份额参数；β_i^{nd} 为 i 行业的 CES 生产函数中的复合中间投入品的份额参数；λ_i^{qx} 为 i 行业的 CES 生产函数的规模参数；ρ_i^{kl} 为 i 行业的复合要素 CES 函数的替代弹性参数；β_i^{l} 为 i 行业的复合要素 CES 生产函数的劳动要素的份额参数；β_i^{k} 为 i 行业的复合要素 CES 生产函数的资本要素的份额参数；λ_i^{kl} 为 i 行业的复合要素 CES 生产函数的规模参数。

另外，对于 CES 生产函数和居民消费函数、政府消费函数中的相关替代弹性假设如下。

$$\mathrm{sigmaqx}(i) = 0.4$$
$$\mathrm{sigmakl}(i) = 0.8$$
$$\mathrm{ELES}h = 0.35$$
$$\mathrm{ELES}g = 0.4$$

值得说明的是，CGE 模型中，上述大部分参数都是根据 SAM 表中的数据进行校准出来的，与现实经济一致，其取值一般没有争议。唯独替代弹性参数的确定，由于缺乏微观数据，难以进行准确估计，从而其值的准确性存在争议。解决该问题一方面需要根据长期的实践经验积累，另外亦可进行敏感性分析检验，确定其稳健性和适合性。

第四节　封闭经济的 CGE 模型程序

下面是上述封闭经济 CGE 模型的完整程序。

```
$ title EXAMPLE01 封闭经济下的 CGE 模型程序(三产业 * 静态 * 封闭经济)
* 定义集合所有账户 u 及其子集 i,f
set u/
arg
ind
serv
labor
capital
HH
ENTERP
GOV
VAT
INDTAX
HETAX
HITAX
SAVE
TOTAL
/
;

set i(u)/arg,ind,serv/;
set f(u) /labor,capital/;
set up(u);
* up 集合为除了总数之外的所有账户,用以检验 SAM 行和列和平衡之用;

up(u)=yes;
up("TOTAL")=no;

alias(u,v),(i,j),(f,fp),(up,vp);


*********************************************
* 对于 SAM 表数据导入,若 SAM 数据账户较少,可以采用下列直接列出即可,并通过重复 * 每行
的抬头在列的抬头左边,加上一个"+"号,对于大型的 SAM 数据导入,建议采用通过
* $ call 命令进行数据读入,比如:
* $ call   gdxxrw.exe   CNTSCGE.xlsx   output=CNTSCGE.gdx   par=SAM1 rng=test1!
A1:GK160 Rdim=1 Cdim=1
* $ gdxin CNTSCGE.gdx
* PARAMETER SAM1(i,v);
* $ LOAD SAM1
* execute_unload 'CNTSCGE.gdx'
* ;
*********************************************
TABLE SAM(u,v)
```

	ARG	IND	SERV	labor	capital	HH	ENTERP
ARG	140.0	620.0	72.0		268.1		
IND	207.0	8191.0	1441.0		1155.0		
SERV	82.0	2184.0	2793.0		2330.4		
labor	644.0	1516.0	2560.0				
capital	72.0	1476.0	1988.0				
HH				4720.0		350.0	

ENTERP					3536.0		
GOV							
VAT	0.4	313.0	298.6				
INDTAX	1.2	208.0	380.8				
HETAX						325.0	
HITAX					140.0		
SAVE						1327.5	2886.0
TOTAL	1146.6	14508.0	9533.4	4720.0	3536.0	5221.0	3561.0

+	GOV	VAT	INDTAX	HETAX	HITAX	SAVE	TOTAL
ARG	17.5				29.0		1146.6
IND					3514.0		14508.0
SERV	1444.0				700.0		9533.4
labor							4720.0
capital							3536.0
HH	151.0						5221.0
ENTERP	25.0						3561.0
GOV		612.0	590.0	325.0	140.0		1667.0
VAT							612.0
INDTAX							590.0
HETAX							325.0
HITAX							140.0
SAVE	29.5						4243.0
TOTAL	1667.0	612.0	590.0	325.0	140.0	4243.0	

```
;
```

* 下列检验 SAM 表数值是否满足行和与列和是否相等

```
parameter
samchk(u);
samchk(up)＝sum(vp,SAM(vp,up))－sum(vp,SAM(up,vp));
display samchk;
```

* 定义变量初值与相关参数(把变量初值定义为参数)

```
********** 2.1 Parameter Definition --------------------
Parameters
```

QX0(i)	Output of the i-th sector in base year
QINT0(i)	Intermediate input of the i-th sector in base year
QINTA0(i,j)	Unit intermediate input in base year
QKL0(i)	Capital-Labor composite factor input in base year
QL0(i)	Labor factor input in base year
QK0(i)	Capital factor input in base year
PX0(i)	Price of the i-th sector in base year
PINT0(i)	Price of the intermediate input the i-th sector in base year
PKL0(i)	Price of the Capital-Labor composite factor in base year
WK0	baseyear average user cost of capital
WL0	baseyear average wage rate
QQ0(i)	
PQ0(i)	
YL0(i)	the income of labor income from the i-th sector in base year

TYL0	the total income of household from labor in base year
YK0(i)	the income of capital from the i-th sector in base year
TYK0	the total income from capital in base year
YHL0	the income of household from labor in base year
YHK0	the income of household from capital in base year
SH0	the saving of household in base year
HD0(i)	the consumption of household to the i-th good in base year
SE0	the saving of enterprise in base year
SG0	the saving of government in base year
QINV0(i)	the investing of the j-th good in base year
GVAT0(i)	Domestic VAT
GINDTAX0(i)	Other indirect taxes
GIETAX0	the tax of enterprise income
GIHTAX0	the income of government from household income tax in base year
CG0	the saving of central government in base year
GD0(i)	the consumption of local government to the j-th good in base year
TINV0	the total investing in base year
TSAV0	the total saving in base year
TRANSGTH0	the transfer payments of central government to household in base year
TRANSETH0	the transfer payments of enterprise to household in base year
TRANSGTE0	the transfer payments of central government to enterprise in base year
RGDP0	the real GDP in base year
NGDP0	the nominal GDP in base year
PGDP0	the GDP price index in base year
WALRAS0	the walras in base year
TYH0	the total income of household in base year
TYG0	the total income of central government in base year
TYE0	the total income of enterprise in base year
ls0	total Labor supply in base year
ks0	total Capital supply in base year

********* 2.3 Share Parameter Definition -------------------

lambdaqx(i)	Scale parameter in the second CES function
betakl(i)	Share parameter in the first CES function
betand(i)	Share parameter in the first CES function
lambdakl(i)	Scale parameter in the second CES function
betak(i)	Share parameter in the second CES function
betal(i)	Share parameter in the second CES function

********* 2.4 Other Parameter Definitions -------------------

ca(i,j)	intermediate input parameters
ratehk	the rate of household capital income in total capital income
rsh	the rate of household's savings
conh(i)	the rate of household's consumption to the j-th good
invest(i)	the rate of investing to the j-th good
rsg	the rate of central government's savings
rvat(i)	
rindtax(i)	
rihtax	
riet	
rtrangth	

```
rtraneth
rtrangte
cong(i)            the rate of government consumption to j—th good
ratehl
ratehk
rateyhl
ac(i)
ELESh             The proportion of residents' minimum consumption amount
ELESg             The proportion of governemnt' minimum consumption amount
;
```

* 变量初值进行赋值
```
QL0(j)=SAM("LABOR",j);
YK0(j)=SAM("CAPITAL",j);
QK0(i)=YK0(i);
WK0=1;
QKL0(i)=QL0(i)+QK0(i) * WK0;
GVAT0(j)=SAM("VAT",j);
GINDTAX0(j)=SAM("INDTAX",j);
GIETAX0 =SAM("HETAX","enterp");
QINV0(i)=SAM(i,"SAVE");
GIHTAX0=SAM("HITAX","HH");
YHL0=SAM("HH","LABOR");
YHK0=SAM("HH","capital");
TRANSGTH0=SAM("HH","gov");
SH0=SAM("SAVE","HH");
TRANSETH0=SAM("HH","ENTERP");
HD0(i)=SAM(i,"HH");
GD0(i)=SAM(i,"GOV");
QINTA0(i,j)=SAM(i,j);
QINT0(j)= sum(i,QINTA0(i,j));
SE0=SAM("SAVE","ENTERP");
SG0=SAM("SAVE","gov");
TYL0=SAM("TOTAL","LABOR");
TYK0=SAM("TOTAL","capital");
TRANSGTE0=SAM("ENTERP","gov");
QQ0(i)=SAM(i,"TOTAL");
WALRAS0=0;
PQ0(i)=1;
PX0(i)=1;
PINT0(i)=1;
PKL0(i)=1;
WL0=1;
YL0(i)=WL0 * QL0(i);
YK0(i)=WK0 * QK0(i);
TYL0=sum(i,YL0(i));
TYK0=sum(i,YK0(i));
TINV0=SAM("TOTAL","SAVE");
TSAV0=SE0+SH0+SG0;
QX0(i)=QINT0(i)+QK0(i) * WK0+QL0(i)+GVAT0(i);
rvat(i)=GVAT0(i)/((QK0(i) * WK0+QL0(i)));
rindtax(i)=GINDTAX0(i)/QX0(i);
```

TYE0= TYK0+TRANSGTE0;

riet=GIETAX0/TYE0;

TYH0=YHL0+TRANSGTH0+TRANSETH0;

rihtax=GIHTAX0/TYH0;

NGDP0=SUM(i, WK0 * QK0(i)+WL0 * QL0(i)+GVAT0(i)+GINDTAX0(i));

PGDP0=1;

RGDP0=NGDP0/PGDP0;

ELESh=0.35;

ELESg=0.4;

********* 2.5 Elasticity Parameters Definition -----------------

parameters

sigmaqx(i)   Elasticity of substitution in the first layer the production fun

sigmakl(i)   Elasticity of substitution in the second layer the production fu

rhoqx(i)   The parameter about the CES function elasticity parameter

rhokl(i)   The parameter about the CES function elasticity parameter

;

sigmaqx(i)=0.4;

sigmakl(i)=0.8;

* 相关参数进行校准赋值

*********** 3 Parameters Calibration--------------------

********** 3.1 Other Parameters Calibrations ----------------

ca(i,j)=QINTA0(i,j)/QINT0(j);

TYG0=GIHTAX0+SUM(i,GVAT0(i))+SUM(i,GINDTAX0(i))+GIETAX0;

rtrangth=TRANSGTH0/TYG0;

rtraneth=TRANSETH0/TYE0 ;

rsh=SH0/((1−rihtax) * TYH0);

invest(i)=QINV0(i)/sum(j,QINV0(j));

rtrangte=TRANSGTE0/TYG0;

rsg=SG0/TYG0;

cong(i)=(GD0(i) * PQ0(i) * (1−ELESg))/(TYG0−TRANSGTH0−TRANSGTE0−SG0−sum(j,PQ0(j) * ELESg * GD0(j)));

conh(i)=(HD0(i) * PQ0(i) * (1−ELESh))/(TYH0−SH0−GIHTAX0−sum(j,PQ0(j) * ELESh * HD0(j)));

********** 3.2 Elasticity and Share Parameters Calibration -----------

rhoqx(i)=(sigmaqx(i)−1)/sigmaqx(i);

betakl(i)= (1+rvat(i)) * QKL0(i) ** (1−rhoqx(i))/((1+rvat(i)) * QKL0(i) ** (1−rhoqx(i))+QINT0(i) ** (1−rhoqx(i)));

betand(i) = QINT0(i) ** (1−rhoqx(i))/((1+rvat(i)) * QKL0(i) ** (1−rhoqx(i))+QINT0(i) ** (1−rhoqx(i)));

lambdaqx(i)= QX0(i)/(betakl(i) * QKL0(i) ** rhoqx(i)
            + betand(i) * QINT0(i) ** rhoqx(i)) ** (1/rhoqx(i));

rhokl(i)=(sigmakl(i)−1)/sigmakl(i);

betal(i) = QL0(i) ** (1−rhokl(i)) * WL0 /(WK0 * QK0(i) ** (1−rhokl(i)) +WL0 * QL0(i) ** (1−rhokl(i)));

betak(i)= 1−betal(i);

lambdakl(i)= QKL0(i)/(betak(i) * QK0(i) ** rhokl(i)
            + betal(i) * QL0(i) ** rhokl(i)) ** (1/rhokl(i));

parameter

QKS0
QLS0
;
QKS0 = sum(i, QK0(i));
QLS0 = sum(i, QL0(i));
OPTION DECIMALS = 2;

* 定义内生变量
*********** 4. Model System Definition ------------------
************ 4.1 Variable Definition--------------------
***** Production function Variable----------------------
Variable
QKL(i)   Capital-Labor composite factor input in base year
QX(i)   Output of the i-th sector in base year
QINT(i)   Intermediate input of the i-th sector in base year
PKL(i)   Price of the Capital-Labor composite factor in base year
QK(i)   Capital factor input in base year
QL(i)   Labor factor input in base year
QINTA(i,j)   Unit intermediate input in base year
PINT(i)   Price of the intermediate input the i-th sector in base year
YL(i)   the income of labor income from the i-th sector in base year
TYL   the total income of household from labor in base year
YHL   the income of household from labor in base year
TRANSGTH   the transfer payments of government to household in base year
TYH   the total income of household in base year
SH   the saving of household in base year
GIHTAX   the income of government from household income tax in base year
HD(i)   the consumption of household to the i-th good in base year
YK(i)   the income of capital from the i-th sector in base year
TYK   the total income from capital in base year
GIETAX   Enterprise income tax
TRANSGTE   the transfer payments of government to foreign countries in base year
TRANSETH
TYE
SE   the saving of enterprise in base year
GVAT(i)   Domestic VAT
GINDTAX(i)   Business tax
TYG   the total income of government in base year
SG   the saving of government in base year
GD(i)   the consumption of government to the j-th good in base year
QINV(i)   the investing of the j-th good in base year
TSAV   the total saving in base year
QQ(i)   the quantity of i-th composite good
PQ(i)   Armington's composite good price in base year
WK   baseyear average user cost of capital
WL   baseyear average wage rate
WALRAS   the walras in base year
TINV   the total investing in base year
PX(i)   the price of the i-th product
EV   the socid welfare
;

* 定义函数式名称

********* 5.2 equation definition ----------------------

********* Production function definition --------------------

Equation

eqQKL(i)	Capital-Labor composite factor demand function
eqQX(i)	Production of the j-th sector input
eqQINT(i)	Intermediate demand function
eqPKL(i)	Price of the Capital-Labor composite factor
eqQK(i)	Capital factor demand function
eqQL(i)	Labor factor demand function
eqQINTA(i,j)	Unit intermediate input function
eqPINT(j)	immediate price

****** Household function definition ----------------------

eqYL(i)	the income function of labor income from the i-th sector
eqTYL	the total income function of household from labor
eqTRANSGTH	
eqTYH	the total income function of household
eqSH	the saving of function household
eqGIHTAX	the individual income tax
eqHD(i)	the consumption function of household to the j-th good

****** Enterprise function definition ---------------------

eqYK(i)	the income function of capital from the i-th sector
eqTYK	the total income function from capital
eqGIETAX	the corporate income tax
eqTRANSGTE	the fransfer payments of government to erferprise
eqTRANSETH	the fransfer payments of enterprise to household
eqTYE	THE TOTAL INCOME OF ENTERPRISE
eqSE	the saving function of enterprise

****** Government function definition ---------------------

eqGVAT(i)	
eqGINDTAX(i)	
eqTYG	
eqSG	the saving function of government
eqGD(i)	the consumption function of government to the j-th good

***** investment function ---------------------------

eqQINV(i)	
eqTSAV	the total saving function
eqQQ(i)	
EQQMARKET(i)	the equilibrium of goods market 1
eqKSDequ	the equilibrium function of capital market
eqLSDequ	the equilibrium function of labor market
eqSIequ	the equilibrium function of saving and investing
eqPX(i)	

*********** Welfare function definition --------------------

| obj | the welfare function |

;

* 对应上述函数名称写出各个函数表达式

**** Production function ----------------------------

eqQKL(i)..   QKL(i)＝e＝lambdaqx(i) ** (sigmaqx(i)－1) * (betakl(i) * PX(i)/((1＋rvat(i)) * PKL(i))) ** sigmaqx(i) * QX(i);

eqQINT(i).. $\quad$ QINT(i)=e= lambdaqx(i) ** (sigmaqx(i)−1) * (betand(i) * PX(i)/PINT(i)) ** sigmaqx(i) * QX(i);

eqQX(i).. $\quad$ QX(i)=e=lambdaqx(i) * (betakl(i) * QKL(i) ** (rhoqx(i))+ betand(i) * QINT(i) ** (rhoqx(i))) ** (1/rhoqx(i));

eqPKL(i).. $\quad$ QKL(i)=e=lambdakl(i) * (betak(i) * QK(i) ** (rhokl(i))+ betal(i) * QL(i) ** (rhokl(i))) ** (1/rhokl(i));

eqQK(i).. $\quad$ QK(i)=e=lambdakl(i) ** (sigmakl(i)−1) * (betak(i) * PKL(i)/WK) ** sigmakl(i) * QKL(i);

eqQL(i).. $\quad$ QL(i)=e= lambdakl(i) ** (sigmakl(i)−1) * (betal(i) * PKL(i)/WL) ** sigmakl(i) * QKL(i);

eqQINTA(i,j).. $\quad$ QINTA(i,j)=e=ca(i,j) * QINT(j);

eqPINT(j).. $\quad$ PINT(j)=e=sum(i,ca(i,j) * PQ(i));

****** Household function --------------------------
eqYL(i).. $\quad$ YL(i)=e=WL * QL(i);
eqTYL.. $\quad$ TYL=e=sum(i,YL(i));
eqTRANSGTH.. $\quad$ TRANSGTH=e=rtrangth * TYG;
eqTYH.. $\quad$ TYH=e=TYL+TRANSGTH+TRANSETH;
eqSH.. $\quad$ SH=e=rsh * (1−rihtax) * TYH;
eqGIHTAX.. $\quad$ GIHTAX=e=rihtax * TYH;
eqHD(i).. $\quad$ HD(i)=e= ELESh * HD0(i)+conh(i) * (TYH-SH-GIHTAX-sum(j,PQ(j) * ELESh * HD0(j)))/PQ(i);
****** Enterprise function --------------------------
eqYK(i).. $\quad$ YK(i)=e=WK * QK(i);
eqTYK.. $\quad$ TYK=e=sum(i,YK(i));
eqGIETAX.. $\quad$ GIETAX=e=riet * TYE;
eqTRANSGTE.. $\quad$ TRANSGTE =e= rtrangte * TYG;
eqTRANSETH.. $\quad$ TRANSETH =e= rtraneth * TYE;
eqTYE.. $\quad$ TYE=E=TYK+TRANSGTE;
eqSE.. $\quad$ SE=e=TYE−TRANSETH−GIETAX;
****** Government function --------------------------
eqGVAT(i).. $\quad$ GVAT(i)=e=rvat(i) * (QK(i) * WK+QL(i) * WL);
eqGINDTAX(i).. $\quad$ GINDTAX(i)=e=rindtax(i) * QX(i) * PX(i);
eqTYG.. $\quad$ TYG=E=GIHTAX+sum(i,GVAT(i))+sum(i,GINDTAX(i))+GIETAX;
eqSG.. $\quad$ SG=e=rsg * TYG;
eqGD(i).. $\quad$ GD(i)=e= ELESg * GD0(i)+cong(i) * (TYG-TRANSGTH-TRANSGTE-SG-sum(j,PQ(j) * ELESg * GD0(j)))/PQ(i);
************* investment function *****************
eqQINV(i).. $\quad$ QINV(i)=e=invest(i) * TINV/PQ(i);
eqTSAV.. $\quad$ TSAV=e=SH+SE+SG;
********** Equilibrium function ----------------
eqQQ(i).. $\quad$ QQ(i) * PQ(i)=E= QX(i) * PX(i)+GINDTAX(i);
EQQMARKET(i).. $\quad$ QQ(i)=E=sum(j,QINTA(i,j))+HD(i)+GD(i)+QINV(i);
eqKSDequ.. $\quad$ sum(i,QK(i))=e=QKS0;
eqLSDequ.. $\quad$ sum(i,QL(i))=e=QLS0;

```
eqSIequ..            TINV=e=TSAV+WALRAS;
eqPX(i)..            PQ(i) =E= PX(i);
*********** Welfare function ----------------------
obj..               EV=e=sum(i,PQ0(i) * HD(i))-sum(i,PQ0(i) * HD0(i));
```

* 赋值内生变量的上限、下限及初值
*********** 6. Variable Initialization --------------------
*********** 6.1 Variable bounds--------------------

```
QKL.LO(i)=0.001 * QKL0(i) ;
QX.LO(i)=0.001 * QX0(i);
QINT.LO(i)=0.001 * QINT0(i);
PKL.LO(i)=0.001 * PKL0(i) ;
QK.LO(i)=0.001 * QK0(i);
QL.LO(i)=0.001 * QL0(i) ;
PINT.LO(i)=0.001 * PINT0(i) ;
YL.LO(i)=0.001 * YL0(i);
TYL.LO=0.001 * TYL0 ;
TYH.LO=0.001 * TYH0;
SH.LO=0.001 * SH0 ;
HD.LO(i)=0.001 * HD0(i);
GIHTAX.LO=0.001 * GIHTAX0;
TRANSGTH.LO=0.001 * TRANSGTH0;
YK.LO(i)=0.001 * YK0(i) ;
TYK.LO=0.001 * TYK0 ;
GIETAX.LO=0.001 * GIETAX0 ;
TRANSGTE.LO=0.001 * TRANSGTE0;
TYE.LO=0.001 * TYE0 ;
SE.LO=0.001 * SE0 ;
GVAT.LO(i)=0.001 * GVAT0(i) ;
GINDTAX.LO(i)=0.001 * GINDTAX0(i) ;
TYG.LO=0.001 * TYG0 ;
SG.LO=0.001 * SG0 ;
GD.LO(i)=0.001 * GD0(i) ;
QINV.LO(i)=0.001 * QINV0(i) ;
TSAV.LO=0.001 * TSAV0 ;
QQ.LO(i)=0.001 * QQ0(i);
PQ.LO(i)=0.001 * PQ0(i);
WK.LO=0.001 * WK0 ;
WL.LO=0.001 * WL0 ;
TINV.LO=0.001 * TINV0 ;
PX.LO(i)=0.001 * PX0(i);
QKL.UP(i)=1000 * QKL0(i) ;
QX.UP(i)=1000 * QX0(i);
QINT.UP(i)=1000 * QINT0(i);
PKL.UP(i)=1000 * PKL0(i) ;
QK.UP(i)=1000 * QK0(i);
QL.UP(i)=1000 * QL0(i) ;
PINT.UP(i)=1000 * PINT0(i) ;
YL.UP(i)=1000 * YL0(i);
TYL.UP=1000 * TYL0 ;
TYH.UP=1000 * TYH0;
```

```
TRANSGTH. UP=1000 * TRANSGTH0;
SH. UP=1000 * SH0 ;
HD. UP(i)=1000 * HD0(i);
GIHTAX. UP=1000 * GIHTAX0;
YK. UP(i)=1000 * YK0(i) ;
TYK. UP=1000 * TYK0 ;
GIETAX. UP=1000 * GIETAX0 ;
TRANSGTE. UP=1000 * TRANSGTE0;
TYE. UP=1000 * TYE0 ;
SE. UP=1000 * SE0 ;
GVAT. UP(i)=1000 * GVAT0(i) ;
GINDTAX. UP(i)=1000 * GINDTAX0(i) ;
TYG. UP=1000 * TYG0 ;
SG. UP=1000 * SG0 ;
GD. UP(i)=1000 * GD0(i) ;
QINV. UP(i)=1000 * QINV0(i) ;
TSAV. UP=1000 * TSAV0 ;
QQ. UP(i)=1000 * QQ0(i);
PQ. UP(i)=1000 * PQ0(i);
WK. UP=1000 * WK0 ;
WL. UP=1000 * WL0 ;
TINV. UP=1000 * TINV0 ;
PX. UP(i)=1000 * PX0(i);
*********** 6.2 Endogenous Variable Initialization --------------
QKL. L(i)=1 * QKL0(i) ;
QX. L(i)=1 * QX0(i);
QINT. L(i)=1 * QINT0(i);
PKL. L(i)=1 * PKL0(i) ;
QK. L(i)=1 * QK0(i);
QL. L(i)=1 * QL0(i) ;
QINTA. L(i,j)=1 * QINTA0(i,j) ;
PINT. L(i)=1 * PINT0(i) ;
YL. L(i)=1 * YL0(i);
TYL. L=1 * TYL0 ;
HD. L(i)=1 * HD0(i);
TRANSGTH. L=1 * TRANSGTH0;
SH. L=1 * SH0 ;
TYH. L=1 * TYH0;
GIHTAX. L=1 * GIHTAX0;
YK. L(i)=1 * YK0(i) ;
TYK. L=1 * TYK0 ;
GIETAX. L=1 * GIETAX0 ;
TRANSGTE. L=1 * TRANSGTE0;
TRANSETH. L=1 * TRANSETH0;
TYE. L=TYE0;
SE. L=1 * SE0 ;
GVAT. L(i)=1 * GVAT0(i) ;
GINDTAX. L(i)=1 * GINDTAX0(i) ;
TYG. L=1 * TYG0 ;
SG. L=1 * SG0 ;
GD. L(i)=1 * GD0(i) ;
QINV. L(i)=1 * QINV0(i) ;
TSAV. L=1 * TSAV0 ;
QQ. L(i)=1 * QQ0(i);
```

```
PQ.L(i)=1 * PQ0(i);
WK.L=1 * WK0;
WALRAS.L =1 * WALRAS0;
TINV.L=1 * TINV0;
PX.L(i)=1 * PX0(i);
* 选定基准价格 numerier
***************************************
WL.FX=1;
* 定义模型名称并求解
*********** 7.Defining and solving the model -----------------
Model CNTSCGE /all/;
OPTION   ITERLIM=4000;
OPTION   RESLIM=4000;
OPTION   LIMROW=0;
OPTION   LIMCOL=0;
OPTION   SOLPRINT=OFF;
OPTION   DECIMALS=2;
CNTSCGE.HOLDFIXED=1;
Solve CNTSCGE maxmizing EV using NLP;
```

第五节　应用案例：税收结构优化政策模拟分析

利用上述模型程序，进行我国税收结构优化政策模拟。政府税收可以分为两大类：直接税和间接税。由于这两类税收的作用机理与影响途径不同，因此可能存在税收总额不变(即税收中性)的条件下，不同的税收结构导致不同的经济影响结果。因此，进行如下政策模拟。

政策模拟假设：在税收中性条件下，增值税税率降低 10%，同时提高间接税税率。

经试算，增值税税率降低 10%，间接税税率需要提高 11.14%，从而使得政府收入总额不变，即模拟程序中的模拟程序语句为

```
rvat(i)=0.9 * rvat(i);
rindtax(i)=1.1114 * rindtax(i);
Solve CNTSCGE maxmizing EV using NLP;
```

模拟结果显示 WALRAS 为零，通过了相关检验，其模拟结果如表 15-2 和表 15-3 所示。

表 15-2　政策模拟结果的主要宏观经济变量变化率

序　　号	变量名称	变化率/%	序　　号	变量名称	变化率/%
1	dNGDP	0.0028	5	dTSAV	0.0058
2	dPGDP	−0.6900	6	dWK	0.0083
3	dRGDP	0.7000	7	dTYE	0.0083
4	dTYH	0.0006	8	dTINV	0.0058
EV=24.5000 百亿元					

表 15-3　政策模拟结果的主要分行业经济变量变化率　　　　%

行业	变量					
	QX	PX	HD	GD	GVAT	GINDTAX
arg	0.18	−0.21	0.37	0.38	−9.91	11.11
ind	0.15	−0.76	0.73		−9.80	10.46
serv	−0.15	−0.64	0.65	0.64	−10.14	10.26

表 15-2 模拟结果显示：在税收中性前提下，优化税收结构，即降低增值税税率 10%，同时提高间接税税率 11.14%，此时，实际 GDP 增加 0.6900%；居民总收入、企业总收入分别增加 0.0006% 和 0.0083%；GDP 价格指数及资本价格均略微增加；社会福利增加 24.5000 百亿元。说明在财政税收中性的条件下，优化税收结构不仅可以提高我国经济增速，而且有利于居民和企业总收入，另外还可以增加社会总体福利，从而有利于我国社会经济的发展。

表 15-3 模拟结果显示：① 在税收中性前提下，优化税收结构，即降低增值税税率 10%，同时提高间接税税率 11.14%，此时，第一产业和第二产业的产出增加，第三产业的产出减少，说明该政策不利于第三产业的生产，其原因在于第三产业的间接税税率最大，当降低增值税税率而提高间接税税率时，第三产业的成本相对增加最大，生产要素更多地流向第一产业和第二产业，从而使得第一产业和第二产业的产出增加；② 所有行业的产出价格均有所下降，居民实际消费和政府实际消费均有所增加，说明该政策优化了资源配置，产出效率有所提升，从而使得生产价格总体下降和实际消费增加，这也与社会福利增加相一致。也从侧面说明该政策有利于我国社会经济的发展。

练　习　题

1. 根据本章程序，进行如下政策模拟：假设劳动力出现短缺，总劳动供给减少 10%；修改本章模型程序，模拟分析该政策下对实际 GDP、GDP 平减指数（PGDP）、社会福利 EV、行业产出 QX、产出价格 PX，居民消费 HD 和这个政府消费 GD 等变量的影响。

2. 根据本章的 SAM 表，假设增加资本要素不仅仅是有企业提供，居民也提供部分资本，即资本收益不仅仅全部归企业所有，还有 10% 归居民所有，修改本章程序，并进行相关检验（一致性、WALRAS 检验等）。

3. 本章程序原选用劳动价格 WL 作为基准价格，请改为选用资本要素价格 WK 作为基准价格，修改模型，并进行税收结构优化政策模拟分析，对比原文模拟结果，比较两者区别。

第十六章　开放经济的 CGE 模型

第一节　开放经济的模块函数

开放经济的 CGE 模型行为主体包括居民、企业、政府和国外。其中,居民提供劳动,并从生产中获得劳动报酬,消费商品,并向政府缴纳个人所得税,剩余部分进行储蓄。企业提供资本,并从生产中获得资本收益,然后缴纳企业所得税,对居民进行补贴,剩余部分进行储蓄。与封闭经济不同的是,开放经济体的政府分为中央政府和地方政府,一方面中央政府与地方政府的职能及其对地方经济的作用机理不同,而且,中央政府与地方政府在税收分配比例存在显著差异。比如,关税 100% 归中央政府;间接税一般 60% 归中央,40% 归地方政府;而个人所得税和企业所得税 40% 归地方政府,60% 归中央政府,因此把政府进一步细分为中央政府和地方政府,可以进行税收分配方面的相关政策模拟;政府支出主要有 5 个去向:政府消费、企业补贴、居民补贴,上解中央或地方转移支付,剩余部分进行政府储蓄(财政盈余或财政赤字)。而国外部门的收入主要来源于进口,支出主要在于出口,两者差额构成国外储蓄,为简便起见,本文暂不考虑国外资本收益、侨汇等账户。上述 4 者共同维持着开放经济体的生产周转和经济运行。图 16-1 显示了 4 者之间的作用关系。

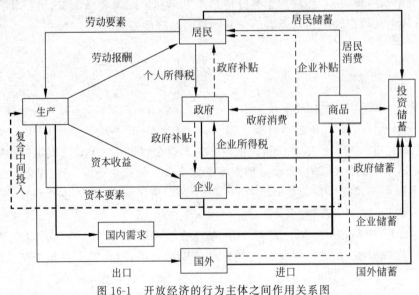

图 16-1　开放经济的行为主体之间作用关系图

一、生产模块

生产模块采用 3 层嵌套的方式:第一层为劳动和资本的嵌套,采用 CES 生产函数进行描述；第二层为劳动-资本复合要素与复合中间投入进行嵌套,也采用 CES 生产函数进行描述；第三层由于中间投入品之间具有不可替代关系,因此采用列昂惕夫函数进行描述。CES 生产函数和列昂惕夫生产函数都隐含着完全竞争市场的假设,即生产过程不存在垄断行为,无超额垄断利润[①]。生产模块的相关函数如下。

$$QKL_i = \lambda_{qx,i}^{(\sigma_{qx,i}-1)} \left(\frac{\beta_{kl,i} \cdot PX_i}{(1+rvat_i) \cdot PKL_i} \right)^{\sigma_{qx,i}} \cdot QX_i$$

$$QINT_i = \lambda_{qx,i}^{(\sigma_{qx,i}-1)} \left(\frac{\beta_{nd,i} \cdot PX_i}{PINT_i} \right)^{\sigma_{qx,i}} \cdot QX_i$$

$$QX_i = \lambda_{qx,i} (\beta_{kl,i} \cdot QKL_i^{\rho_{qx,i}} + \beta_{nd,i} \cdot QINT_i^{\rho_{qx,i}})^{1/\rho_{qx,i}}$$

$$QK_i = \lambda_{kl,i}^{(\sigma_{kl,i}-1)} \left(\frac{\beta_{k,i} \cdot PKL_i}{WK} \right)^{\sigma_{kl,i}} \cdot QKL_i$$

$$QL_i = \lambda_{kl,i}^{(\sigma_{kl,i}-1)} \left(\frac{\beta_{l,i} \cdot PKL_i}{WL} \right)^{\sigma_{kl,i}} \cdot QKL_i$$

$$QKL_i = \lambda_i (\beta_{k,i} \cdot QK_i^{\rho_{kl,i}} + \beta_{l,i} \cdot QL_i^{\rho_{kl,i}})^{1/\rho_{kl,i}}$$

$$QINT_{i,j} = ca_{i,j} \cdot QINT_j$$

$$PINT_j = \sum_i ca_{i,j} \cdot PQ_i$$

式中：QKL_i 为 i 行业的劳动资本复合要素；$QINT_i$ 为 i 行业的复合中间投入品；QX_i 为 i 行业的产出；QK_i 为 i 行业的资本要素；QL_i 为 i 行业的劳动要素；PKL_i 为 i 行业的劳动资本复合要素价格；$QINT_{i,j}$ 为 i 商品投入到 j 行业的中间投入品；$PINT_j$ 为 j 行业的复合中间投入品价格；WK 为资本要素价格；WL 为劳动要素价格。

二、贸易模块

贸易模块主要是由 CES 生产函数刻画的进口函数组,以及用 CET 生产函数刻画的出口函数组；具体而言,首先是国内需求与进口在成本最小化前提条件下,通过 CES 生产函数构成复合商品,以便提供给居民、政府及作为中间投入品；然后是国内产出在利润最大化前提条件下,通过 CET 生产函数分为国内供给和出口两部分；另外,包括进口价格与出口价格函数。贸易 CES 生产函数与 CET 生产函数如下。

$$QQ_i = \lambda_{m,i} (\delta_{d,i} \cdot QD_i^{\rho_{m,i}} + \delta_{m,i} \cdot QM_i^{\rho_{m,i}})^{1/\rho_{m,i}}$$

$$QD_i = \left(\lambda_{m,i}^{\rho_{m,i}} \cdot \delta_{d,i} \cdot \frac{PQ_i}{PD_i} \right)^{1/(1-\rho_{m,i})} \cdot QQ_i$$

$$QM_i = \left(\lambda_{m,i}^{\rho_{m,i}} \cdot \delta_{m,i} \cdot \frac{PQ_i}{(1+rtariff_i) \cdot PM_i} \right)^{1/(1-\rho_{m,i})} \cdot QQ_i$$

[①] 若是现实经济中存在垄断行业,存在垄断利润,则相关行业的生产函数需要采用垄断生产函数进行描述和刻画。

$$QX_i = \lambda_{ex,i}(\xi_{d,i} \cdot QD_i^{\rho_{ex,i}} + \xi_{e,i} \cdot QE_i^{\rho_{ex,i}})^{1/\rho_{ex,i}}$$

$$QD_i = \left(\lambda_{ex,i}^{\rho_{ex,i}} \cdot \xi_{d,i} \cdot \frac{(1 + \text{rindtax}_i) \cdot PX_i}{PD_i}\right)^{1/(1-\rho_{ex,i})} \cdot QX_i$$

$$QE_i = \left(\lambda_{ex,i}^{\rho_{ex,i}} \cdot \xi_{e,i} \cdot \frac{(1 + \text{rindtax}_i) \cdot PX_i}{PE_i}\right)^{1/(1-\rho_{ex,i})} \cdot QX_i$$

$$PM_i = \text{pwm0}_i \cdot EXR$$

$$PE_i = \text{pwm0}_i \cdot EXR$$

式中：QQ_i 为 i 行业的复合商品；QD_i 为 i 行业的国内需求；QM_i 为 i 行业的进口；QX_i 为 i 行业的产出；PD_i 为 i 行业的国内需求价格；QE_i 为 i 行业的出口；PM_i 为 i 行业的进口价格；PE_i 为 i 行业的出口价格。

三、居民模块

与封闭经济不同的是，在开放经济中，把居民进一步细分为城镇居民和农村居民，从而使得模型运行机制与现实更加一致。居民模块包括居民收入、居民消费及居民储蓄等。首先，居民通过提供劳动获得劳动报酬，并分别从政府和企业获得政府转移支付和企业转移支付，居民获得收入后，分别向政府缴纳个人所得税，购买商品进行消费，剩余部分进行居民储蓄。由于线性 ELES 消费函数考虑了收入和价格因素对居民消费结构的影响，把居民的各项消费支出看作是相互联系、相互制约的行为，因此在没有价格详细资料的情况下，也可以直接运用截面资料进行相关参数估计，从而进行边际消费倾向、需求收入弹性分析等，因此居民消费函数采用线性 ELES 函数进行刻画。居民模块的相关函数如下。

$$YL_i = WL \cdot QL_i$$

$$TYL = \sum_i YL_i$$

$$YHL_h = \text{ratehl}_h \cdot TYL$$

$$TRANSCGTH_h = \text{rtrancgth}_h \cdot TYCG$$

$$TRANSLGTH_h = \text{rtranlgth}_h \cdot TYLG$$

$$TYH_h = YHL_h + TRANSCGTH_h + TRANSLGTH_h + TRANSETH_h$$

$$SH_h = \text{rsh}_h \cdot (1 - \text{rihtax}_h) \cdot TYH_h$$

$$GIHTAX_h = \text{rihtax}_h \cdot TYH_h$$

$$HD_{i,h} = ELES_h \cdot HD0_{i,h} + \text{conh}_{i,h} \cdot (TYH_h - SH_h - GIHTAX_h -$$
$$\sum_j PQ_j \cdot ELES_h \cdot HD0_{j,h})/PQ_i$$

式中：YL_i 为 i 行业的劳动报酬收入；TYL 为 i 行业的劳动报酬总收入；YHL_h 为 h 居民的劳动报酬；$TRANSCGTH_h$ 为 h 居民的中央政府补贴；$TRANSLGTH_h$ 为 h 居民的地方政府补贴；TYH_h 为 h 居民的总收入；SH_h 为 h 居民的储蓄；$GIHTAX_h$ 为 h 居民的个人所得税；$HD_{i,h}$ 为 h 居民 i 商品的消费；$HD0_{i,h}$ 为 h 居民 i 商品的居民最低消费量。

四、企业模块

企业模块包括企业收入、转移支付和企业储蓄等。首先,企业通过提供资本获得资本收益,并分别从政府获得转移支付,企业获得收入后,分别向政府缴纳企业所得税,对居民进行补贴,剩余部分进行企业储蓄。企业模块的相关函数如下。

$$YK_i = WK_i \cdot QK_i$$

$$TYK = \sum_i YK_i$$

$$GIHTAX = riet \cdot TYE$$

$$TRANSCGTE = rtrancgte \cdot TYCG$$

$$TRANSLGTE = rtranlgte \cdot TYLG$$

$$TRANSETH_h = rtraneth_h \cdot TYE$$

$$TYE = TYK + TRANSCGTE + TRANSLGTE$$

$$SE = TYE - \sum_h TRANSETH_h - GIETAX$$

式中:YK_i 为 i 行业的资本收益;TYK 为总资本收益;GIHTAX 为企业所得税;TRANSCGTE 为中央政府对企业的补贴;RANSLGTE 为地方政府对企业的补贴;$TRANSETH_h$ 为企业对居民的补贴;TYE 为企业总收入;SE 为企业储蓄。

五、政府模块

与封闭经济不同的是,在开放经济中,政府分为中央政府和地方政府。政府模块包括增值税、其他间接税、政府总收入、政府储蓄及政府消费等。首先,政府从生产、居民和企业那里获得增值税、其他间接税、个人所得税和企业所得税;获得收入后,分别对企业和居民进行企业补贴和居民补贴,然后进行政府消费,以便为社会提供公共产品,确保政府部门正常运转。其中,与居民消费函数一样,政府消费函数也采用 ELES 消费函数进行刻画。中央政府与地方政府不同之处在于:政府消费支出结构不同,政府对居民和企业补贴力度不同,以及对各种税收的分配占比不同。值得一提的是,该开放经济的政府税收包含 3 种类型的税收:增值税、间接税和所得税,包含了现实经济中的全部税收种类(消费税、契税、印花税、耕地使用税等都属于间接税),这样可以方便读者进行税收种类的函数扩展。政府模块的相关函数如下。

$$GVAT_i = rvat_i \cdot (QK_i \cdot WK_i + QL_i \cdot WL)$$

$$GINDTAX_i = rindtax_i \cdot QX_i \cdot PX_i$$

$$TYCG = rgihtcg \cdot \sum_h GIHTAX_h + rgvatcg \cdot \sum_i GVAT_i + rgindtcg \cdot \sum_i GINDTAX_i + $$
$$rgietcg \cdot GIETAX + rtarifftcg \cdot \sum_i TARIFF_i + HANDINLTCG$$

$$TYLG = (1 - rgihtcg) \cdot \sum_h GIHTAX_h + (1 - rgvatcg) \cdot \sum_i GVAT_i + $$
$$(1 - rgindtcg) \cdot \sum_i GINDTAX_i + (1 - rgietcg) \cdot GIETAX + $$

$$(1 - \text{rtarifftcg}) \cdot \sum_i \text{TARIFF}_i + \text{ALLOCACTLG}$$

$$\text{SCG} = \text{rscg} \cdot \text{TYCG}$$

$$\text{SLG} = \text{rslg} \cdot \text{TYLG}$$

$$\text{CGD}_i = \text{ELEScg} \cdot \text{CGD0}_i + \text{concg}_i \cdot \left(\text{TYCG} - \sum_h \text{TRANSCGTH}_h - \right.$$

$$\text{TRANSCGTE} - \text{SCG} - \text{ALLOCACTLG} -$$

$$\left. \sum_j \text{PQ}_j \cdot \text{ELEScg} \cdot \text{CGD0}_j \right) / \text{PQ}_i$$

$$\text{LGD}_i = \text{ELESlg} \cdot \text{LGD0}_i + \text{conlg}_i \cdot \left(\text{TYLG} - \sum_h \text{TRANSLGTH}_h - \right.$$

$$\text{TRANSLGTE} - \text{SLG} - \text{HANDINLTCG} -$$

$$\left. \sum_j \text{PQ}_j \cdot \text{ELESlg} \cdot \text{LGD0}_j \right) / \text{PQ}_i$$

式中：GVAT_i 为 i 行业的增值税；GINDTAX_i 为 i 行业的间接税；TYCG 为中央政府总收入；TYLG 为地方政府总收入；SCG 为中央政府储蓄；SLG 为地方政府储蓄；CGD_i 为 i 商品的中央政府消费；LGD_i 为 i 商品的地方政府消费；CGD0_i 为 i 商品的中央政府最低消费量；LGD0_i 为 i 商品的地方政府最低消费量。

六、投资和市场出清模块

该模块主要包括投资函数、商品出清函数、要素出清函数、贸易均衡函数、价格和福利函数等。首先，行业投资按照投资份额进行分配，同时满足总储蓄等于总投资(背后隐含着储蓄驱动型的投资模式)；但值得注意的是，投资函数与资本分配函数不同，资本分配是按照行业相对收益率水平决定的，对于收益率较高的行业其下期资本流入也就更多，这与现实相一致，资本分配函数决定着下期资本存量，这对于动态 CGE 模型起着至关重要的作用。然后，商品市场出清，即复合商品的供给等于市场需求；国际贸易市场均衡，即出口等于进口加上外国储备；另外还需要满足劳动需求等于劳动总供给，资本需求等于资本总供给。最后，是消费者物价指数(consumer price index，CPI)和工业品出厂价格指数(producerprice index，PPI)函数式及其社会福利函数等。投资和市场出清模块的相关函数如下。

$$\text{QINV}_i = \text{invest}_i \cdot \left(\text{TINV} - \sum_j \text{PQ}_j \cdot \text{STOCK0}_j \right) / \text{PQ}_i$$

$$\text{TSAV} = \sum_h \text{SH}_h + \text{SE} + \text{SLG} + \text{SCG} + \text{SF0} \cdot \text{EXR}$$

$$\text{QK}_i = \left(\alpha_{\text{cap},i} \cdot \frac{\text{RR}}{\text{WK}_i} \right)^{\sigma_{\text{cap}}} \cdot \text{QKS0}$$

$$\text{QKS0} = \sum_i \left(\alpha_{\text{cap},i} \cdot \text{QK}_i^{\rho_{\text{cap}}} \right)^{(1/\rho_{\text{cap}})}$$

$$\sum_i \text{QL}_i = \text{QLS0}$$

$$\text{QQ}_i = \sum_j \text{QINTA}_{i,j} + \sum_h \text{HD}_{i,h} + \text{CGD}_i + \text{LGD}_i + \text{QINV}_i + \text{STOCK0}_i$$

$$\text{TINV} = \text{TSAV} + \text{WALRAS}$$

$$\sum_i \text{PM}_i \cdot \text{QM}_i = \sum_i \text{PE}_i \cdot \text{QE}_i + \text{SF0} \cdot \text{EXR}$$

$$\text{TARIFF}_i = \text{rtariff}_i \cdot \text{PM}_i \cdot \text{QM}_i$$

$$\text{RGDP} = \text{NGDP}/\text{PGDP}$$

$$\text{NGDP} = \sum_i (\text{WK}_i \cdot \text{QK}_i + \text{WL} \cdot \text{QL}_i + \text{GVAT}_i + \text{GINDTAX}_i + \sum_i \text{TARIFF}_i)$$

$$\text{PGDP} = \sum_j \frac{\text{PQ}_j \cdot \text{QQ}_j}{\sum_i \text{QQ}_i}$$

$$\text{HANDINLTCG} = \text{rhanditc} \cdot \text{TYLG}$$

$$\text{ALLOCACTLG} = \text{rallocatl} \cdot \text{TYCG}$$

$$\text{PPI} = \sum_j \frac{\text{PX}_j \cdot \text{QX}_j}{\sum_i \text{QX}_i}$$

$$\text{CPI} = \sum_j \frac{\text{PQ}_j \cdot \text{QQ}_j}{\sum_i \text{QQ}_i}$$

$$\text{EV} = \sum_i \text{PQ0}_i \cdot (\text{HD}_i - \text{HD0}_i)$$

式中：QK_i 为 i 行业资本投入；QKS0 为资本要素总供给，隐含着资本平均收益变量 RR；QLS0 为劳动要素总供给，隐含着劳动要素价格 WL；QQ_i 为 i 行业复合商品，隐含着复合商品价格 PQ_i；TINV 为总投资；EXR 为汇率；TARIFF_i 为 i 行业的关税；RGDP 为实际 GDP；NGDP 为名义 GDP；PGDP 为 GDP 价格指数；HANDINLTCG 为地方政府对中央政府的上解收入；ALLOCACTLG 为中央政府对地方政府的转移支付；PPI 为工业品出厂价格指数；CPI 为消费者物价指数；EV 为社会福利。值得说明的是：由于 CGE 模型需要选取一个价格变量作为基准价格（该开放经济选取劳动要素价格 WL 作为基准价格，WL. FX＝WL0，可以理解为把该内生价格固定为其初值，相当于把其外生固定），从而使得函数个数与内生变量个数不等，因此本文新增一个虚拟变量，即 WALRAS（瓦尔拉斯值）。

第二节　开放经济的社会核算矩阵设计

　　开放经济的社会核算矩阵表共包括 22 个账户，分别为：活动—农业（AGR）；活动—二产（IND）；活动—服务业（SERV）；商品—农业（AGR）；商品—二产（IND）；商品—服务业（SERV）；劳动要素（LAB）；资本要素（CAP）；农村居民（RH）；城镇居民（UH）；企业（ENTP）；中央政府（CGOV）；地方政府（LGOV）；增值税（VAT）；间接税（INDT）；关税（TARIFF）；个人所得税（HIT）；企业所得税（HET）；投资储蓄（SAVE）；存货（STOCK）；国外（FOREG）；共计（TOTAL）。开放经济的社会核算矩阵表数据具体如表 16-1 所示。

表 16-1　开放经济的社会核算矩阵(SAM)表

亿元

行业	AGR	IND	SERV	AGR	IND	SERV	LAB	CAP	RH	UH	ENTP	CGOV	LGOV	VAT	INDT	TARIFF	HET	HIT	SAVE	STOCK	FOREG	TOTAL
AGR				1089																	58	1147
IND					12 876																1632	14 508
SERV						8920															613	9533
AGR	140	620	72						91	187		1	17						29	14		1170
IND	207	8191	1441						258	945									3514	57		14 613
SERV	82	2184	2793						364	1626		119	1325						700	130		9323
LAB	644	1516	2560																			4720
CAP	72	1476	1988																			3536
RH							1024				19	1	34									1078
UH							3696				331	5	111									4143
ENTP								3536				13	12									3561
CGOV													5	306	236	129	195	84				955
LGOV												660		306	354	0	130	56				1506
VAT	0	313	299																			612
INDT	1	208	381																			590
TARIFF				10	119	0																129
HET											325											325
HIT									30	110												140
SAVE									335	1275	2886	156	2								−211	4444
STOCKS																			201			201
FOREG				71	1618	403																2092
TOTAL	1147	14 508	9533	1170	14 613	9323	4720	3536	1078	4143	3561	955	1506	612	590	129	325	140	4444	201	2092	

第三节 模型参数估计与校准

该开放经济系统模型中，主要参数估计校准函数如下。

$$\text{rvat}_i = \frac{\text{GVAT0}_i}{\text{QK0}_i \cdot \text{WK0} + \text{QL0}_i \cdot \text{WL0}}$$

$$\text{rindtax}_i = \frac{\text{GINDTAX0}_i}{\text{QX0}_i}$$

$$\text{riet} = \frac{\text{GIETAX0}}{\text{TYE0}}$$

$$\text{rihtax}_h = \frac{\text{GIHTAX0}_h}{\text{TYH0}_h}$$

$$\text{ratehl}_h = \frac{\text{YHL0}_h}{\text{TYL0}}$$

$$\text{ca}_{i,j} = \frac{\text{QINTA0}_{i,j}}{\text{QINT0}_j}$$

$$\text{rtrancgth}_h = \frac{\text{TRANSCGTH0}}{\text{TYCG0}}$$

$$\text{rtranlgth}_h = \frac{\text{TRANSLGTH0}}{\text{TYLG0}}$$

$$\text{rtraneth}_h = \frac{\text{TRANSETH0}_h}{\text{TYE0}}$$

$$\text{rsh}_h = \frac{\text{SH0}_h}{(1 - \text{rihtax}_h) \cdot \text{TYH0}_h}$$

$$\text{invest}_i = \frac{\text{QINV0}_i}{\sum_j \text{QINV0}_j}$$

$$\text{rtrancgte} = \frac{\text{TRANSCGTE0}}{\text{TYCG0}}$$

$$\text{rtranlgte} = \frac{\text{TRANSLGTE0}}{\text{TYLG0}}$$

$$\text{rscg} = \frac{\text{SCG0}}{\text{TYCG0}}$$

$$\text{rslg} = \frac{\text{SLG0}}{\text{TYLG0}}$$

$$\text{concg}_i = \frac{\text{GCD0}_i \cdot \text{PQ0}_i \cdot (1 - \text{ELEScg})}{\text{TYCG0} - \text{TRANSCGTH0} - \text{TRANSCGTE0} - \text{SCG0} - \sum_j (\text{PQ0}_j \cdot \text{ELEScg} \cdot \text{CGD0}_j)}$$

$$\text{conlg}_i = \frac{\text{GLD0}_i \cdot \text{PQ0}_i \cdot (1 - \text{ELESlg})}{\text{TYLG0} - \text{TRANSLGTH0} - \text{TRANSLGTE0} - \text{SLG0} - \sum_j (\text{PQ0}_j \cdot \text{ELESlg} \cdot \text{LGD0}_j)}$$

$$\text{conh}_{h,i} = \frac{\text{HD0}_{h,i} \cdot \text{PQ0}_i \cdot (1 - \text{ELES}_h)}{\text{TYH0}_h - \text{SH0}_h - \text{GIHTAX0}_h - \sum_j (\text{PQ0}_j \cdot \text{ELES}_h \cdot \text{HD0}_{h,j})}$$

$$\text{rtariff}_i = \frac{\text{TARIFF0}_i}{\text{QM0}_i}$$

$$\text{ac}_i = \frac{\text{STOCK0}_i}{\text{QQ0}_i}$$

$$\text{rhandltc} = \frac{\text{HANDINLTCG0}}{\text{TYLG0}}$$

$$\text{rallocatl} = \frac{\text{ALLOCATLG0}}{\text{TYCG0}}$$

$$\rho_i^{qx} = \frac{\sigma_i^{qx} - 1}{\sigma_i^{qx}}$$

$$\beta_i^{kl} = \frac{(1 + \text{rvat}_i)\text{QKL0}_i^{(1-\rho_i^{qx})}}{(1 + \text{rvat}_i)\text{QKL0}_i^{(1-\rho_i^{qx})} + \text{QINTL0}_i^{(1-\rho_i^{qx})}}$$

$$\beta_i^{nd} = 1 - \beta_i^{kl}$$

$$\lambda_i^{qx} = \frac{\text{QX0}_i}{(\beta_i^{kl} \cdot \text{QKL0}_i^{\rho_i^{qx}} + \beta_i^{nd} \cdot \text{QINT0}_i^{\rho_i^{qx}})^{1/\rho_i^{qx}}}$$

$$\rho_i^{kl} = \frac{\sigma_i^{kl} - 1}{\sigma_i^{kl}}$$

$$\beta_i^l = \frac{\text{QL0}_i^{(1-\rho_i^{kl})} \cdot \text{WL0}}{\text{WK0} \cdot \text{QK0}_i^{(1-\rho_i^{kl})} + \text{WL0} \cdot \text{QL0}_i^{(1-\rho_i^{kl})}}$$

$$\beta_i^k = 1 - \beta_i^l$$

$$\lambda_i^{kl} = \frac{\text{QKL0}_i}{(\beta_i^k \cdot \text{QK0}_i^{\rho_i^{kl}} + \beta_i^l \cdot \text{QL0}_i^{\rho_i^{kl}})^{1/\rho_i^{kl}}}$$

$$\rho_i^m = \frac{\sigma_i^m - 1}{\sigma_i^m}$$

$$\delta_i^m = \frac{(1 + \text{rtariff}_i) \cdot \text{QM0}_i^{(1-\rho_i^m)}}{(1 + \text{rtariff}_i) \cdot \text{QM0}_i^{(1-\rho_i^m)} + \text{PD0} \cdot \text{QD0}_i^{(1-\rho_i^m)}}$$

$$\delta_i^d = 1 - \beta_i^m$$

$$\lambda_i^m = \frac{\text{QQ0}_i}{(\delta_i^m \cdot \text{QM0}_i^{\rho_i^m} + \delta_i^d \cdot \text{QD0}_i^{\rho_i^m})^{1/\rho_i^m}}$$

$$\rho_i^{ex} = \frac{\sigma_i^{ex} + 1}{\sigma_i^{ex}}$$

$$\xi_i^e = \frac{\mathrm{QE0}_i^{(1-\rho_i^{ex})}}{\mathrm{QE0}_i^{(1-\rho_i^{ex})} + \mathrm{PD0} \cdot \mathrm{QD0}_i^{(1-\rho_i^{ex})}}$$

$$\xi_i^d = 1 - \xi_i^e$$

$$\lambda_i^{ex} = \frac{\mathrm{QX0}_i}{(\xi_i^e \cdot \mathrm{QE0}_i^{\rho_i^{ex}} + \xi_i^d \cdot \mathrm{QD0}_i^{\rho_i^{ex}})^{1/\rho_i^{ex}}}$$

式中：rvat_i 为 i 行业的增值税税率；$\mathrm{rindtax}_i$ 为 i 行业的间接税税率；riet 为企业所得税税率；rihtax_h 为居民 h 的个人所得税税率；ratehl_h 为居民 h 的劳动分配份额；$\mathrm{ca}_{i,j}$ 为 i 商品投入到 j 行业的中间投入系数；$\mathrm{rtrancgth}_h$ 为中央政府对居民 h 的补贴系数；$\mathrm{rtranlgth}_h$ 为地方政府对居民 h 的补贴系数；$\mathrm{rtraneth}_h$ 为企业对居民 h 的补贴系数；rsh_h 为居民 h 的储蓄率；$\mathrm{rtrancgte}$ 为中央政府对企业的补贴系数；$\mathrm{rtranlgte}$ 为地方政府对企业的补贴系数；rscg 为中央政府储蓄率；rslg 为地方政府储蓄率；concg_i 为 i 商品的中央政府消费系数；conlg_i 为 i 商品的地方政府消费系数；$\mathrm{conh}_{h,i}$ 为居民 h 对 i 商品消费系数；$\mathrm{rtariff}_i$ 为 i 商品的关税税率；ac_i 为 i 商品的存货变动系数；$\mathrm{rhandltc}$ 为地方政府对中央政府的上解收入系数；$\mathrm{rallocatl}$ 为中央政府对地方政府的财政转移支付系数；ρ_i^{qx} 为 i 行业的 CES 生产函数的替代弹性参数；β_i^{kl} 为 i 行业 CES 生产函数中的复合资本劳动要素的份额参数；β_i^{nd} 为 i 行业的 CES 生产函数中的复合中间投入品的份额参数；λ_i^{qx} 为 i 行业的 CES 生产函数的规模参数；ρ_i^{kl} 为 i 行业的复合要素 CES 生产函数的替代弹性参数；β_i^l 为 i 行业的复合要素 CES 生产函数的劳动要素的份额参数；β_i^k 为 i 行业的复合要素 CES 生产函数的资本要素的份额参数；λ_i^{kl} 为 i 行业的复合要素 CES 生产函数的规模参数；ρ_i^m 为 i 行业的复合商品 CES 生产函数的替代弹性参数；δ_i^m 为 i 行业的复合商品 CES 生产函数中的进口份额参数；δ_i^d 为 i 行业的复合商品 CES 生产函数中的国内需求份额参数；λ_i^m 为 i 行业的复合商品 CES 生产函数的规模参数；ρ_i^{ex} 为 i 行业的产出分配 CET 生产函数的替代弹性参数；ξ_i^e 为 i 行业的产出分配 CET 生产函数中的出口份额参数；ξ_i^d 为 i 行业的产出分配 CET 生产函数中的国内需求份额参数；λ_i^{ex} 为 i 行业的产出分配 CET 生产函数中的国内需求份额参数。

另外，对于 CES 生产函数、复合要素 CES 生产函数、复合商品 CES 生产函数、产品分配 CET 生产函数、居民消费函数、政府消费函数中的相关替代弹性假设程序如下。

```
sigmaqx(i)=0.4;
sigmakl(i)=0.8;
sigmam(i)=2;
sigmaex(i)=2;
ELES("Rh")=0.4;
ELES("Uh")=0.3;
ELEScg=0.3;
```

ELESlg＝0.4;

还有,经计算,个人所得税、企业所得税、增值税、间接税和关税在中央政府与地方政府之间的分配比例分别为 0.6、0.6、0.5、0.4 和 1.0,相关程序如下。

rgihtcg＝0.6;
rgietcg＝0.6;
rgvatcg＝0.5;
rgindtcg＝0.4;
rtarifftcg＝1.0;

值得说明的是。CGE 模型中,上述大部分参数都是根据 SAM 表中的数据进行校准出来的,与现实经济一致,其取值一般没有争议。唯独替代弹性的确定,由于缺乏微观数据,难以进行准确估计,从而其值的性存在争议。解决该问题一方面需要根据长期的实践积累经验,另外亦可进行敏感性分析检验,确定其稳健性和适合性。

第四节　开放经济的 CGE 模型程序[①]

下面是上述开放经济 CGE 模型的完整程序。

$ title EXAMPLE01 标准 CGE 模型程序(三产业 * 静态 * 开放经济)

* 定义集合
set u/arg, ind, serv, labor, capital, RH, UH, ENTERP, CGOV, LGOV, VAT, INDTAX, TARIFF, HETAX, HITAX, SAVE, STOCKS, FOREIG, TOTAL/;

SET i(u)/arg, ind, serv/;
set f(u) /labor, capital/;
set h(u) /RH, UH/;
set up(u);
* unt 集合为除了总数之外的所有账户,用以检验 SAM 行和列和平衡之用;

up(u)＝yes;
up("TOTAL")＝no;
ALIAS(u,v),(i,j),(f,fp),(h,hp),(up,vp);

* 定义变量初值与相关参数(把变量初值定义为参数)
****
********** 2.1 Parameter Definition --------------------
Parameters
QX0(i)   Output of the i-th sector in base year
QINT0(i)   Intermediate input of the i-th sector in base year
QINTA0(i,j)   Unit intermediate input in base year
QKL0(i)   Capital-Labor composite factor input in base year

---

① 该程序已经经过一致性、齐次性、WALRAS 等相关检验。

QL0(i)	Labor factor input in base year
QK0(i)	Capital factor input in base year
PX0(i)	Price of the i-th sector in base year
PINT0(i)	Price of the intermediate input the i-th sector in base year
PKL0(i)	Price of the Capital-Labor composite factor in base year
WK0(i)	baseyear average user cost of capital
WL0	baseyear average wage rate
QE0(i)	exports good in base year
PQ0(i)	Armington's composite good price in base year
PM0(i)	import price in local currency in base year
PE0(i)	export price in local currency in base year
PD0(i)	the j-th domestic good price in base year
EXR0	exchange rate in base year
QQ0(i)	Armington's composite good in base year
QD0(i)	Armington's domestic good CET's domestic good in base year
QM0(i)	imports good in base year
pwm0(i)	import international price in base year
pwe0(i)	export international price in base year
YL0(i)	the income of labor income from the i-th sector in base year
TYL0	the total income of household from labor in base year
YK0(i)	the income of capital from the i-th sector in base year
TYK0	the total income from capital in base year
YHL0(h)	the income of household from labor in base year
YHK0(h)	the income of household from capital in base year
SH0(h)	the saving of household in base year
HD0(i,h)	the consumption of household to the i-th good in base year
SE0	the saving of enterprise in base year
QINV0(i)	the investing of the j-th good in base year
STOCK0(i)	
GVAT0(i)	Domestic VAT
GINDTAX0(i)	Other indirect taxes
GIETAX0	the tax of enterprise income
TARIFF0(i)	Tariff tax
GIHTAX0(h)	the income of government from household income tax in base year
SCG0	the saving of central government in base year
SLG0	the saving of local government in base year
CGD0(i)	the consumption of central government to the j-th good in base year
LGD0(i)	the consumption of local government to the j-th good in base year
SF0	the saving of foreign in base year
TINV0	the total investing in base year
TSAV0	the total saving in base year
TRANSCGTH0(h)	the transfer payments of central government to household in base year
TRANSLGTH0(h)	the transfer payments of local government to household in base year
TRANSETH0(h)	the transfer payments of enterprise to household in base year
TRANSCGTE0	the transfer payments of central government to enterprise in base year
TRANSLGTE0	the transfer payments of local government to enterprise in base year
HANDINLTCG0	Fiscal revenue handed over to the central government by local governments
ALLOCACTLG0	Fiscal revenue allocated by the central government to local governments

RGDP0	the real GDP in base year
NGDP0	the nominal GDP in base year
PGDP0	the GDP price index in base year
WALRAS0	the walras in base year
TYH0(h)	the total income of household in base year
TYCG0	the total income of central government in base year
TYLG0	the total income of local government in base year
TYE0	the total income of enterprise in base year
ls0	total Labor supply in base year
ks0	total Capital supply in base year
PPI0	production price index
CPI0	consumption price index

********* 2.3 Share Parameter Definition -------------------

lambdam(i)	Scale parameter in the Armington function
deltad(i)	Share parameter in the CET function
deltam(i)	Share parameter in the CET function
lambdaex(i)	Scale parameter in the CET function
xie(i)	Share parameter in the CES function
xid(i)	Share parameter in the CES function
lambdaqx(i)	Scale parameter in the second CES function
betakl(i)	Share parameter in the first CES function
betand(i)	Share parameter in the first CES function
lambdakl(i)	Scale parameter in the second CES function
betak(i)	Share parameter in the second CES function
betal(i)	Share parameter in the second CES function

********* 2.4 Other Parameter Definitions ------------------

ca(i,j)	intermediate input parameters
ratehk(h)	the rate of household capital income in total capital income
rsh(h)	the rate of household's savings
conh(i,h)	the rate of household's consumption to the j-th good
invest(i)	the rate of investing to the j-th good
rscg	the rate of central government's savings
rslg	the rate of local government's savings
rvat(i)	
rindtax(i)	
rihtax(h)	
riet	
rtrancgth(h)	
rtranlgth(h)	
rtraneth(h)	
rtrancgte	
rtranlgte	
concg(i)	the rate of central government consumption to j-th good
conlg(i)	the rate of local government consumption to j-th good
ratehl(h)	
ratehk(h)	

rateyhl(h)

rtariff(i)

ac(i)

ELES(h)   The proportion of residents' minimum consumption amount

ELEScg   The proportion of central governemnt' minimum consumption amount

ELESlg   The proportion of local government' minimum consumption amount

;

* 通过 TABLE、PARAMETER 等命令把 SAM 表中数据分类型导入程序

TABLE SECTRES1(i, *) Baseyear sectoral quantities

	QD	QE	RH	UH	TARIFF	QM	CGOV
ARG	1089	57.6	91	187	10	71	0.5
IND	12876	1632.0	258	945	119	1618	
SERV	8920	613.4	364	1626	0	403	119

+	LGOV	SAVE	STOCKS	labor	capital	VAT	INDTAX
ARG	17.0	29	13.5	644	72	0.4	1.2
IND		3514	57.0	1516	1476	313.0	208.0
SERV	1325	700	130	2560	1988	298.6	380.8

;

TABLE SECTRES2(h, *) Baseyear sectoral quantities

	labor	ENTERP	CGOV	LGOV	HITAX	SAVE
RH	1024	19	1.4	33.6	30	335
UH	3696	331	5	111	110	1275

;

TABLE SECTRES3(i,j) intermediate input

	ARG	IND	SERV
ARG	140	620	72
IND	207	8191	1441
SERV	82	2184	2793

;

PARAMETER   SCALRES4(*)

   /

       Scg＝ 156.1

       Slg＝ 2.4

       Se＝ 2886

       Sf＝ －211

       GIETAX＝325

       HANDINLTCG＝5

       ALLOCACTLG＝660

       YEK ＝3536

       TYL＝4720

       TSAV＝4443.5

       TRANSCGTE＝13

       TRANSLGTE＝12

   /;

* 变量初值进行赋值

QL0(i)＝SECTRES1(i,"LABOR");

```
YK0(i)=SECTRES1(i,"CAPITAL");
QK0(i)=YK0(i);
WK0(i)=1;
QKL0(i)=QL0(i)+QK0(i)*WK0(i);
GVAT0(i)=SECTRES1(i,"VAT");
GINDTAX0(i)=SECTRES1(i,"INDTAX");
GIETAX0 =SCALRES4("GIETAX");
CGD0(i)= SECTRES1(i,"cgov");
LGD0(i)= SECTRES1(i,"lgov");
QINV0(i)=SECTRES1(i,"SAVE");
STOCK0(i)=SECTRES1(i,"STOCKS");
QM0(i)=SECTRES1(i,"QM");
QE0(i)=SECTRES1(i,"QE");
QD0(i)=SECTRES1(i,"QD");
TARIFF0(i)= SECTRES1(i,"TARIFF");

GIHTAX0(h)=SECTRES2(h,"HITAX");
YHL0(h)=SECTRES2(h,"LABOR");
TRANSCGTH0(h)=SECTRES2(h,"cgov");
TRANSLGTH0(h)=SECTRES2(h,"lgov");
SH0(h)=SECTRES2(h,"SAVE");
TRANSETH0(h)=SECTRES2(h,"ENTERP");
HD0(i,"RH")=SECTRES1(i,"RH");
HD0(i,"UH")=SECTRES1(i,"UH");
QINTA0(i,j)=SECTRES3(i,j);
QINT0(j)= sum(i,QINTA0(i,j));
EXR0=1;
SE0=SCALRES4("SE");
SCG0=SCALRES4("SCG");
SLG0=SCALRES4("SLG");
SF0=SCALRES4("SF");
TYL0=SCALRES4("TYL");
TYK0=SCALRES4("YEK");
TRANSCGTE0=SCALRES4("TRANSCGTE");
TRANSLGTE0-SCALRES4("TRANSLGTE");
WALRAS0=0;
HANDINLTCG0=SCALRES4("HANDINLTCG");
ALLOCACTLG0=SCALRES4("ALLOCACTLG");
PX0(i)=1;
PINT0(i)=1;
PKL0(i)=1;
WL0=1;
PM0(i)= 1;
PE0(i)= 1;
PD0(i)= 1;
PQ0(i)=1;
pwm0(i)=1;
pwe0(i)=1;
YL0(i)=WL0*QL0(i);
YK0(i)=WK0(i)*QK0(i);
TYL0=sum(i,YL0(i));
```

```
TYK0＝sum(i,YK0(i));
TINV0＝SCALRES4("TSAV");
TSAV0＝SE0＋sum(h,SH0(h))＋SCG0＋SLG0＋SF0 * EXR0;
QX0(i)＝QINT0(i)＋QK0(i) * WK0(i)＋QL0(i)＋GVAT0(i);
rvat(i)＝GVAT0(i)/((QK0(i) * WK0(i)＋QL0(i)));
rindtax(i)＝GINDTAX0(i)/QX0(i);
TYE0＝ TYK0＋TRANSCGTE0＋TRANSLGTE0;
riet＝GIETAX0/TYE0;
TYH0(h)＝YHL0(h)＋TRANSCGTH0(h)＋TRANSLGTH0(h)＋TRANSETH0(h);
rihtax(h)＝GIHTAX0(h)/TYH0(h);
NGDP0＝SUM(i,WK0(i) * QK0(i)＋WL0 * QL0(i)＋GVAT0(i)＋GINDTAX0(i))＋sum(i,
TARIFF0(i));
PGDP0＝1;
RGDP0＝NGDP0/PGDP0;
ratehl(h)＝YHL0(h)/TYL0;
ELES("Rh")＝0.4;
ELES("Uh")＝0.3;
ELEScg＝0.3;
ELESlg＝0.4;


********* 2.2 Elasticity Parameters Definition ----------------
parameters
sigmaqx(i)        Elasticity of substitution in the first layer the production fun
sigmakl(i)        Elasticity of substitution in the second layer the production fu
sigmam(i)         Elasticity parameter in the Arminton function
sigmaex(i)        Elasticity parameter in the CET function
rhom(i)           The parameter about the Arminton function elasticity parameter
rhoex(i)          The parameter about the CET function elasticity parameter
rhoqx(i)          The parameter about the CES function elasticity parameter
rhokl(i)          The parameter about the CES function elasticity parameter
;


sigmaqx(i)＝0.4;
sigmakl(i)＝0.8;
sigmam(i)＝2;
sigmaex(i)＝2;
* 定义税收在中央和地方政府之间的分配比例参数
parameters
rgihtcg,rgietcg,rgvatcg,rgindtcg,rtarifftcg,rhandltc,rallocatl
;
rgihtcg＝0.6;
rgietcg＝0.6;
rgvatcg＝0.5;
rgindtcg＝0.4;
rtarifftcg＝1.0;
* 相关参数进行校准赋值
*********** 4 Parameters Calibration--------------------
********* 4.1 Other Parameters Calibrations ---------------
ca(i,j)＝QINTA0(i,j)/QINT0(j);
TYCG0＝rgihtcg * SUM(h,GIHTAX0(h))＋rgvatcg * SUM(i,GVAT0(i))＋rgindtcg * SUM(i,
GINDTAX0(i))＋rgietcg * GIETAX0＋rtarifftcg * sum(i,TARIFF0(i))＋HANDINLTCG0;
```

TYLG0＝(1−rgihtcg) * SUM(h, GIHTAX0(h))＋(1−rgvatcg) * SUM(i, GVAT0(i))＋(1−rgindtcg) * SUM(i, GINDTAX0(i))＋(1−rgietcg) * GIETAX0＋(1−rtarifftcg) * sum(i, TARIFF0(i))＋ALLOCACTLG0 ;

rtrancgth(h)＝TRANSCGTH0(h)/TYCG0;

rtranlgth(h)＝TRANSLGTH0(h)/TYLG0;

rtraneth(h)＝TRANSETH0(h)/TYE0 ;

* ratehk(h)＝YHK0(h)/TYK0;

rsh(h)＝SH0(h)/((1−rihtax(h)) * TYH0(h));

invest(i)＝QINV0(i)/sum(j, QINV0(j));

rtrancgte＝TRANSCGTE0/TYCG0;

rtranlgte＝TRANSLGTE0/TYLG0;

rscg＝SCG0/TYCG0;

rslg＝SLG0/TYLG0;

concg(i)＝(CGD0(i) * PQ0(i) * (1−ELEScg))/(TYCG0−sum(h, TRANSCGTH0(h))−TRANSCGTE0−SCG0−ALLOCACTLG0−sum(j, PQ0(j) * ELEScg * CGD0(j)));

conlg(i)＝(LGD0(i) * PQ0(i) * (1−ELESlg))/(TYLG0−sum(h, TRANSLGTH0(h))−TRANSLGTE0−SLG0−HANDINLTCG0−sum(j, PQ0(j) * ELESlg * LGD0(j)));

conh(i,h)＝(HD0(i,h) * PQ0(i) * (1−ELES(h)))/(TYH0(h)−SH0(h)−GIHTAX0(h)−sum(j, PQ0(j) * ELES(h) * HD0(j,h)));

QQ0(i)＝QD0(i)＋QM0(i)＋TARIFF0(i);

rtariff(i)＝TARIFF0(i)/QM0(i);

ac(i)＝STOCK0(i)/QQ0(i);

rhandltc＝HANDINLTCG0/TYLG0;

rallocatl＝ALLOCACTLG0/TYCG0;

PPI0＝SUM(i, QX0(i) * PX0(i))/sum(j, QX0(j));

CPI0＝SUM(i, QQ0(i) * PQ0(i))/sum(j, QQ0(j));

********** 4.2 Elasticity and Share Parameters Calibration -----------

rhom(i) ＝(sigmam(i)−1)/sigmam(i);

rhoex(i)＝(sigmaex(i)＋1)/sigmaex(i);

deltam(i)＝(1＋rtariff(i)) * QM0(i) ** (1−rhom(i))
        /((1＋rtariff(i)) * QM0(i) ** (1−rhom(i))＋QD0(i) ** (1−rhom(i)));

deltad(i)＝1−deltam(i);

lambdam(i)＝QQ0(i)/(deltam(i) * QM0(i) ** rhom(i)＋
        deltad(i) * QD0(i) ** rhom(i)) ** (1/rhom(i));

xie(i)＝QE0(i) ** (1−rhoex(i))/(QE0(i) ** (1−rhoex(i))＋QD0(i) ** (1−rhoex(i)));

xid(i)＝1−xie(i);

lambdaex(i)＝QX0(i)/(xie(i) * QE0(i) ** rhoex(i)＋xid(i) * QD0(i) ** rhoex(i)) ** (1/rhoex(i));

rhoqx(i)＝(sigmaqx(i)−1)/sigmaqx(i);

betakl(i)＝(1＋rvat(i)) * QKL0(i) ** (1−rhoqx(i))/((1＋rvat(i)) * QKL0(i) ** (1−rhoqx(i))＋QINT0(i) ** (1−rhoqx(i)));

betand(i)＝QINT0(i) ** (1−rhoqx(i))/((1＋rvat(i)) * QKL0(i) ** (1−rhoqx(i))＋QINT0(i) ** (1−rhoqx(i)));

lambdaqx(i)＝QX0(i)/(betakl(i) * QKL0(i) ** rhoqx(i)＋betand(i) * QINT0(i) ** rhoqx(i)) ** (1/rhoqx(i));

rhokl(i)＝(sigmakl(i)−1)/sigmakl(i);

betal(i)＝QL0(i) ** (1−rhokl(i)) * WL0 /(WK0(i) * QK0(i) ** (1−rhokl(i))＋WL0 * QL0(i) ** (1−rhokl(i)));

betak(i)＝ 1−betal(i);

lambdakl(i)＝ QKL0(i)/(betak(i) * QK0(i) ** rhokl(i)

+ betal(i) * QL0(i) ** rhokl(i)) ** (1/rhokl(i));

parameter
QKS0
QLS0
;

QKS0＝sum(i, QK0(i));
QLS0＝sum(i, QL0(i));

* 定义资本分配函数的相关参数
PARAMETER RR0, sigmacap, rhocap, alphacap(i);
RR0＝sum(i, WK0(i) * QK0(i))/QKS0;
sigmacap＝2;
rhocap＝(sigmacap－1)/sigmacap;
alphacap(i)＝(QK0(i)/QKS0) ** (1－rhocap) * (RR0/WK0(i)) ** (－1);
OPTION DECIMALS ＝ 2;
*********** 5. Model System Definition ------------------
*********** 5.1 Variable Definition--------------------
***** Production function Variable----------------------
* 定义内生变量
Variable

QKL(i)	Capital-Labor composite factor input in base year
QX(i)	Output of the i-th sector in base year
QINT(i)	Intermediate input of the i-th sector in base year
PKL(i)	Price of the Capital-Labor composite factor in base year
QK(i)	Capital factor input in base year
QL(i)	Labor factor input in base year
QINTA(i,j)	Unit intermediate input in base year
PINT(i)	Price of the intermediate input the i-th sector in base year
QQ(i)	Armington's composite good in base year
QD(i)	Armington's domestic good CET's domestic good in base year
QM(i)	imports good in base year
PX(i)	Price of the i-th sector in base year
QE(i)	exports good in base year
PM(i)	import price in local currency in base year
PE(i)	export price in local currency in base year
PD(i)	the j-th domestic good price in base year
YL(i)	the income of labor income from the i-th sector in base year
TYL	the total income of household from labor in base year
YHL(h)	the income of household from labor in base year
TRANSCGTH(h)	the transfer payments of central government to household in base year
TRANSLGTH(h)	the transfer payments of local government to household in base year
TYH(h)	the total income of household in base year
SH(h)	the saving of household in base year
GIHTAX(h)	the income of government from household income tax in base year
HD(i,h)	the consumption of household to the i-th good in base year
YK(i)	the income of capital from the i-th sector in base year
TYK	the total income from capital in base year
GIETAX	Enterprise income tax
TRANSCGTE	the transfer payments of central government to foreign countries in base year

TRANSLGTE	the transfer payments of local government to foreign countries in base year
TRANSETH(h)	
TYE	
SE	the saving of enterprise in base year
GVAT(i)	Domestic VAT
GINDTAX(i)	Business tax
TYCG	the total income of central government in base year
TYLG	the total income of local government in base year
SCG	the saving of central government in base year
SLG	the saving of local government in base year
CGD(i)	the consumption of central government to the j-th good in base year
LGD(i)	the consumption of local government to the j-th good in base year
QINV(i)	the investing of the j-th good in base year
TSAV	the total saving in base year
RR	
WK(i)	baseyear average user cost of capital
WL	baseyear average wage rate
PQ(i)	Armington's composite good price in base year
WALRAS	the walras in base year
TINV	the total investing in base year
EXR	exchange rate in base year
TARIFF(i)	Tariff tax
PGDP	the GDP price index in base year
RGDP	the real GDP in base year
NGDP	the nominal GDP in base year
HANDINLTCG	
ALLOCACTLG	
PPI	
CPI	
EV	

;

********** 5.2 equation definition ------------------------

********** Production function definition --------------------

* 定义函数式名称

Equation

eqQKL(i)	Capital-Labor composite factor demand function
eqQX(i)	Production of the j-th sector input
eqQINT(i)	Intermediate demand function
eqPKL(i)	Price of the Capital-Labor composite factor
eqQK(i)	Capital factor demand function
eqQL(i)	Labor factor demand function
eqQINTA(i,j)	Unit intermediate input function
eqPINT(j)	immediate price
eqQQ1(i)	Arminition function for import sector
eqQD1(i)	domestic good demand function for import sector
eqQM1(i)	import demand function for import sector
eqQXss1(i)	transformation function for export sector
eqQE1(i)	export supply function for export sector
eqQD2(i)	domestic good supply function for export sector
eqPM(i)	world import price equation
eqPEXs(i)	world export price equation

```
****** Household function definition ----------------------
eqYL(i)              the income function of labor income from the i-th sector
eqTYL                the total income function of household from labor
eqYHL(h)             the income function of household labor income from the i-th sector
eqTRANSCGTH(h)
eqTRANSLGTH(h)
eqTYH(h)             the total income function of household
eqSH(h)              the saving of function household
eqGIHTAX(h)
eqHD(i,h)            the consumption function of household to the j-th good
****** Enterprise function definition ----------------------
eqYK(i)              the income function of capital from the i-th sector
eqTYK                the total income function from capital
eqGIETAX
eqTRANSCGTE
eqTRANSLGTE
eqTRANSETH(h)
eqTYE                THE TOTAL INCOME OF ENTERPRISE
eqSE                 the saving function of enterprise
****** Government function definition ---------------------
eqGVAT(i)
eqGINDTAX(i)
eqTYCG
eqTYLG
eqSCG                the saving function of central government
eqSLG                the saving function of local government
eqCGD(i)             the consumption function of central government to the j-th good
eqLGD(i)             the consumption function of local government to the j-th good
***** investment function --------------------------
eqQINV(i)
eqTSAV               the total saving function
eqKSDequK(i)         THE EQUILIBRIUM FUNCTION OF SECTORS CAPTICAL MARKET
eqKSDequ             the equilibrium function of capital market
eqLSDequ             the equilibrium function of labor market
EQQMARKET(i)         the equilibrium of goods market 1
eqSIequ              the equilibrium function of saving and investing
********** Equilibrium function definition ----------------
eqFOReqiu            the equilibrium function of International payments
eqtariff(i)
eqRGDP               the real GDP function
eqNGDP               the nominal GDP function from the i-th sector
eqPGDP               the function of GDP price index
*********** Welfare function definition -------------------
eqHANDINLTCG
eqALLOCACTLG
eqPPI
eqCPI
obj                  the welfare function
;
* 对应上述函数名称写出各个函数表达式
**** Production function ----------------
```

eqQKL(i)..   QKL(i)=e=lambdaqx(i) ** (sigmaqx(i)−1) * (betakl(i) * PX(i)/((1+rvat(i)) * PKL(i))) ** sigmaqx(i) * QX(i);

eqQINT(i)..   QINT(i)=e= lambdaqx(i) ** (sigmaqx(i)−1) * (betand(i) * PX(i)/PINT(i))
                      ** sigmaqx(i) * QX(i);

eqQX(i)..   QX(i)=e=lambdaqx(i) * (betakl(i) * QKL(i) ** (rhoqx(i))+ betand(i) * QINT(i) ** (rhoqx(i))) ** (1/rhoqx(i));

eqPKL(i)..   QKL(i)=e=lambdakl(i) * (betak(i) * QK(i) ** (rhokl(i))+betal(i) * QL(i) ** (rhokl(i))) ** (1/rhokl(i));

eqQK(i)..   QK(i)=e=lambdakl(i) ** (sigmakl(i)−1) * (betak(i) * PKL(i)/WK(i)) * * sigmakl(i) * QKL(i);

eqQL(i)..   QL(i)=e= lambdakl(i) ** (sigmakl(i)−1) * (betal(i) * PKL(i)/WL) ** sigmakl(i) * QKL(i);

eqQINTA(i,j)..   QINTA(i,j)=e= ca(i,j) * QINT(j);

eqPINT(j)..   PINT(j)=e= sum(i, ca(i,j) * PQ(i));

***** Trade function----------------------------

eqQQ1(i)..   QQ(i)=e=lambdam(i) * (deltad(i) * QD(i) ** (rhom(i))+ deltam(i) * QM(i) ** (rhom(i))) ** (1/rhom(i));

eqQD1(i)..   QD(i)=e=(lambdam(i) ** rhom(i) * deltad(i) * PQ(i)/PD(i)) ** (1/(1−rhom(i))) * QQ(i);

eqQM1(i)..   QM(i)=e=(lambdam(i) ** rhom(i) * deltam(i) * PQ(i)/((1+rtariff(i)) * PM(i))) ** (1/(1−rhom(i))) * QQ(i);

eqQXss1(i)..   QX(i)=e= lambdaex(i) * (xid(i) * QD(i) ** rhoex(i)
                + xie(i) * QE(i) ** rhoex(i)) ** (1/rhoex(i));

eqQE1(i)..   QE(i)=e= (lambdaex(i) ** rhoex(i) * xie(i) * (1+rindtax(i)) * PX(i)/PE(i)) ** (1/(1−rhoex(i))) * QX(i);

eqQD2(i)..   QD(i)=e=(lambdaex(i) ** rhoex(i) * xid(i) * (1+rindtax(i)) * PX(i)/PD(i)) ** (1/(1−rhoex(i))) * QX(i);

eqPM(i)..   PM(i)=e=pwm0(i) * EXR;

eqPEXs(i)..   PE(i)=e=pwe0(i) * EXR;

****** Household function --------------------------

eqYL(i)..   YL(i)=e=WL * QL(i);

eqTYL..   TYL=e=sum(i, YL(i));

eqYHL(h)..   YHL(h)−e−ratehl(h) * TYL;

eqTRANSCGTH(h)..   TRANSCGTH(h)=e= rtrancgth(h) * TYCG;

eqTRANSLGTH(h)..   TRANSLGTH(h)=e=rtranlgth(h) * TYLG;

eqTYH(h)..   TYH(h) = e = YHL(h) + TRANSCGTH(h) + TRANSLGTH(h) + TRANSETH(h);

eqSH(h)..   SH(h)=e=rsh(h) * (1−rihtax(h)) * TYH(h);

eqGIHTAX(h)..   GIHTAX(h)=e=rihtax(h) * TYH(h);

eqHD(i,hp)..   HD(i,hp)=e=ELES(hp) * HD0(i,hp)+conh(i,hp) * (TYH(hp)−SH(hp)−GIHTAX(hp)−sum(j,PQ(j) * ELES(hp) * HD0(j,hp)))/PQ(i);

****** Enterprise function ------------------------

eqYK(i)..   YK(i)=e=WK(i) * QK(i);

eqTYK..   TYK=e=sum(i, YK(i));

eqGIETAX..   GIETAX=e=riet * TYE;

eqTRANSCGTE..   TRANSCGTE =e= rtrancgte * TYCG;

eqTRANSLGTE..   TRANSLGTE =e= rtranlgte * TYLG;

eqTRANSETH(h)..   TRANSETH(h) =e= rtraneth(h) * TYE;

eqTYE..   TYE=E=TYK+TRANSCGTE+TRANSLGTE;

eqSE..   SE＝e＝TYE－sum(h, TRANSETH(h))－GIETAX;

****** Government function ------------------------

eqGVAT(i)..   GVAT(i)＝e＝rvat(i) * (QK(i) * WK(i)＋QL(i) * WL);

eqGINDTAX(i)..   GINDTAX(i)＝e＝rindtax(i) * QX(i) * PX(i);

eqTYCG..   TYCG＝E＝rgihtcg * SUM(h, GIHTAX(h))＋rgvatcg * sum(i, GVAT(i))＋ rgindtcg * sum(i, GINDTAX(i))

                                    ＋ rgietcg * GIETAX＋rtarifftcg * sum (i, TARIFF (i))＋ HANDINLTCG;

eqTYLG..   TYLG＝E＝(1－rgihtcg) * SUM(h, GIHTAX(h))＋(1－rgvatcg) * sum(i, GVAT(i))＋(1－rgindtcg) * sum(i, GINDTAX(i))

                                    ＋(1－rgietcg) * GIETAX＋(1－rtarifftcg) * sum(i, TARIFF(i))＋ ALLOCACTLG ;

eqSCG..   SCG＝e＝rscg * TYCG;

eqSLG..   SLG＝e＝rslg * TYLG;

eqCGD(i)..   CGD (i) ＝ e ＝ ELEScg * CGD0 (i) ＋ concg (i) * (TYCG － sum (h, TRANSCGTH(h))－TRANSCGTE－SCG－ALLOCACTLG－sum(j, PQ(j) * ELEScg * CGD0 (j)))/PQ(i);

eqLGD(i)..   LGD(i)＝e＝ELESlg * LGD0(i)＋conlg(i) * (TYLG－sum(h, TRANSLGTH (h))－TRANSLGTE－SLG－HANDINLTCG－sum(j, PQ(j) * ELESlg * LGD0(j)))/PQ(i);

************* investment function *****************

eqQINV(i)..   QINV(i)＝e＝invest(i) * (TINV－sum(j, PQ(j) * STOCK0(j)))/PQ(i);

eqTSAV..   TSAV＝e＝(sum(h, SH(h))＋SE＋SLG＋SCG＋SF0 * EXR);

********** Equilibrium function ----------------

eqKSDequK(i)..   QK(i)＝e＝(alphacap(i) * RR/WK(i)) ** sigmacap * QKS0;

eqKSDequ..   QKS0＝e＝sum(i, alphacap(i) * QK(i) ** rhocap) ** (1/rhocap);

eqLSDequ..   sum(i, QL(i))＝e＝QLS0;

EQQMARKET(i)..   QQ(i)＝E＝sum(j, QINTA(i,j))＋sum(h, HD(i,h))＋CGD(i)＋LGD(i) ＋QINV(i)＋STOCK0(i);

eqSIequ..   TINV＝e＝TSAV＋WALRAS;

eqFOReqiu..   sum(i, PM(i) * QM(i))＝e＝sum(i, PE(i) * QE(i))＋SF0 * EXR;

eqtariff(i)..   TARIFF(i)＝e＝rtariff(i) * PM(i) * QM(i);

eqRGDP..   RGDP＝e＝NGDP/PGDP;

eqNGDP..   NGDP＝E＝SUM(i, WK(i) * QK(i)＋WL * QL(i)＋GVAT(i)＋GINDTAX (i))＋sum(i, TARIFF(i));

eqPGDP..   PGDP＝e＝sum(j, PQ(j) * QQ(j)/sum(i, QQ(i)));

eqHANDINLTCG..   HANDINLTCG＝e＝rhandltc * TYLG;

eqALLOCACTLG..   ALLOCACTLG＝e＝rallocatl * TYCG;

*********** total variables ******************** 8

eqPPI..   PPI＝E＝SUM(i, QX(i) * PX(i)/sum(j, QX(j)));

eqCPI..   CPI＝E＝SUM(i, QQ(i) * PQ(i)/sum(j, QQ(j)));

********** Welfare function ---------------------

obj..   EV＝e＝sum((i,h), PQ0(i) * HD(i,h))－sum((i,h), PQ0(i) * HD0(i,h));

* 赋值内生变量的上限、下限及初值

*********** 6. Variable Initialization --------------------

*********** 6.2 Variable bounds--------------------

QKL. LO(i)＝0.001 * QKL0(i) ;

QX. LO(i)＝0.001 * QX0(i);

QINT. LO(i)＝0.001 * QINT0(i);

PKL. LO(i)＝0.001 * PKL0(i) ;

```
QK.LO(i)=0.001 * QK0(i);
QL.LO(i)=0.001 * QL0(i) ;
PINT.LO(i)=0.001 * PINT0(i) ;
QQ.LO(i)=0.001 * QQ0(i) ;
QD.LO(i)=0.001 * QD0(i) ;
QM.LO(i)=0.001 * QM0(i);
PX.LO(i)=0.001 * PX0(i);
QE.LO(i)=0.001 * QE0(i);
PM.LO(i)=0.001 * PM0(i);
PE.LO(i)=0.001 * PE0(i) ;
PD.LO(i)=0.001 * PD0(i);
YL.LO(i)=0.001 * YL0(i);
TYL.LO=0.001 * TYL0 ;
YHL.LO(h)=0.001 * YHL0(h);
TYH.LO(h)=0.001 * TYH0(h);
SH.LO(h)=0.001 * SH0(h) ;
HD.LO(i,h)=0.001 * HD0(i,h);
GIHTAX.LO(h)=0.001 * GIHTAX0(h);
TRANSCGTH.LO(h)=0.001 * TRANSCGTH0(h);
TRANSLGTH.LO(h)=0.001 * TRANSLGTH0(h);
YK.LO(i)=0.001 * YK0(i) ;
TYK.LO=0.001 * TYK0 ;
GIETAX.LO=0.001 * GIETAX0 ;
TRANSCGTE.LO=0.001 * TRANSCGTE0;
TRANSLGTE.LO=0.001 * TRANSLGTE0;
TYE.LO=0.001 * TYE0 ;
SE.LO=0.001 * SE0 ;
GVAT.LO(i)=0.001 * GVAT0(i) ;
GINDTAX.LO(i)=0.001 * GINDTAX0(i) ;
TYCG.LO=0.001 * TYCG0 ;
TYLG.LO=0.001 * TYLG0 ;
SCG.LO=0.001 * SCG0 ;
SLG.LO=0.001 * SLG0 ;
CGD.LO(i)=0.001 * CGD0(i) ;
LGD.LO(i)=0.001 * LGD0(i) ;
QINV.LO(i)=0.001 * QINV0(i) ;
TSAV.LO=0.001 * TSAV0 ;
RR.LO=0.001 * RR0;
WK.LO(i)=0.001 * WK0(i) ;
WL.LO=0.001 * WL0 ;
PQ.LO(i)=0.001 * PQ0(i);
TINV.LO=0.001 * TINV0 ;
EXR.LO=0.001 * EXR0 ;
TARIFF.LO(i)=0.001 * TARIFF0(i);
PGDP.LO=0.001 * PGDP0 ;
RGDP.LO=0.001 * RGDP0;
NGDP.LO=0.001 * NGDP0;
HANDINLTCG.LO=0.001 * HANDINLTCG0;
ALLOCACTLG.LO=0.001 * ALLOCACTLG0;
QKL.UP(i)=1000 * QKL0(i) ;
QX.UP(i)=1000 * QX0(i);
```

QINT.UP(i)=1000 * QINT0(i);
PKL.UP(i)=1000 * PKL0(i) ;
QK.UP(i)=1000 * QK0(i);
QL.UP(i)=1000 * QL0(i) ;
PINT.UP(i)=1000 * PINT0(i) ;
QQ.UP(i)=1000 * QQ0(i) ;
QD.UP(i)=1000 * QD0(i) ;
QM.UP(i)=1000 * QM0(i);
PX.UP(i)=1000 * PX0(i);
QE.UP(i)=1000 * QE0(i);
PM.UP(i)=1000 * PM0(i);
PE.UP(i)=1000 * PE0(i) ;
PD.UP(i)=1000 * PD0(i);
YL.UP(i)=1000 * YL0(i);
TYL.UP=1000 * TYL0 ;
YHL.UP(h)=1000 * YHL0(h);
TYH.UP(h)=1000 * TYH0(h);
TRANSCGTH.UP(h)=1000 * TRANSCGTH0(h);
TRANSLGTH.UP(h)=1000 * TRANSLGTH0(h);
SH.UP(h)=1000 * SH0(h) ;
HD.UP(i,h)=1000 * HD0(i,h);
GIHTAX.UP(h)=1000 * GIHTAX0(h);
YK.UP(i)=1000 * YK0(i) ;
TYK.UP=1000 * TYK0 ;
GIETAX.UP=1000 * GIETAX0 ;
TRANSCGTE.UP=1000 * TRANSCGTE0;
TRANSLGTE.UP=1000 * TRANSLGTE0;
TYE.UP=1000 * TYE0 ;
SE.UP=1000 * SE0 ;
GVAT.UP(i)=1000 * GVAT0(i) ;
GINDTAX.UP(i)=1000 * GINDTAX0(i) ;
TYCG.UP=1000 * TYCG0 ;
TYLG.UP=1000 * TYLG0 ;
SCG.UP=1000 * SCG0 ;
SLG.UP=1000 * SLG0 ;
CGD.UP(i)=1000 * CGD0(i) ;
LGD.UP(i)=1000 * LGD0(i) ;
QINV.UP(i)=1000 * QINV0(i) ;
TSAV.UP=1000 * TSAV0 ;
RR.UP=1000 * RR0;
WK.UP(i)=1000 * WK0(i) ;
WL.UP=1000 * WL0 ;
PQ.UP(i)=1000 * PQ0(i);
TINV.UP=1000 * TINV0 ;
EXR.UP=1000 * EXR0 ;
TARIFF.UP(i)=1000 * TARIFF0(i);
PGDP.UP=1000 * PGDP0 ;
RGDP.UP=1000 * RGDP0;
NGDP.UP=1000 * NGDP0;
HANDINLTCG.UP=1000 * HANDINLTCG0;
ALLOCACTLG.UP=1000 * ALLOCACTLG0;

```
*********** 6.2 Endogenous Variable Initialization --------------
QKL.L(i)=1 * QKL0(i) ;
QX.L(i)=1 * QX0(i);
QINT.L(i)=1 * QINT0(i);
PKL.L(i)=1 * PKL0(i) ;
QK.L(i)=1 * QK0(i);
QL.L(i)=1 * QL0(i) ;
QINTA.L(i,j)=1 * QINTA0(i,j) ;
PINT.L(i)=1 * PINT0(i) ;
QQ.L(i)=1 * QQ0(i) ;
QD.L(i)=1 * QD0(i) ;
QM.L(i)=1 * QM0(i);
PX.L(i)=1 * PX0(i);
QE.L(i)=1 * QE0(i);
PM.L(i)=1 * PM0(i);
PE.L(i)=1 * PE0(i) ;
PD.L(i)=1 * PD0(i);
YL.L(i)=1 * YL0(i);
TYL.L=1 * TYL0 ;
YHL.L(h)=1 * YHL0(h);
HD.L(i,h)=1 * HD0(i,h);
TRANSCGTH.L(h)=1 * TRANSCGTH0(h);
TRANSLGTH.L(h)=1 * TRANSLGTH0(h);
SH.L(h)=1 * SH0(h) ;
TYH.L(h)=1 * TYH0(h);
GIHTAX.L(h)=1 * GIHTAX0(h);
YK.L(i)=1 * YK0(i) ;
TYK.L=1 * TYK0 ;
GIETAX.L=1 * GIETAX0 ;
TRANSCGTE.L=1 * TRANSCGTE0;
TRANSLGTE.L=1 * TRANSLGTE0;
TRANSETH.L(h)=1 * TRANSETH0(h);
TYE.L=TYE0;
SE.L=1 * SE0 ;
GVAT.L(i)=1 * GVAT0(i) ;
GINDTAX.L(i)=1 * GINDTAX0(i) ;
TYCG.L=1 * TYCG0 ;
TYLG.L=1 * TYLG0 ;
SCG.L=1 * SCG0 ;
SLG.L=1 * SLG0 ;
CGD.L(i)=1 * CGD0(i) ;
LGD.L(i)=1 * LGD0(i) ;
QINV.L(i)=1 * QINV0(i) ;
TSAV.L=1 * TSAV0 ;
RR.L=1 * RR0;
WK.L(i)=1 * WK0(i) ;
PQ.L(i)=1 * PQ0(i);
WALRAS.L =1 * WALRAS0;
TINV.L=1 * TINV0 ;
EXR.L=1 * EXR0 ;
TARIFF.L(i)=TARIFF0(i);
```

```
PGDP.L=1 * PGDP0 ;
RGDP.L=1 * RGDP0;
NGDP.L=1 * NGDP0;
HANDINLTCG.L=1 * HANDINLTCG0;
ALLOCACTLG.L=1 * ALLOCACTLG0;
PPI.L=1 * PPI0 ;
CPI.L=1 * CPI0 ;
CPI.L=1;
* 选定基准价格 numerier
*********** 7.Numeraire ------------------------
WL.FX=1;
* 定义模型名称并求解
*********** 8.Defining and solving the model ----------------
Model CNTSCGE /all/;
OPTION   ITERLIM=4000;
OPTION   RESLIM=4000;
OPTION   LIMROW=0;
OPTION   LIMCOL=0;
OPTION   SOLPRINT=OFF;
OPTION   DECIMALS=2;
CNTSCGE.HOLDFIXED=1;
Solve CNTSCGE maxmizing EV using NLP;
```

第五节　应用案例：汇率政策模拟分析

随着我国经济的发展,我国货物贸易进出口量连创新高。2022 年,我国进出口总值首次突破了 40 万亿元人民币关口,增速为 7.7%,规模再创历史新高,连续六年保持世界第一货物贸易大国地位。同时自 2010 年以来,我国经济总量超过日本并连年稳居世界第二,与世界第一的美国的 GDP 规模也在持续接近,2022 年,我国 GDP 总量约占美国的64%;按照目前中美两国经济增速预测,2030 年我国经济总量将超过美国,成为世界第一大经济体。在这种背景下,人民币升值压力不断加大,未来我国人民币升值将是我国经济发展的必然结果。在这种大背景下,模拟分析我国的人民币汇率升值带来的影响具有重要的现实意义。根据上述分析,本文的政策模拟情境假设为:在其他条件不变前提下,人民币汇率升值 10%。

在开放经济 CGE 模型程序中,由于汇率(EXR)设定为内生变量,不易直接进行政策模拟冲击。但由于汇率与国外储蓄或贸易顺差(SFO)存在一一对应关系,即:汇率升值,则贸易顺差减少;汇率贬值,贸易顺差增加。而在开放经济 CGE 模型程序中,贸易顺差SFO 设定为外生变量,因此,可以通过冲击 SFO 的数值,试算出汇率贬值的幅度。经试算,当贸易顺差增加 900 亿元时,汇率变为原来的 0.9 倍。这种外生冲击相当于汇率升值10%,两者结果相同。另外,用该程序进行汇率政策模拟还有第二种方法:在程序中把贸易顺差 SFO 改为内生变量,同时把汇率 EXR 改为外生变量,这样可以直接对汇率进行政策模拟冲击。这里采用第二种方法,在程序中把 EXR 改为外生变量,SFO 改为内生变量。模拟相关程序语句为

EXR0＝0.9 * EXR0；

Solve CNTSCGE maxmizing EV using NLP；

模拟结果显示 WALRAS 为零,通过了相关检验,其模拟结果如表 16-2 所示。

表 16-2　政策模拟结果的主要宏观经济变量变化率

序　号	变量名称	变化率/%	序　号	变量名称	变化率/%
1	dNGDP	0.3534	8	TYH("RH")	0.0446
2	dPGDP	−0.3920	9	TYH("UH")	0.0587
3	dRGDP	0.7484	10	dTYCG	2.3582
4	dTYE	0.3113	11	dTYLG	1.1576
5	CPI	0.9961	12	dTSAV	21.2323
6	PPI	0.9977	13	TQQ	0.4395
7	TQM	28.4442	14	TQE	−18.0062
EV＝8.35 百亿元					

表 16-2 模拟结果显示：人民币汇率升值 10%,此时,实际 GDP 增加 0.75%；名义 GDP 增加 0.3534%,GDP 价格指数下降 0.3920%；城镇居民和农村居民总收入分别增加 0.0587% 和 0.0446%；企业总收入增加 0.3113%；CPI 和 PPI 价格指数均有所下降；中央政府和地方政府总收入分别增加 2.3582% 和 1.1576%；总储蓄或总投资增加 21.2323%；社会福利增加 8.35 百亿元。总出口减少 18.0062%,总进口增加 28.4442%,总产出增加 0.4395%。上述模拟结果显示：现阶段我国人民币适当升值不仅有利于我国的经济增长,有利于增加居民、政府和企业收入,有利于平抑物价水平,而且还可以增加社会总体福利。但值得注意的是,人民币升值不利于我国出口,会使我国总出口下降 18%,其原因在于人民币升值使得我国产品价格的国际竞争力下降,而国外产品相对便宜,因此,使得总出口下降,总进口大幅增加 28.4%。另外,值得说明的是,实现上述结果的前提是：贸易顺差留在国内,并能够转化为国内投资。

表 16-3 模拟结果显示：①现阶段,在人民币升值 10% 政策情景下,各行业的出口均大幅下滑,第一,第二和第三产业的出口分别下降 20.07%、17.43% 和 19.36%；而进口均大幅上升,第一,第二和第三产业的进口分别上升 23.83%、29.16% 和 26.40%；②中央政府和地方政府的消费均有所增加。第一产业和第三产业的产出均有所有下降,第二产业的产出有所上升,这说明从产出角度上看,人民币升值不利于我国第一产业和第三产业的发展,但有利于第二产业的发展。

表 16-3　政策模拟结果的主要分行业经济变量变化率　　　　　　　　%

行业	变量								
	QD	QE	QM	QX	PQ	CGD	LGD	GVAT	GINDTAX
arg	−0.51	−20.07	23.83	−1.45	−0.39	2.58	1.32	−1.37	−1.51
ind	3.27	−17.43	29.16	1.05	−0.75	0.00	0.00	0.82	0.61
serv	0.96	−19.36	26.40	−0.28	0.19	2.17	0.97	−0.09	−0.20

练 习 题

1. 根据本章程序,采用第一种方法,即可以通过冲击 SFO 的数值,试算出汇率贬值的幅度,模拟汇率升值 10% 的结果,并与第二种方法(在程序中把 EXR 改为外生变量,SFO 改为内生变量)结果进行比较。

2. 利用本章开放经济 CGE 模型程序,模拟分析在保持政府财政收入总额不变的前提下,降低关税税率,提高企业所得税税率,分析结果并应用经济学原理进行阐述其背景的经济学原因。

3. 利用本章开放经济 CGE 模型程序进行如下政策模拟:假设资本供给增加,总资本劳动供给增加 8%;修改上述模型程序,模拟分析该政策下对实际 GDP、GDP 价格指数(PGDP)、社会福利 EV、行业产出 QX、产出价格 PX,居民消费 HD 和这个政府消费 GD 等变量的影响。

第十七章　省区域经济的宏观 CGE 模型

第一节　省区域经济的模块函数

省区域经济的 CGE 模型是以省区域投入产出表为数据基础,在开放经济 CGE 模型基础上,加入省区域独特的"省际调入"和"省际调出",以反映省际之间的商品流动。其行为主体包括居民、企业、政府、外省和国外。其中:①居民提供劳动,并从生产中获得劳动报酬,消费商品,并向政府缴纳个人所得税,剩余部分进行储蓄;②与封闭经济 CGE 模型和开放经济 CGE 模型不同的是,省区域经济 CGE 模型假设资本由企业和居民共同提供,因此,资本收益也由企业和居民共享,其目的是丰富模型的场景设定,为读者提供更加多样的设置样本;③企业提供部分资本,并从生产中获得资本收益,然后缴纳企业所得税,对居民进行补贴,剩余部分进行储蓄;④与开放经济 CGE 模型类似,省区域经济的政府也分为中央政府和地方政府。政府支出主要有 4 个去向——政府消费、居民补贴,上解中央或地方转移支付,剩余部分进行政府储蓄(财政盈余或财政赤字),值得注意的是,在省区域经济中,政府不再对企业进行补贴,其目的也是避免与开放经济 CGE 模型设定相同,从而为读者提供多样的设定情景;⑤省际主体的收入为省际调出,支出为省际调入,其差额部分构成省际储蓄;⑥国外部门的收入主要来源于进口,支出主要来源于出口,两者差额构成国外储蓄。上述 6 者共同维持着省区域经济的生产流通和经济运行,其之间的作用关系如图 17-1 所示。

一、生产模块

生产函数采用 3 层嵌套的方式:第一层为劳动和资本的嵌套,采用 CES 生产函数进行描述;第二层为劳动资本复合要素与复合中间投入进行嵌套,也采用 CES 生产函数进行描述;第三层由于中间投入品之间具有不可替代关系,因此采用列昂惕夫生产函数进行描述。CES 生产函数和列昂惕夫生产函数都隐含着完全竞争市场的假设,即生产过程不存在垄断行为,无超额垄断利润[①]。生产模块的相关函数如下。

$$QKL_i = \lambda_{qx,i}^{(\sigma_{qx,i}-1)} \left(\frac{\beta_{kl,i} \cdot PX_i}{(1+rvat_i) \cdot PKL_i} \right)^{\sigma_{qx,i}} \cdot QX_i$$

$$QINT_i = \lambda_{qx,i}^{(\sigma_{qx,i}-1)} \left(\frac{\beta_{nd,i} \cdot PX_i}{PINT_i} \right)^{\sigma_{qx,i}} \cdot QX_i$$

---

① 若是现实经济中存在垄断行业,存在垄断利润,则相关行业的生产函数需要采用垄断生产函数进行描述和刻画。

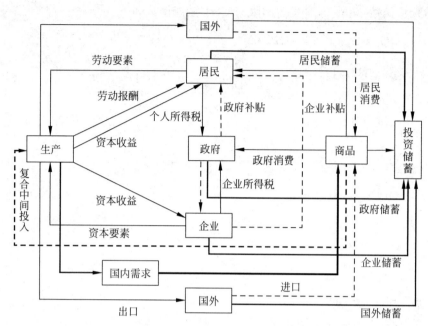

图 17-1 省区域经济的行为主体之间作用关系图

$$QX_i = \lambda_{qx,i}(\beta_{kl,i} \cdot QKL_i^{\rho_{qx,i}} + \beta_{nd,i} \cdot QINT_i^{\rho_{qx,i}})^{1/\rho_{qx,i}}$$

$$QK_i = \lambda_{kl,i}^{(\sigma_{kl,i}-1)}\left(\frac{\beta_{k,i} \cdot PKL_i}{WK}\right)^{\sigma_{kl,i}} \cdot QKL_i$$

$$QL_i = \lambda_{kl,i}^{(\sigma_{kl,i}-1)}\left(\frac{\beta_{l,i} \cdot PKL_i}{WL}\right)^{\sigma_{kl,i}} \cdot QKL_i$$

$$QKL_i = \lambda_i(\beta_{k,i} \cdot QK_i^{\rho_{kl,i}} + \beta_{l,i} \cdot QL_i^{\rho_{kl,i}})^{1/\rho_{kl,i}}$$

$$QINT_{i,j} = ca_{i,j} \cdot QINT_j$$

$$PINT_j = \sum_i ca_{i,j} \cdot PQ_i$$

式中：QKL_i 为 i 行业的劳动资本复合要素；$QINT_i$ 为 i 行业的复合中间投入品；QX_i 为 i 行业的产出；QK_i 为 i 行业的资本要素；QL_i 为 i 行业的劳动要素；PKL_i 为 i 行业的劳动资本复合要素价格；$QINT_{i,j}$ 为 i 商品投入 j 行业的中间投入品；$PINT_j$ 为 j 行业的复合中间投入品价格；WK 为资本要素价格；WL 为劳动要素价格。

二、贸易模块

贸易模块主要是由 CES 生产函数刻画的进口函数组，以及用 CET 生产函数刻画的出口函数组。具体而言，首先是国内需求与进口在成本最小化前提条件下，通过 CES 生产函数构成复合商品，以便提供给居民、政府及作为中间投入品；然后是国内产出在利润最大化前提条件下，通过 CET 生产函数分为国内供给和出口两部分；另外，包括进口价格与出口价格函数，贸易 CES 生产函数与 CET 生产函数如下。

$$QQ_i = \lambda_{m,i}(\delta_{d,i} \cdot QPMD_i^{\rho_{m,i}} + \delta_{m,i} \cdot QM_i^{\rho_{m,i}})^{1/\rho_{m,i}}$$

$$QPMD_i = \left(\lambda_{m,i}^{\rho_{m,i}} \cdot \delta_{d,i} \cdot \frac{PQ_i}{PD_i}\right)^{1/(1-\rho_{m,i})} \cdot QQ_i$$

$$QM_i = \left(\lambda_{m,i}^{\rho_{m,i}} \cdot \delta_{m,i} \cdot \frac{PQ_i}{(1 + rtariff_i) \cdot PM_i}\right)^{1/(1-\rho_{m,i})} \cdot QQ_i$$

$$QX_i = \lambda_{ex,i}(\xi_{d,i} \cdot QPED_i^{\rho_{ex,i}} + \xi_{e,i} \cdot QE_i^{\rho_{ex,i}})^{1/\rho_{ex,i}}$$

$$QPED_i = \left(\lambda_{ex,i}^{\rho_{ex,i}} \cdot \xi_{d,i} \cdot \frac{(1 + rindtax_i) \cdot PX_i}{PD_i}\right)^{1/(1-\rho_{ex,i})} \cdot QX_i$$

$$QE_i = \left(\lambda_{ex,i}^{\rho_{ex,i}} \cdot \xi_{e,i} \cdot \frac{(1 + rindtax_i) \cdot PX_i}{PE_i}\right)^{1/(1-\rho_{ex,i})} \cdot QX_i$$

$$PM_i = pwm0_i \cdot EXR$$

$$PE_i = pwm0_i \cdot EXR$$

$$QD_i = rqdpm_i \cdot QPMD_i$$

$$QD_i = rqdpe_i \cdot QPED_i$$

$$QP2PM_i = (1 - rqdpm_i) \cdot QPMD_i$$

$$QP2PE_i = (1 - rqdpe_i) \cdot QPED_i$$

式中：QQ_i 为 i 行业的复合商品；$QPMD_i$ 为 i 行业的复合国内需求；$QPED_i$ 为 i 行业的复合国内供给；QD_i 为 i 行业的省内需求；QM_i 为 i 行业的进口；QX_i 为 i 行业的产出；PD_i 为 i 行业的国内需求价格；QE_i 为 i 行业的出口；PM_i 为 i 行业的进口价格；PE_i 为 i 行业的出口价格；$QP2PM_i$ 为 i 行业的省际调入；$QP2PE_i$ 为 i 行业的省际调出。

　　值得说明的是，上述省际调入调出函数中隐含着一个假设：国内需求产品和省际调入调出产品价格完全相同，即省际间不存在任何贸易壁垒、"省际调入调出税"等，在现实经济活动中，因为存在运输成本等存在，同样产品在不同省区域价格可能存在差异（读者可以在该模型程序基础上加入"单位运输成本"）。

三、居民模块

　　与开放经济相同，在省区域经济中，把居民进一步细分为城镇居民和农村居民，从而使得模型运行机制与现实更加一致，与开放经济不同的是，在省区域经济的居民模块中，居民不但提供劳动要素，而且还提供资本要素，中央政府和地方政府对居民的补贴设定为外生变量，从而可模拟政府对居民补贴相关政策。总体而言，居民模块包括居民收入、居民消费及居民储蓄等。首先，居民通过提供劳动和资本获得劳动报酬和资本报酬，并分别从政府和企业获得政府转移支付和企业转移支付，居民获得收入后，分别向政府缴纳个人所得税,购买商品进行消费,剩余部分进行居民储蓄;由于线性 ELES 消费函数考虑了收入和价格因素对居民消费结构的影响,把居民的各项消费支出看作是相互联系、相互制约的行为,因此在没有价格详细资料的情况下,也可以直接运用截面资料进行相关参数估计,从而进行边际消费倾向、需求收入弹性分析等,因此居民消费函数采用线性 ELES 函数进行刻画。居民模块的相关函数如下。

$$YL_i = WL \cdot QL_i$$

$$TYL = \sum_i YL_i$$

$$YHL_h = ratehl_h \cdot TYL$$

$$YHK_h = ratehk_h \cdot TYK$$

$$TYH_h = YHL_h + YHK_h + TRANSCGTH0_h + TRANSLGTH0_h + TRANSETH_h$$

$$SH_h = rsh_h \cdot (1 - rihtax_h) \cdot TYH_h$$

$$GIHTAX_h = rihtax_h \cdot TYH_h$$

$$HD_{i,h} = ELES_h \cdot HD0_{i,h} + conh_{i,h} \cdot \Big(TYH_h - SH_h - GIHTAX_h - \\ \sum_j PQ_j \cdot ELES_h \cdot HD0_{j,h} \Big)/PQ_i$$

式中:YL_i 为 i 行业的劳动报酬收入;TYL 为 i 行业的劳动报酬总收入;YHL_h 为 h 居民的劳动报酬;YHK_h 为 h 居民的资本报酬;$TRANSCGTH0_h$ 为 h 居民的中央政府补贴;$TRANSLGTH0_h$ 为 h 居民的地方政府补贴;$TRANSETH_h$ 为企业对居民 h 的补贴;TYH_h 为 h 居民的总收入;SH_h 为 h 居民的储蓄;$GIHTAX_h$ 为 h 居民的个人所得税;$HD_{i,h}$ 为 h 居民 i 商品的消费;$HD0_{i,h}$ 为 h 居民 i 商品的居民最低消费量。

四、企业模块

企业模块包括企业收入、转移支付和企业储蓄等。首先,企业通过提供资本获得资本收益,企业获得收入后,分别向政府缴纳企业所得税,和对居民进行补贴,剩余部分进行企业储蓄。与开放经济不同的是,在省域经济中不假设政府对企业进行补贴,企业总收入仅仅来自企业的资本收益,其目的也是提供更多样化的设置情境,相关函数如下。

$$YK_i = WK_i \cdot QK_i$$

$$TYK = \sum_i YK_i$$

$$YEK = rateek \cdot TYK$$

$$GIHTAX = riet \cdot TYE$$

$$TRANSETH_h = rtraneth_h \cdot YEK$$

$$TYE = YEK$$

$$SE = TYE - \sum_h TRANSETH_h - GIETAX$$

式中：YK_i 为 i 行业的资本收益；TYK 为总资本收益；YEK 为总企业的资本收益；TYE 为企业总收入；GIHTAX 为企业所得税；$TRANSETH_h$ 为企业对居民的补贴；TYE 为企业总收入；SE 为企业储蓄。

五、政府模块

与开放经济类似，在开放经济中，政府分为中央政府和地方政府。政府模块包括增值税、其他间接税、政府总收入、政府储蓄及政府消费等。首先，政府从生产、居民和企业那里获得增值税、间接税、个人所得税和企业所得税；获得收入后，对居民进行居民补贴，然后进行政府消费，以便为社会提供公共产品，确保政府部门正常运转。其中，与居民消费函数一样，政府消费函数也采用 ELES 消费函数进行刻画。中央政府与地方政府不同之处在于：政府消费支出结构不同，政府对居民和企业补贴力度不同，以及对各种税收的分配占比不同。值得一提的是，该开放经济的政府税收包含 3 种类型的税收：增值税、其他间接税和所得税，包含了现实经济中的全部税收种类(消费税、契税、印花税、耕地使用税等都属于间接税)，这样可以方便读者进行税收种类的函数扩展。政府模块的相关函数如下。

$$GVAT_i = rvat_i \cdot (QK_i \cdot WK_i + QL_i \cdot WL)$$

$$GINDTAX_i = rindtax_i \cdot QX_i \cdot PX_i$$

$$TYCG = rgihtcg \cdot \sum_h GIHTAX_h + rgvatcg \cdot \sum_i GVAT_i + rgindtcg \cdot \sum_i GINDTAX_i +$$

$$rgietcg \cdot GIETAX + rtarifftcg \cdot \sum_i TARIFF_i + HANDINLTCG$$

$$TYLG = (1 - rgihtcg) \cdot \sum_h GIHTAX_h + (1 - rgvatcg) \cdot \sum_i GVAT_i +$$

$$(1 - rgindtcg) \cdot \sum_i GINDTAX_i + (1 - rgietcg) \cdot GIETAX +$$

$$(1 - rtarifftcg) \cdot \sum_i TARIFF_i + ALLOCACTLG$$

$$SCG = rscg \cdot TYCG$$

$$SLG = rslg \cdot TYLG$$

$$CGD_i = ELEScg \cdot CGD0_i + concg_i \cdot (TYCG - \sum_h TRANSCGTH0_h -$$

$$SCG - ALLOCACTLG - \sum_j PQ_j \cdot ELEScg \cdot CGD0_j)/PQ_i$$

$$LGD_i = ELESlg \cdot LGD0_i + conlg_i \cdot (TYLG - \sum_h TRANSLGTH0_h -$$

$$SLG - HANDINLTCG - \sum_j PQ_j \cdot ELESlg \cdot LGD0_j)/PQ_i$$

式中：$GVAT_i$ 为 i 行业的增值税；$GINDTAX_i$ 为 i 行业的间接税；TYCG 为中央政府总收入；TYLG 为地方政府总收入；SCG 为中央政府储蓄；SLG 为地方政府储蓄；CGD_i 为 i 商品的中央政府消费；LGD_i 为 i 商品的地方政府消费；$CGD0_i$ 为 i 商品的中央政府最低消费量；$LGD0_i$ 为 i 商品的地方政府最低消费量。

六、投资和市场出清模块

该模块主要包括投资函数、商品出清函数、要素出清函数、贸易均衡函数、价格和福利函数等。首先，行业投资按照投资份额进行分配，同时满足总储蓄等于总投资（背后隐含着储蓄驱动型的投资模式）；在省区域经济 CGE 模型中，投资分配函数不再按照固定比例进行分配，而是与该行业的资本分配一致；同时资本分配函数也将修改使两者相一致，在资本分配函数中，资本分配也是按照行业相对收益率水平决定的，对于收益率较高的行业其下期资本流入也就更多，这与现实相一致，资本分配函数决定着本期的投资分配和下期的资本存量，这对于动态 CGE 模型起着至关重要的作用。然后，商品市场出清，即复合商品的供给等于市场需求；国家贸易市场均衡，即出口等于进口加上外国储备；另外还需要满足劳动需求等于劳动总供给，资本需求等于资本总供给。最后，是 CPI 和 PPI 函数式，以及社会福利函数等。投资和市场出清模块的相关函数如下。

$$QINV_i = \lambda_i \cdot PK \cdot \sum_j \Theta_i / PQ_i$$

$$TSAV = \sum_h SH_h + SE + SLG + SCG + SPF + SF0 \cdot EXR$$

$$PK \cdot \Theta_j = WK_j^\zeta \cdot \frac{QK_j}{\sum_i (WK_i^\zeta \cdot QK_i)} \cdot TINV$$

$$\sum_j \Theta_j = \Gamma$$

$$\Gamma = iota \cdot \prod_i QINV_i^{\lambda_i}$$

$$\sum_i QL_i = QLS0$$

$$QK_j = ror \cdot KK0_j$$

$$QQ_i = \sum_j QINTA_{i,j} + \sum_h HD_{i,h} + CGD_i + LGD_i + QINV_i + STOCK_i$$

$$TINV + \sum_i STOCK_i \cdot PQ_i = TSAV + WALRAS$$

$$\sum_i PM_i \cdot QM_i = \sum_i PE_i \cdot QE_i + SF0 \cdot EXR$$

$$\mathrm{TARIFF}_i = \mathrm{rtariff}_i \cdot \mathrm{PM}_i \cdot \mathrm{QM}_i$$

$$\sum_j \mathrm{PD}_j \cdot \mathrm{QPMD}_j = \sum_j \mathrm{PD}_j \cdot \mathrm{QPED}_j + \mathrm{SPF}$$

$$\mathrm{RGDP} = \mathrm{NGDP}/\mathrm{PGDP}$$

$$\mathrm{NGDP} = \sum_i (\mathrm{WK}_i \cdot \mathrm{QK}_i + \mathrm{WL} \cdot \mathrm{QL}_i + \mathrm{GVAT}_i + \mathrm{GINDTAX}_i + \sum_i \mathrm{TARIFF}_i)$$

$$\mathrm{PGDP} = \sum_j \frac{\mathrm{PQ}_j \cdot \mathrm{QQ}_j}{\sum_i \mathrm{QQ}_i}$$

$$\mathrm{HANDINLTCG} = \mathrm{rhanditc} \cdot \mathrm{TYLG}$$

$$\mathrm{ALLOCACTLG} = \mathrm{rallocatl} \cdot \mathrm{TYCG}$$

$$\mathrm{STOCK}_i = \mathrm{ac}_i \cdot \mathrm{QQ}_i$$

$$\mathrm{EV} = \sum_i \mathrm{PQ0}_i \cdot (\mathrm{HD}_i - \mathrm{HD0}_i)$$

式中：QINV_i 为 i 行业的投资；TSAV 为总储蓄；PK 为资本平均收益率，也为资本平均成本；Θ_j 为 i 行业的资本分配；Γ 为投资总额；QK_j 为 i 行业的资本存量；QQ_i 为 i 行业的复合商品；TINV 为总投资；EXR 为汇率；TARIFF_i 为 i 行业的关税；RGDP 为实际GDP；NGDP 为名义 GDP；PGDP 为 GDP 价格指数；HANDINLTCG 为地方政府对中央政府的上解收入；ALLOCACTLG 为中央政府对地方政府的转移支付；STOCK_i 为 i 行业的存货变动；EV 为社会福利。值得说明的是：由于 CGE 模型需要选取一个价格变量作为基准价格(该开放经济选取劳动要素价格 WL 作为基准价格，WL.FX＝WL0，可以理解为把该内生价格固定为其初值，相当于把其外生固定)，从而使得函数个数与内生变量个数不等，因此本文新增一个虚拟变量，即 WALRAS(瓦尔拉斯值)。另外，函数 $\sum\limits_j \Theta_j = \Gamma$ 隐含着资本平均收益率 PK；函数 $\sum\limits_i \mathrm{QL}_i = \mathrm{QLS0}$ 和函数 $\mathrm{QK}_j = \mathrm{ror} \times \mathrm{KK0}_j$ 分别隐含着劳动要素价格 WL 和资本要素价格 WK_j。

第二节　省区域经济的社会核算矩阵设计

省区域经济的社会核算矩阵表共包括 23 个账户，分别为：活动—农业(AGR)、活动—二产(IND)、活动—服务业(SERV)、商品—农业(AGR)、商品—二产(IND)、商品—服务业(SER)、劳动要素(LAB)、资本要素(CAP)、农村居民(RH)、城镇居民(UH)、企业(ENTP)、中央政府(CGOV)、地方政府(LGOV)、增值税(VAT)、间接税(INDT)、关税(TARIFF)、个人所得税(HIT)、企业所得税(HET)、投资储蓄(SAVE)、存货变动(STOCK)、省际调入/调出(INTEP)、国外(FOREG)、共计(TOTAL)。省区域经济的社会核算矩阵表数据具体如表 17-1 所示。

表 17-1　省区域经济的社会核算矩阵（SAM）表

亿元

行业	AGR	IND	SERV	AGR	IND	SERV	LAB	CAP	RH	UH	ENTP	CGOV	LGOV	VAT	INDT	TARIFF	HIT	HET	SAVE	STOCK	INTEP	FOREG	TOTAL
AGR				520																	188	22	730
IND					10 177																5418	4611	20 206
SERV						8759															672	891	10 322
AGR	70	434	79						171	98		2	15						53	0			922
IND	170	13 088	1173						1086	337		3	7						0	5059			20 923
SERV	34	2088	3203						1824	625		186	1318						4941	−4237			9982
LAB	432	2051	2785																				5268
CAP	18	1714	2429																				4161
RH							2498	614			95	3	56										3266
UH							2770	1415			492	5	129										4811
ENTP								2132															2132
CGOV													56	370	300	25	114	291					1156
LGOV												222		370	450	0	76	194					1312
VAT	2	501	237																				740
INDT	4	330	416																				750
TARIFF				2	17	6																	25
HIT									55	135													190
HET											485												485
SAVE									130	3616	1060	735	−269								2008	−1464	5816
STOCK																			822				822
INTEP				309	7408	569																	8286
FOREG				91	3321	648																	4060
TOTAL	730	20 206	10 322	922	20 923	9982	5268	4161	3266	4811	2132	1156	1312	740	750	25	190	485	5816	822	8286	4060	

第三节　模型参数估计与校准

省区域经济系统模型中,主要参数估计校准如下。

$$\mathrm{rvat}_i = \frac{\mathrm{GVAT0}_i}{\mathrm{QK0}_i \cdot \mathrm{WK0}_i + \mathrm{QL0}_i \cdot \mathrm{WL0}}$$

$$\mathrm{rindtax}_i = \frac{\mathrm{GINDTAX0}_i}{\mathrm{QX0}_i}$$

$$\mathrm{riet} = \frac{\mathrm{GIETAX0}}{\mathrm{TYE0}}$$

$$\lambda_i = \frac{\mathrm{QINV0}_i}{\sum_j \mathrm{QINV0}_j}$$

$$\iota = \frac{\Gamma 0}{\prod_i \mathrm{QINV0}_i^{\lambda_i}}$$

$$\mathrm{rihtax}_h = \frac{\mathrm{GIHTAX0}_h}{\mathrm{TYH0}_h}$$

$$\mathrm{ratehl}_h = \frac{\mathrm{YHL0}_h}{\mathrm{TYL0}}$$

$$\mathrm{ca}_{i,j} = \frac{\mathrm{QINTA0}_{i,j}}{\mathrm{QINT0}_j}$$

$$\mathrm{rtrancgth}_h = \frac{\mathrm{TRANSCGTH0}}{\mathrm{TYCG0}}$$

$$\mathrm{rtranlgth}_h = \frac{\mathrm{TRANSLGTH0}}{\mathrm{TYLG0}}$$

$$\mathrm{rtraneth}_h = \frac{\mathrm{TRANSETH0}_h}{\mathrm{TYE0}}$$

$$\mathrm{ratehk}_h = \frac{\mathrm{YHK0}_h}{\mathrm{YHK0}}$$

$$\mathrm{rsh}_h = \frac{\mathrm{SH0}_h}{(1 - \mathrm{rihtax}_h) \cdot \mathrm{TYH0}_h}$$

$$\mathrm{rateek} = \frac{\mathrm{YEK0}}{\mathrm{TYK0}}$$

$$\mathrm{rscg} = \frac{\mathrm{SCG0}}{\mathrm{TYCG0}}$$

$$\mathrm{rslg} = \frac{\mathrm{SLG0}}{\mathrm{TYLG0}}$$

$$\text{concg}_i = \frac{\text{GCD0}_i \cdot \text{PQ0}_i \cdot (1 - \text{ELEScg})}{\text{TYCG0} - \text{TRANSCGTH0} - \text{SCG0} - \sum_j (\text{PQ0}_j \cdot \text{ELEScg} \cdot \text{CGD0}_j)}$$

$$\text{conlg}_i = \frac{\text{GLD0}_i \cdot \text{PQ0}_i \cdot (1 - \text{ELESlg})}{\text{TYLG0} - \text{TRANSLGTH0} - \text{SLG0} - \sum_j (\text{PQ0}_j \cdot \text{ELESlg} \cdot \text{LGD0}_j)}$$

$$\text{conh}_{h,i} = \frac{\text{HD0}_{h,i} \cdot \text{PQ0}_i \cdot (1 - \text{ELES}_h)}{\text{TYH0}_h - \text{SH0}_h - \text{GIHTAX0}_h - \sum_j (\text{PQ0}_j \cdot \text{ELES}_h \cdot \text{HD0}_{h,j})}$$

$$\text{rtariff}_i = \frac{\text{TARIFF0}_i}{\text{QM0}_i}$$

$$\text{ac}_i = \frac{\text{STOCK0}_i}{\text{QQ0}_i}$$

$$\text{rhandltc} = \frac{\text{HANDINLTCG0}}{\text{TYLG0}}$$

$$\text{rallocatl} = \frac{\text{ALLOCATLG0}}{\text{TYCG0}}$$

$$\rho_i^{qx} = \frac{\sigma_i^{qx} - 1}{\sigma_i^{qx}}$$

$$\beta_i^{kl} = \frac{(1 + \text{rvat}_i)\text{QKL0}_i^{(1-\rho_i^{qx})}}{(1 + \text{rvat}_i)\text{QKL0}_i^{(1-\rho_i^{qx})} + \text{QINTL0}_i^{(1-\rho_i^{qx})}}$$

$$\beta_i^{nd} = 1 - \beta_i^{kl}$$

$$\lambda_i^{qx} = \frac{\text{QX0}_i}{(\beta_i^{kl} \cdot \text{QKL0}_i^{\rho_i^{qx}} + \beta_i^{nd} \cdot \text{QINT0}_i^{\rho_i^{qx}})^{1/\rho_i^{qx}}}$$

$$\rho_i^{kl} = \frac{\sigma_i^{kl} - 1}{\sigma_i^{kl}}$$

$$\beta_i^l = \frac{\text{QL0}_i^{(1-\rho_i^{kl})} \cdot \text{WL0}}{\text{WK0} \cdot \text{QK0}_i^{(1-\rho_i^{kl})} + \text{WL0} \cdot \text{QL0}_i^{(1-\rho_i^{kl})}}$$

$$\beta_i^k = 1 - \beta_i^l$$

$$\lambda_i^{kl} = \frac{\text{QKL0}_i}{(\beta_i^k \cdot \text{QK0}_i^{\rho_i^{kl}} + \beta_i^l \cdot \text{QL0}_i^{\rho_i^{kl}})^{1/\rho_i^{kl}}}$$

$$\rho_i^m = \frac{\sigma_i^m - 1}{\sigma_i^m}$$

$$\delta_i^m = \frac{(1+\mathrm{rtariff}_i) \cdot \mathrm{QM0}_i^{(1-\rho_i^m)}}{(1+\mathrm{rtariff}_i) \cdot \mathrm{QM0}_i^{(1-\rho_i^m)} + \mathrm{PD0} \cdot \mathrm{QPMD0}_i^{(1-\rho_i^m)}}$$

$$\delta_i^d = 1 - \beta_i^m$$

$$\lambda_i^m = \frac{\mathrm{QQ0}_i}{(\delta_i^m \cdot \mathrm{QM0}_i^{\rho_i^m} + \delta_i^d \cdot \mathrm{QPMD0}_i^{\rho_i^m})^{1/\rho_i^m}}$$

$$\rho_i^{ex} = \frac{\sigma_i^{ex}+1}{\sigma_i^{ex}}$$

$$\xi_i^e = \frac{\mathrm{QE0}_i^{(1-\rho_i^{ex})}}{\mathrm{QE0}_i^{(1-\rho_i^{ex})} + \mathrm{PD0} \cdot \mathrm{QPED0}_i^{(1-\rho_i^{ex})}}$$

$$\xi_i^d = 1 - \xi_i^e$$

$$\lambda_i^{ex} = \frac{\mathrm{QX0}_i}{(\xi_i^e \cdot \mathrm{QE0}_i^{\rho_i^{ex}} + \xi_i^d \cdot \mathrm{QPED0}_i^{\rho_i^{ex}})^{1/\rho_i^{ex}}}$$

$$\mathrm{rqdpm}_i = \frac{\mathrm{QD0}_i}{\mathrm{QPMD0}_i}$$

$$\mathrm{rqdpe}_i = \frac{\mathrm{QD0}_i}{\mathrm{QPED0}_i}$$

式中：rvat_i 为 i 行业的增值税税率；$\mathrm{rindtax}_i$ 为 i 行业的间接税税率；riet 为企业所得税税率；λ_i 为 i 行业的投资弹性系数；ι 为投资分配函数中的规模参数；rihtax_h 为居民 h 的个人所得税；ratehl_h 为居民 h 的劳动分配份额；$\mathrm{ca}_{i,j}$ 为 i 商品投入 j 行业的中间投入系数；$\mathrm{rtrancgth}_h$ 为中央政府对居民 h 的补贴系数；$\mathrm{rtranlgth}_h$ 为地方政府对居民 h 的补贴系数；$\mathrm{rtraneth}_h$ 为企业对居民 h 的补贴系数；ratehk_h 居民 h 的资本要素分配系数；rsh_h 为居民 h 的储蓄率；$\mathrm{rtrancgte}$ 为中央政府对企业的补贴系数；$\mathrm{rtranlgte}$ 为地方政府对企业的补贴系数；rateek 为企业的资本要素收益分配系数；rscg 为中央政府储蓄率；rslg 为地方政府储蓄率；concg_i 为 i 商品的中央政府消费系数；conlg_i 为 i 商品的地方政府消费系数；$\mathrm{conh}_{h,i}$ 为居民 h 对 i 商品消费系数；$\mathrm{rtariff}_i$ 为 i 商品的关税税率；ac_i 为 i 商品的存货变动系数；$\mathrm{rhandltc}$ 为地方政府对中央政府的上解收入；$\mathrm{rallocatl}$ 为中央政府对地方政府的财政转移支付系数；ρ_i^{qx} 为 i 行业的 CES 生产函数的替代弹性参数；β_i^{kl} 为 i 行业 CES 生产函数中的复合资本劳动要素的份额参数；β_i^{nd} 为 i 行业的 CES 生产函数中的复合中间投入品的份额参数；λ_i^{qx} 为 i 行业的 CES 生产函数的规模参数；ρ_i^{kl} 为 i 行业的复合要素 CES 生产函数的替代弹性参数；β_i^l 为 i 行业的复合要素 CES 生产函数的劳动要素的份额参数；β_i^k 为 i 行业的复合要素 CES 生产函数的资本要素的份额参数；λ_i^{kl} 为 i 行业的复合要素 CES 生产函数的规模参数；ρ_i^m 为 i 行业的复合商品 CES 生产函数的替代弹性参数；δ_i^m 为 i 行业的复合商品 CES 生产函数中的进口份额参数；δ_i^d 为 i 行业的复合商品 CES 生产函数中的国内需求份额参数；λ_i^m 为 i 行业的复合商品 CES 生产函数的规模参数；ρ_i^{ex} 为 i 行业的产出分配 CET 生产函数的替代弹性参数；ξ_i^e 为 i 行业的产出分配 CET 生产函数中的出口份额参数；ξ_i^d 为 i 行业的产出分配 CET 生产函数中的国内需求份额参数；λ_i^{ex} 为 i 行业的产出分配 CET 生产函数中的国内需求份额参数；rqdpm_i 为 i 行业的省内需求占国内总需求的比例参数；rqdpe_i 分别为 i 行业的省内需求占国内总供给的比例参数。

另外，对于 CES 生产函数、复合要素 CES 生产函数、复合商品 CES 生产函数、产品分配 CET 生产函数、居民消费函数、政府消费函数中的相关替代弹性假设程序如下。

```
sigmaqx(i)=0.4;
sigmakl(i)=0.8;
sigmam(i)=2;
sigmaex(i)=2;
ELES("Rh")=0.35;
ELES("Uh")=0.35;
ELEScg=0.3;
ELESlg=0.4;
```

经计算，个人所得税、企业所得税、增值税、间接税和关税在中央政府与地方政府之间的分配比例分别为：0.6、0.6、0.5、0.4 和 1.0，即

```
rgihtcg=0.6;
rgietcg=0.6;
rgvatcg=0.5;
rgindtcg=0.4;
rtarifftcg=1.0.
```

另外，投资分配函数中，还需要假定资本无风险收益率 ror、折旧率 dep、人口增长率 pop 和资本价格的弹性系数 zeta，程序分别设定如下。

```
ror=0.05;
dep=0.04;
pop=0.02;
zeta=1
```

第四节　省区域经济的 CGE 模型程序[①]

下面是省区域经济 CGE 模型的完整程序。

```
$ title EXAMPLE03 单区域省市开放经济下的 CGE 模型程序(单区域 * 三产业 * 静态 * 开放经济)
* 定义集合
set u /ARG
IND
SERV
```

---

① 该程序已经经过一致性、齐次性、WALRAS 等相关检验。

```
Labor
capital
RH
UH
ENTP
CGOV
LGOV
VAT
INDTAX
TARIFF
HITAX
HETAX
SAVE
STOCKS
INTERP
FOREIG
TOTAL
/
;
SET i(u)/ARG
IND
SERV/
;
set f(u) /labor,capital/;
set h(u) /Rh,uh/;
ALIAS(u,v),(i,j),(f,fp),(h,hp);
```

* 定义变量初值与相关参数(把变量初值定义为参数)
******** ** 2.Parameter Definition ---------------------
******* 2.1 Base year variable Definition---------------------
Parameter

QX0(i)	Output of the i-th sector in base year
QINT0(i)	Intermediate input of the i-th sector in base year
QINTA0(i,j)	Unit intermediate input in base year
QKL0(i)	Capital-Labor composite factor input in base year
QL0(i)	TOTAL Labor(Rural and Urban) factor input in base year
QK0(i)	Capital factor input in base year
PX0(i)	Price of the i-th sector in base year
PINT0(i)	Price of the intermediate input the i-th sector in base year
PKL0(i)	Price of the Capital-Labor composite factor in base year
WK0(i)	baseyear average user cost of capital
WL0	baseyear average wage rate
QE0(j)	exports good in base year
QP2PE0(j)	export between domestic provinces
PQ0(j)	Armington's composite good price in base year
PM0(j)	import price in local currency in base year
PE0(j)	export price in local currency in base year
PD0(j)	the j-th domestic good price in base year

PK0	composite investment goods price
EXR0	exchange rate in base year
QQ0(j)	Armington's composite good in base year
QPMD0(i)	the composite goods between demestic goods and P2P import goods
QPED0(i)	the composite goods between demestic goods and P2P export goods
QD0(j)	Armington's domestic good CET's domestic good in base year
QM0(j)	imports good in base year
QP2PM0(j)	import between domestic provinces
pwm0(j)	import international price in base year
pwe0(j)	export international price in base year
YL0(i)	the income of Rural labor income from the i-th sector in base year
TYL0	the total income of Rural household from labor in base year
YK0(i)	the income of capital from the i-th sector in base year
DEPR0(i)	
rdepr(i)	
TYK0	the total income from capital in base year
YHL0(h)	the income of Rural household from labor in base year
YHK0(h)	the income of household from capital in base year
YEK0	the income of enterprise capital in base year
SH0(h)	the saving of household in base year
HD0(i,h)	the consumption of household to the i-th good in base year
SE0	the saving of enterprise in base year
QINV0(j)	the investing of the j-th good in base year
INVLG0(j)	the investing of the j-th good from local giverment in base year
STOCK0(i)	
GVAT0(i)	Domestic VAT
GINDTAX0(i)	Domestic excise tax
GIETAX0	Enterprise income tax
TARIFF0(i)	Tariff tax
GIHTAX0(h)	the income of government from household income tax in base year
SCG0	the saving of central government in base year
SLG0	the saving of local government in base year
CGD0(j)	the consumption of central government to the j-th good in base year
LGD0(j)	the consumption of local government to the j-th good in base year
SF0	the saving of foreign in base year
SPF0	the saving of other provinces in base year
TINV0	the total investing in base year
TSAV0	the total saving in base year
TRANSCGTH0(h)	the transfer payments of central government to household in base year
TRANSLGTH0(h)	the transfer payments of local government to household in base year
TRANSETH0(h)	the transfer payments of enterprise to household in base year
TRANSCGTE0	the transfer payments of central government to enterprise in base year
TRANSLGTE0	the transfer payments of local government to enterprise in base year
HANDINLTCG0	Fiscal revenue handed over to the central government by local governments
ALLOCACTLG0	Fiscal revenue allocated by the central government to local governments
RGDP0	the real GDP in base year
NGDP0	the nominal GDP in base year

PGDP0	the GDP price index in base year
WALRAS0	the walras in base year
TYH0(h)	the total income of household in base year
TYCG0	the total income of central government in base year
TYLG0	the total income of local government in base year
ls0	total Labor supply in base year
ks0	total Capital supply in base year
TYE0	the total income of enterprise
III0	composite investment
II0(i)	sectoral investment
KK0(i)	capital stock

********* 2.2 Elasticity Parameters Definition ------------------

sigmaqx(i)	Elasticity of substitution in the first layer the production fun
sigmakl(i)	Elasticity of substitution in the second layer the production fu
sigmam(j)	Elasticity parameter in the Arminton function
sigmaex(j)	Elasticity parameter in the CET function
rhom(j)	The parameter about the Arminton function elasticity parameter
rhoex(j)	The parameter about the CET function elasticity parameter
rhoqx(i)	The parameter about the CES function elasticity parameter
rhokl(i)	The parameter about the CES function elasticity parameter
rhol(i)	The parameter about the CES function elasticity parameter

********* 2.3 Share Parameter Definition -------------------

lambdam(j)	Scale parameter in the Armington function
lambdaex(j)	Scale parameter in the CET function
xie(i)	Share parameter in the CES function
xid(i)	Share parameter in the CES function
deltad(i)	Share parameter in the CET function
deltam(i)	Share parameter in the CET function
lambdaqx(i)	Scale parameter in the second CES function
betakl(i)	Share parameter in the first CES function
betand(i)	Share parameter in the first CES function
lambdakl(i)	Scale parameter in the second CES function
betak(i)	Share parameter in the second CES function
betal(i)	Share parameter in the second CES function
lambdal(i)	Scale parameter in the second CES function
betaLR(i)	Share parameter in the second CES function
betaLU(i)	Share parameter in the second CES function

********* 2.4 Other Parameter Definitions ------------------

ca(i,j)	intermediate input parameters
ratehk(h)	the rate of household capital income in total capital income
rsh(h)	the rate of household's savings
conh(i,h)	the rate of household's consumption to the j-th good
invest(j)	the rate of investing to the j-th good
rscg	the rate of central government's savings
rslg	the rate of local government's savings
rvat(i)	
rindtax(i)	

riet
rihtax(h)
rateek
rtrancgth(h)
rtranlgth(h)
rtraneth(h)
concg(j)　　　the rate of central government consumption to j-th good
conlg(j)　　　the rate of local government consumption to j-th good
concgl(j)
conlgl(j)
ratehl(h)
ratehk(h)
rateyhl(h)
rtariff(i)
ac(i)
rqdpm(i)
rqdpe(i)
ror　　　　rate of return of captical
dep　　　　depreciation rate
pop　　　　population growth rate
zeta　　　　elasticicy parameter for investment allocation
lambda(i)　　investment demand share
iota scale parameter in composite investment production function
ELES(h)　　The proportion of residents' minimum consumption amount
ELEScg　　The proportion of central governemnt' minimum consumption amount
ELESlg　　The proportion of local government' minimum consumption amount
;
* 通过 TABLE、PARAMETER 等命令把 SAM 表中数据分类型导入程序
TABLE SECTRES1(i, *) Baseyear sectoral quantities

	INTERPEX	EXPORT	SAVE	STOCKS	CGOV	LGOV	RH	QD
ARG	188	22	53	0	2	15	171	520
IND	5418	4611	0	5059	3	7	1086	10177
SERV	672	891	4941	−4237	186	1318	1824	8759
+	UH	Labor	capital	VAT	INDTAX	TARIFF	INTERPIM	IMPORT
ARG	98	432	18	2	4	2	309	91
IND	337	2051	1714	501	330	17	7408	3321
SERV	625	2785	2429	237	416	6	569	648

;
TABLE SECTRES4(i,j) intermediate input

	ARG	IND	SERV
ARG	70	434	79
IND	170	13 088	1173
SERV	34	2088	3203

;
TABLE SECTRES2(h, *) Baseyear sectoral quantities

	Labor	capital	ENTP	CGOV	LGOV	HITAX	SAVE
RH	2498	614	95	3	56	55	130
UH	2770	1415	492	5	129	135	3616

;
PARAMETER　SCALRES3(*)
　　/

```
        Scg= 735
        Slg= -269
        Se= 1060
        Sop=2008
        Sf= -1464
        Gietax=485
        VATCG=370
        VATLG=370
        INDTAXCG=300
        INDTAXLG=450
        HITAXCG=114
        HITAXLG=76
        HETAXCG=291
        HETAXLG=194
        HANDINLTCG=56
        ALLOCACTLG=222
        YEK =2132
        TYL=5268
        TYK=4161
        TSAV=1155
    /
;
* 变量初值进行赋值
QL0(i)=SECTRES1(i,"labor");
YK0(i)=SECTRES1(i,"CAPITAL");
QK0(i)=YK0(i);
WK0(i)=YK0(i)/QK0(i);
QKL0(i)=QL0(i)+QK0(i)*WK0(i);
GVAT0(i)=SECTRES1(i,"VAT");
GINDTAX0(i)=SECTRES1(i,"INDTAX");
CGD0(i)= SECTRES1(i,"CGOV");
LGD0(i)= SECTRES1(i,"LGOV");
QINV0(i)=SECTRES1(i,"SAVE");
STOCK0(i)=SECTRES1(i,"STOCKS");
QM0(i)-SECTRES1(i,"IMPORT");
TARIFF0(i)= SECTRES1(i,"TARIFF");
QP2PM0(i)=SECTRES1(i,"INTERPIM");
QE0(i)=SECTRES1(i,"EXPORT");
QP2PE0(i)=SECTRES1(i,"INTERPEX");
QD0(i)=SECTRES1(i,"QD");
GIHTAX0(h)=SECTRES2(h,"HITAX");
YHL0(h)=SECTRES2(h,"labor");
YHK0(h)=SECTRES2(h,"capital");
TRANSCGTH0(h)=SECTRES2(h,"CGOV");
TRANSLGTH0(h)=SECTRES2(h,"LGOV");
SH0(h)=SECTRES2(h,"SAVE");
TRANSETH0(h)=SECTRES2(h,"ENTP");
GIETAX0=SCALRES3("Gietax");
QPMD0(i)= QD0(i)+QP2PM0(i);
QPED0(i)= QD0(i)+QP2PE0(i);
rqdpm(i)=QD0(i)/QPMD0(i);
```

```
rqdpe(i)＝QD0(i)/QPED0(i);
HD0(i,"RH")＝SECTRES1(i,"RH");
HD0(i,"UH")＝SECTRES1(i,"UH");
QINTA0(i,j)＝SECTRES4(i,j);
QINT0(j)＝ sum(i,QINTA0(i,j));
EXR0＝1;
YEK0＝SCALRES3("YEK");
SE0＝SCALRES3("Se");
SCG0＝SCALRES3("Scg");
SLG0＝SCALRES3("Slg");
SF0＝SCALRES3("Sf");
SPF0＝ SCALRES3("Sop");
TYL0＝SCALRES3("TYL");
TYK0＝SCALRES3("TYK");
WALRAS0＝0;
HANDINLTCG0＝SCALRES3("HANDINLTCG");
ALLOCACTLG0＝SCALRES3("ALLOCACTLG");
PX0(i)＝1;
PINT0(i)＝1;
PKL0(i)＝1;
WL0＝1;
PM0(j)＝ 1;
PE0(j)＝ 1;
PD0(j)＝ 1;
PQ0(j)＝ 1;
pwm0(i)＝1;
pwe0(i)＝1;
PK0＝1;
YL0(i)＝WL0 * QL0(i);
YK0(i)＝WK0(i) * QK0(i);
TINV0＝SCALRES3("TSAV")－SUM(i,STOCK0(i));
TSAV0＝SE0＋sum(h,SH0(h) )＋SCG0＋SLG0＋SF0 * EXR0＋SPF0;
QX0(i)＝QINT0(i)＋QK0(i) * WK0(i)＋QL0(i)＋GVAT0(i);
rvat(i)＝GVAT0(i)/((QK0(i) * WK0(i)＋QL0(i)));
rindtax(i)＝GINDTAX0(i)/QX0(i);
TYE0＝ YEK0;
riet＝GIETAX0/TYE0;
TYH0(h)＝YHL0(h)＋YHK0(h)＋TRANSCGTH0(h)＋TRANSLGTH0(h)＋TRANSETH0(h);
ror＝0.05;
dep＝0.04;
pop＝0.02;
zeta＝1;
II0(i)＝(TSAV0－sum(j,STOCK0(j) * PQ0(i))) * QK0(i)/sum(j,QK0(j));
III0＝sum(i,II0(i));
KK0(i)＝QK0(i)/ror;
lambda(i)＝QINV0(i)/sum(j,QINV0(j));
iota ＝III0/prod(i,QINV0(i) ** lambda(i));
rihtax(h)＝GIHTAX0(h) /TYH0(h);
NGDP0＝SUM(i,WK0(i) * QK0(i)＋WL0 * QL0(i)＋GVAT 0(i)＋GINDTAX0(i))＋GIETAX0;
PGDP0＝1;
RGDP0＝NGDP0/PGDP0;
```

```
ratehl(h)=YHL0(h) /TYL0;
ELES(h)=0.35;
ELEScg=0.3;
ELESlg=0.4;

parameters
sigmaqx(i)
sigmakl(i)
sigmam(i)
sigmaex(i)
;
sigmaqx(j)=0.3;
sigmakl(j)=0.8;
sigmam(j)=2;
sigmaex(j)=2;
```

*********** 4 Parameters Calibration--------------------
********** 4.1 Other Parameters Calibrations ----------------
* 定义税收在中央和地方政府之间的分配比例参数

```
parameter
rgihtcg, rgietcg, rgvatcg, rgindtcg, rtarifftcg, rhandltc, rallocatl;
rgihtcg=0.6 ;
rgietcg=0.6 ;
rgindtcg=0.4;
rgvatcg=0.5;
rtarifftcg=1;
```

* 相关参数进行校准赋值

*********** 4 Parameters Calibration--------------------
********** 4.1 Other Parameters Calibrations ----------------

```
ca(i,j)=QINTA0(i,j)/QINT0(j);
TYCG0=rgihtcg * SUM(h,GIHTAX0(h) )+rgvatcg * SUM(i,GVAT0(i))+rgindtcg * SUM(i,
GINDTAX0(i))+rtarifftcg * sum(i,TARIFF0(i))+rgietcg * GIETAX0+HANDINLTCG0;
TYLG0=(1-rgihtcg) * SUM(h,GIHTAX0(h) )+(1-rgvatcg) * SUM(i,GVAT0(i))+(1-
rgindtcg) * SUM(i,GINDTAX0(i))+(1-rtarifftcg) * sum(i,TARIFF0(i))+(1-rgietcg) *
GIETAX0+ALLOCACTLG0 ;
rtrancgth(h)=TRANSCGTH0(h) /TYCG0;
rtranlgth(h)=TRANSLGTH0(h) /TYLG0;
rtraneth(h)=TRANSETH0(h) /YEK0 ;
ratehk(h)=YHK0(h) /TYK0;
rsh(h)=SH0(h) /((1-rihtax(h)) * TYH0(h) );
rateek=YEK0/TYK0;
rscg=SCG0/TYCG0;
rslg=SLG0/TYLG0;
concg(j)=(CGD0(j) * PQ0(j) * (1-ELEScg))/(TYCG0-sum(h,TRANSCGTH0(h) )-SCG0
-ALLOCACTLG0-sum(i,PQ0(i) * ELEScg * CGD0(i)));
conlg(j)=(LGD0(j) * PQ0(j) * (1-ELESlg))/(TYLG0-sum(h,TRANSLGTH0(h) )-SLG0
-HANDINLTCG0-sum(i,PQ0(i) * ELESlg * LGD0(i)));
conh(i,h)=(HD0(i,h) * PQ0(i) * (1-ELES(h)))/(TYH0(h) -SH0(h) -GIHTAX0(h) -
sum(j,PQ0(j) * ELES(h) * HD0(j,h)));
QQ0(j)=QPMD0(j)+QM0(j)+TARIFF0(j);
rtariff(i) $ (QM0(i) gt 0)=TARIFF0(i)/QM0(i);
```

```
ac(i)＝STOCK0(i)/QQ0(i);
rhandltc＝HANDINLTCG0/TYLG0;
rallocatl＝ALLOCACTLG0/TYCG0;
```

********** 4.2 Elasticity and Share Parameters Calibration ----------rhom(i)＝(sigmam(i)－1)/sigmam(i);

```
rhoex(i)＝(sigmaex(i)＋1)/sigmaex(i);
deltam(i) $ (QM0(i) gt 0)＝(1＋rtariff(i)) * QM0(i) ** (1－rhom(i))
            /((1＋rtariff(i)) * QM0(i) ** (1－rhom(i)) ＋QPMD0(i) ** (1－rhom(i)));
deltad(i)＝1－deltam(i);
lambdam(j)＝QQ0(j)/(deltam(j) * QM0(j) ** rhom(j)＋
            deltad(j) * QPMD0(j) ** rhom(j)) ** (1/rhom(j));
xie(i)＝QE0(i) ** (1－rhoex(i))/(QE0(i) ** (1－rhoex(i))＋QPED0(i) ** (1－rhoex(i)));
xid(i)＝1－xie(i);
lambdaex(j)＝QX0(j)/(xie(j) * QE0(j) ** rhoex(j)＋xid(j) * QPED0(j) ** rhoex(j)) ** (1/rhoex(j));
rhoqx(i)＝(sigmaqx(i)－1)/sigmaqx(i);
betakl(i)＝ (1＋rvat(i)) * QKL0(i) ** (1－rhoqx(i))/((1＋rvat(i)) * QKL0(i) ** (1－rhoqx(i))＋QINT0(i) ** (1－rhoqx(i)));
betand(i)＝ QINT0(i) ** (1－rhoqx(i))/((1＋rvat(i)) * QKL0(i) ** (1－rhoqx(i))＋QINT0(i) ** (1－rhoqx(i)));
lambdaqx(i)＝ QX0(i)/(betakl(i) * QKL0(i) ** rhoqx(i)
            ＋ betand(i) * QINT0(i) ** rhoqx(i)) ** (1/rhoqx(i));
rhokl(i)＝(sigmakl(i)－1)/sigmakl(i);
betal(i)＝ QL0(i) ** (1－rhokl(i)) * WL0 /(WK0(i) * QK0(i) ** (1－rhokl(i)) ＋WL0 * QL0(i) ** (1－rhokl(i)));
betak(i)＝ 1－betal(i);
lambdakl(i)＝ QKL0(i)/(betak(i) * QK0(i) ** rhokl(i)
            ＋ betal(i) * QL0(i) ** rhokl(i)) ** (1/rhokl(i));
parameter
QKS0
QLS0
;
QKS0＝sum(i, QK0(i));
QLS0＝sum(i, QL0(i));
```

********** 5. Model System Definition ------------------
********** 5.1 Variable Definition--------------------
***** Production function Variable---------------- * 定义内生变量
Variable

QKL(i)	Capital-Labor composite factor input in base year
QX(i)	Output of the i-th sector in base year
QINT(i)	Intermediate input of the i-th sector in base year
PKL(i)	Price of the Capital-Labor composite factor in base year
QK(i)	Capital factor input in base year
QL(i)	Labor factor input in base year
QINTA(i,j)	Unit intermediate input in base year
PINT(i)	Price of the intermediate input the i-th sector in base year
QQ(j)	Armington's composite good in base year
QPMD(j)	Armington's domestic good CET's domestic good in base year
QM(j)	imports good in base year

PX(i)	Price of the i-th sector in base year
QPED(j)	the j-th domestic good price in base year
QE(j)	exports good in base year
PM(j)	import price in local currency in base year
PE(j)	export price in local currency in base year
QD(i)	
PD(i)	
QP2PM(i)	
QP2PE(i)	
YL(i)	the income of Rural labor income from the i-th sector in base year
TYL	the total income of Rural household from labor in base year
YHL(h)	the income of Rural household from labor in base year
YHK(h)	the income of household from capital in base year
TYH(h)	the total income of household in base year
SH(h)	the saving of household in base year
GIHTAX(h)	the income of government from household income tax in base year
HD(i,h)	the consumption of household to the i-th good in base year
YK(i)	the income of capital from the i-th sector in base year
TYK	the total income from capital in base year
YEK	the income of enterprise capital in base year
GIETAX	Enterprise income tax
TRANSETH(h)	
TYE	
SE	the saving of enterprise in base year
GVAT(i)	Domestic VAT
GINDTAX(i)	Domestic excise tax
TYCG	the total income of central government in base year
TYLG	the total income of local government in base year
CGD(j)	the consumption of central government to the j-th good in base year
LGD(j)	the consumption of local government to the j-th good in base year
SCG	the saving of central government in base year
SLG	the saving of local government in base year
QINV(j)	the investing of the j-th good in base year
TSAV	the total saving in base year
II(j)	
PK	
III	
WK(i)	baseyear average user cost of capital
WL	
PQ(j)	Armington's composite good price in base year
WALRAS	the walras in base year
TINV	the total investing in base year
EXR	exchange rate in base year
SPF	
TARIFF(i)	Tariff tax
PGDP	the GDP price index in base year
RGDP	the real GDP in base year
NGDP	the nominal GDP in base year
HANDINLTCG	
ALLOCACTLG	
STOCK(i)	

EV
;
********* 5.2 equation definition -----------------------
********* Production function definition -------------------
* 定义函数式名称
Equation
eqKL(i)   Capital-Labor composite factor demand function
eqQX(i)   Production of the j-th sector input
eqQINT(i)   Intermediate demand function
eqPKL(i)   Price of the Capital-Labor composite factor
eqK(i)   Capital factor demand function
eqL(i)   Labor factor demand function
eqQINTA(i,j)   Unit intermediate input function
eqPINT(j)   immediate price
eqQQ1(i)   Arminition function for import sector
eqQPMD1(i)   domestic good demand function for import sector
eqQM1(i)   import demand function for import sector
eqQXss1(i)   transformation function for export sector
eqQPEDs1(i)   domestic good supply function for export sector
eqQE1(i)   export supply function for export sector
eqPM(j)   world import price equation
eqPEXs(j)   world export price equation
eqQPMD2(i)
eqQPED2(i)
eqQPMD3(i)
eqQPED3(i)
****** Household function definition -----------------------
eqYL(i)   the income function of Rural labor income from the i-th sector
eqTYL   the total income function of Rural household from labor
eqYHL(h)   the income function of Rural household labor income from the i-th sector
eqYHK(h)   the total income function of household from capital
eqTYH(h)   the total income function of household
eqSH(h)   the saving of function household
eqGIHTAX(h)
eqHD(i,h)   the consumption function of household to the j-th good
****** Enterprise function definition -----------------------
eqYK(i)   the income function of capital from the i-th sector
eqTYK   the total income function from capital
eqYEK   the income function of enterprise capital
eqGIETAX
eqTRANSETH(h)
eqTYE   THE TOTAL INCOME OF ENTERPRISE
eqSE   the saving function of enterprise
****** Government function definition ----------------------
eqGVAT(i)
eqGINDTAX(i)
eqTYCG
eqTYLG
eqSCG   the saving function of central government
eqSLG   the saving function of local government
eqCGD(j)   the consumption function of central government to the j-th good

eqLGD(j)   the consumption function of local government to the j-th good
***** investment function ----------------------------
eqQINV(i)
eqTSAV   the total saving function
eqII(j)
eqPK
eqIII
eqpf1
eqpf3(j)
EQQMARKET(i)   the equilibrium of goods market 1
eqSIequ   the equilibrium function of saving and investing
********** Equilibrium function definition ------------------
eqFOReqiu   the equilibrium function of International payments
eqtariff(i)
eqFOReqiu3
eqRGDP   the real GDP function
eqNGDP   the nominal GDP function from the i-th sector
eqPGDP   the function of GDP price index
*********** Welfare function definition --------------------
eqHANDINLTCG
eqALLOCACTLG
eqSTOCK(i)
obj   the welfare function
;
* 对应上述函数名称写出各个函数表达式
**** Production function ------------------
eqKL(i)..   QKL(i)=e=lambdaqx(i) ** (sigmaqx(i)−1) * (betakl(i) *
                PX(i)/((1+rvat(i)) * PKL(i))) ** sigmaqx(i) * QX(i);
eqQINT(i)..   QINT(i)=e= lambdaqx(i) ** (sigmaqx(i)−1) * (betand(i) * PX(i)/PINT(i))
                ** sigmaqx(i) * QX(i);
eqQX(i)..   QX(i)=e=lambdaqx(i) * (betakl(i) * QKL(i) ** (rhoqx(i))
                + betand(i) * QINT(i) ** (rhoqx(i))) ** (1/rhoqx(i));
eqPKL(i)..   QKL(i)=e=lambdakl(i) * (betak(i) * QK(i) ** (rhokl(i))
                +betal(i) * QL(i) ** (rhokl(i))) ** (1/rhokl(i));
eqK(i).. QK(i)=e=lambdakl(i) ** (sigmakl(i)−1) * (betak(i) * PKL(i)/WK(i))
                ** sigmakl(i) * QKL(i);
eqL(i)..   QL(i)=e= lambdakl(i) ** (sigmakl(i)−1) * (betal(i) * PKL(i)/WL)
                ** sigmakl(i) * QKL(i);
eqQINTA(i,j).. QINTA(i,j)=e= ca(i,j) * QINT(j);
eqPINT(j)..   PINT(j)=e= sum(i, ca(i,j) * PQ(i));
***** Trade function------------------------
eqQQ1(i)..   QQ(i)=e=lambdam(i) * (deltad(i) * QPMD(i) ** (rhom(i))
                + deltam(i) * QM(i) ** (rhom(i))) ** (1/rhom(i));
eqQPMD1(i)..   QPMD(i)=e=lambdam(i) ** (sigmam(i)−1) * (deltad(i) * PQ(i)/PD(i))
                ** sigmam(i) * QQ(i);
eqQM1(i)..   QM(i) $ (QM0(i) gt 0) =e= lambdam(i) ** (sigmam(i)−1) * (deltam(i) *
                PQ(i)/((1+rtariff(i)) * PM(i))) ** sigmam(i) *
                QQ(i);
eqQXss1(i)..   QX(i)=e= lambdaex(i) * (xid(i) * QPED(i) ** rhoex(i)
                + xie(i) * QE(i) ** rhoex(i)) ** (1/rhoex(i));
eqQPEDs1(i)..   QPED(i)=e=(lambdaex(i) ** rhoex(i) * xid(i) * (1+rindtax(i)) *

$$\text{PX}(i)/\text{PD}(i)) ** (1/(1-\text{rhoex}(i))) * \text{QX}(i);$$

eqQE1(i)..　　QE(i)=e=(lambdaex(i) ** rhoex(i) * xie(i) * (1+rindtax(i)) *

$$\text{PX}(i)/\text{PE}(i)) ** (1/(1-\text{rhoex}(i))) * \text{QX}(i);$$

eqPM(j)..　　PM(j)=e=pwm0(j) * EXR;

eqPEXs(j)..　　PE(j)=e=pwe0(j) * EXR;

eqQPMD2(i)..　　QD(i)=e= rqdpm(i) * QPMD(i);

eqQPED2(i)..　　QD(i)=e= rqdpe(i) * QPED(i);

eqQPMD3(i)..　　QP2PM(i)=e= (1−rqdpm(i)) * QPMD(i);

eqQPED3(i)..　　QP2PE(i)=e= (1−rqdpe(i)) * QPED(i);

****** Household function --------------------------

eqYL(i)..　　YL(i)=e=WL * QL(i);

eqTYL..　　TYL=e=sum(i, YL(i));

eqYHL(h)..　　YHL(h)=e=ratehl(h) * TYL;

eqYHK(h)..　　YHK(h)=e= ratehk(h) * TYK;

eqTYH(h)..　　TYH(h)=e=YHL(h)+YHK(h)+TRANSCGTH0(h) +TRANSLGTH0(h)
+TRANSETH(h);

eqSH(h)..　　SH(h)=e=rsh(h) * (1−rihtax(h)) * TYH(h);

eqGIHTAX(h)..　GIHTAX(h)=e=rihtax(h) * TYH(h);

eqHD(i,hp)..　　HD(i,hp)=e=ELES(hp) * HD0(i,hp)+conh(i,hp) * (TYH(hp)−SH(hp)−
GIHTAX(hp)−sum(j, PQ(j) * ELES(hp) * HD0(j,hp)))/PQ(i);

****** Enterprise function --------------------------

eqYK(i)..　　YK(i)=e=WK(i) * QK(i);

eqTYK..　　TYK=e=sum(i, YK(i));

eqYEK..　　YEK=e=rateek * TYK;

eqGIETAX..　　GIETAX=e=riet * TYE;

eqTRANSETH(h)..　TRANSETH(h) =e= rtraneth(h) * YEK;

eqTYE..　　TYE=E=YEK;

eqSE..　　SE=e=TYE−sum(h, TRANSETH(h))−GIETAX;

****** Government function --------------------------

eqGVAT(i)..　　　GVAT(i)=e=rvat(i) * (QK(i) * WK(i)+QL(i) * WL);

eqGINDTAX(i)..　　　GINDTAX(i)=e=rindtax(i) * QX(i) * PX(i);

eqTYCG..　　TYCG=E= rgihtcg * SUM(h, GIHTAX(h))+rgvatcg * SUM(i, GVAT(i))+
rgietcg * GIETAX
　　　　　　　+rgindtcg * SUM(i,GINDTAX(i))+rtarifftcg * sum(i, TARIFF(i))
　　　　　　　+HANDINLTCG;

eqTYLG..　　TYLG=E=(1−rgihtcg) * SUM(h, GIHTAX(h)) + (1−rgvatcg) * SUM(i,
GVAT(i))+(1−rgietcg) * GIETAX
　　　　　　　+ (1 − rgindtcg) * SUM(i, GINDTAX(i)) + (1 − rtarifftcg) * sum (i,
TARIFF(i))
　　　　　　　+ALLOCACTLG ;

eqSCG..　　SCG=e=rscg * TYCG;

eqSLG..　　SLG=e=rslg * TYLG;

eqCGD(j)..　　CGD(j)=e=ELEScg * CGD0(j)+concg(j) * (TYCG−sum(h, TRANSCGTH0
(h))−SCG−ALLOCACTLG−sum(i, PQ(i) * ELEScg * CGD0(j)))/PQ(j);

eqLGD(j)..　　LGD(j)=e=ELESlg * LGD0(j)+conlg(j) * (TYLG−sum(h, TRANSLGTH0
(h))−SLG−HANDINLTCG−sum(i, PQ(i) * ELESlg * LGD0(i)))/PQ(j);

************* investment function ******************

eqQINV(i)..　　QINV(i)=e=lambda(i) * PK * sum(j, II(j))/PQ(i);

eqTSAV.. $\qquad$ TSAV$=$e$=$(sum(h, SH(h))$+$SE$+$SLG$+$SCG$+$SPF$+$SF0 $*$ EXR);

$**********$ Equilibrium function $-------------$
$*$ sectoral investment allocation
eqII(j).. $\qquad$ PK $*$ II(j) $=$e$=$ WK(j) $**$ zeta $*$ QK(j)/sum(i, WK(i) $**$ zeta $*$ QK(i))
$\qquad\qquad\qquad\qquad$ $*$ TINV;
$*$ investment goods market
eqPK.. $\qquad$ sum(j, II(j)) $=$e$=$ III;
$*$ composite investment good market clearing condition
eqIII.. $\qquad$ III $=$e$=$ iota $*$ prod(i, QINV(i) $**$ lambda(i));
$*$ labor market: quantity
eqpf1.. $\qquad$ sum(j, QL(j)) $=$e$=$ QLS0;
$*$ capital market
eqpf3(j).. $\qquad$ QK(j) $=$e$=$ ror $*$ KK0(j);
EQQMARKET(i).. QQ(i)$=$E$=$sum(j, QINTA(i,j))$+$sum(h, HD(i,h))$+$CGD(i)$+$LGD(i)$+$
QINV(i)$+$STOCK(i);
eqSIequ.. $\qquad$ TINV$+$sum(i, STOCK(i) $*$ PQ(i))$=$e$=$TSAV$+$WALRAS;
eqFORequiu.. $\qquad$ sum(j, PM(j) $*$ QM(j))$=$e$=$sum(j, PE(j) $*$ QE(j))$+$SF0 $*$ EXR;
eqtariff(i).. $\qquad$ TARIFF(i)$=$e$=$rtariff(i) $*$ PM(i) $*$ QM(i);
eqFORequiu3.. $\qquad$ sum(j, PD(j) $*$ QPMD(j))$=$e$=$sum(j, PD(j) $*$ QPED(j))$+$SPF;
eqRGDP.. $\qquad$ RGDP$=$e$=$NGDP/PGDP;
eqNGDP.. $\qquad$ NGDP$=$e$=$SUM(i, WL $*$ QL(i)$+$WK(i) $*$ QK(i)$+$GVAT(i)$+$GINDTAX
(i))$+$GIETAX;
eqPGDP.. $\qquad$ PGDP$=$e$=$sum(j, PQ(j) $*$ QQ(j)/sum(i, QQ(i)));
eqHANDINLTCG HANDINLTCG $=$e$=$ rhandltc $*$ TYLG;
eqALLOCACTLG ALLOCACTLG $=$e$=$ rallocatl $*$ TYCG;
$**********$ total variables $*******************$ 8
EQSTOCK(i).. $\qquad$ STOCK(i) $=$E$=$ ac(i) $*$ QQ(i);
$**********$ Welfare function $----------------------$
obj.. EV$=$e$=$sum((j,h), PQ0(j) $*$ HD(j,h))$-$sum((j,h), PQ0(j) $*$ HD0(j,h));
$**********$ 6.Variable Initialization $--------------------$
$**********$ 6.2 Variable bounds$----------------------$
$*$ 赋值内生变量的上限、下限及初值
QKL.LO(i)$=$0.001 $*$ QKL0(i) ;
QX.LO(i)$=$0.001 $*$ QX0(i);
QINT.LO(i)$=$0.001 $*$ QINT0(i);
PKL.LO(i)$=$0.001 $*$ PKL0(i) ;
QK.LO(i)$=$0.001 $*$ QK0(i);
QL.LO(i)$=$0.001 $*$ QL0(i) ;
PINT.LO(i)$=$0.001 $*$ PINT0(i) ;
QQ.LO(j)$=$0.001 $*$ QQ0(j) ;
QPMD.LO(j)$=$0.001 $*$ QPMD0(j) ;
QM.LO(j)$=$0.001 $*$ QM0(j);
PX.LO(i)$=$0.001 $*$ PX0(i);
QPED.LO(j)$=$0.001 $*$ QPED0(j);
QE.LO(j)$=$0.001 $*$ QE0(j);
PM.LO(j)$=$0.001 $*$ PM0(j);
PE.LO(j)$=$0.001 $*$ PE0(j) ;
QD.LO(i)$=$0.001 $*$ QD0(i) ;
PD.LO(i)$=$0.001 $*$ PD0(i) ;
QP2PM.LO(i)$=$0.001 $*$ QP2PM0(i) ;

QP2PE. LO(i)＝0.001 * QP2PE0(i) ;
YL. LO(i)＝0.001 * YL0(i);
TYL. LO＝0.001 * TYL0 ;
YHL. LO(h)＝0.001 * YHL0(h) ;
YHK. LO(h)＝0.001 * YHK0(h) ;
TYH. LO(h)＝0.001 * TYH0(h) ;
SH. LO(h)＝0.001 * SH0(h) ;
HD. LO(i,h)＝0.001 * HD0(i,h);
GIHTAX. LO(h)＝0.001 * GIHTAX0(h) ;
YK. LO(i)＝0.001 * YK0(i) ;
TYK. LO＝0.001 * TYK0 ;
YEK. LO＝0.001 * YEK0 ;
GIETAX. LO＝0.001 * GIETAX0 ;
TYE. LO＝0.001 * TYE0 ;
SE. LO＝0.001 * SE0 ;
GVAT. LO(i)＝0.001 * GVAT0(i) ;
GINDTAX. LO(i)＝0.001 * GINDTAX0(i) ;
CGD. LO(i)＝0.001 * CGD0(i);
LGD. LO(i)＝0.001 * LGD0(i);
TYCG. LO＝0.001 * TYCG0 ;
TYLG. LO＝0.001 * TYLG0 ;
QINV. LO(j)＝0.001 * QINV0(j) ;
TSAV. LO＝0.001 * TSAV0 ;
WK. LO(i)＝0.001 * WK0(i) ;
WL. LO＝0.001 * WL0 ;
II. LO(j)＝0.001 * II0(j) ;
PK. LO ＝0.001 * PK0 ;
III. LO＝0.001 * III0 ;
PQ. LO(j)＝0.001 * PQ0(j);
TINV. LO＝0.001 * TINV0 ;
EXR. LO＝0.001 * EXR0 ;
TARIFF. LO(i)＝0.001 * TARIFF0(i);
PGDP. LO＝0.001 * PGDP0 ;
RGDP. LO＝0.001 * RGDP0;
NGDP. LO＝0.001 * NGDP0;
HANDINLTCG. LO＝0.001 * HANDINLTCG0;
ALLOCACTLG. LO＝0.001 * ALLOCACTLG0;
QKL. UP(i)＝100 * QKL0(i) ;
QX. UP(i)＝100 * QX0(i);
QINT. UP(i)＝100 * QINT0(i);
PKL. UP(i)＝100 * PKL0(i) ;
QK. UP(i)＝1000 * QK0(i);
QL. UP(i)＝1000 * QL0(i) ;
PINT. UP(i)＝1000 * PINT0(i) ;
QQ. UP(j)＝1000 * QQ0(j) ;
QPMD. UP(j)＝1000 * QPMD0(j) ;
QM. UP(j)＝1000 * QM0(j);
PX. UP(i)＝1000 * PX0(i) ;
QPED. UP(j)＝1000 * QPED0(j);
QE. UP(j)＝1000 * QE0(j);
PM. UP(j)＝1000 * PM0(j);

```
PE.UP(j)=1000 * PE0(j) ;
QD.UP(i)=1000 * QD0(i) ;
PD.UP(i)=1000 * PD0(i) ;
QP2PM.UP(i)=1000 * QP2PM0(i) ;
QP2PE.UP(i)=1000 * QP2PE0(i) ;
YL.UP(i)=1000 * YL0(i);
TYL.UP=1000 * TYL0 ;
YHL.UP(h)=1000 * YHL0(h) ;
YHK.UP(h)=1000 * YHK0(h) ;
TYH.UP(h)=1000 * TYH0(h) ;
SH.UP(h)=1000 * SH0(h) ;
HD.UP(i,h)=1000 * HD0(i,h);
GIHTAX.UP(h)=1000 * GIHTAX0(h) ;
YK.UP(i)=1000 * YK0(i) ;
TYK.UP=1000 * TYK0 ;
YEK.UP=1000 * YEK0 ;
GIETAX.UP=1000 * GIETAX0;
TYE.UP=1000 * TYE0 ;
SE.UP=1000 * SE0 ;
CGD.UP(i)=100 * CGD0(i);
LGD.UP(i)=100 * LGD0(i);
GVAT.UP(i)=1000 * GVAT0(i) ;
GINDTAX.UP(i)=1000 * GINDTAX0(i) ;
TYCG.UP=1000 * TYCG0 ;
TYLG.UP=1000 * TYLG0 ;
QINV.UP(j)=1000 * QINV0(j) ;
TSAV.UP=1000 * TSAV0 ;
WK.UP(j)=1000 * WK0(j) ;
WL.UP=1000 * WL0 ;
II.UP(j)=1000 * II0(j) ;
PK.UP =1000 * PK0 ;
III.UP=1000 * III0 ;
PQ.UP(j)=1000 * PQ0(j);
TINV.UP=1000 * TINV0 ;
EXR.UP=1000 * EXR0 ;
TARIFF.UP(i)=1000 * TARIFF0(i);
PGDP.UP=1000 * PGDP0 ;
RGDP.UP=1000 * RGDP0;
NGDP.UP=1000 * NGDP0;
HANDINLTCG.UP=1000 * HANDINLTCG0;
ALLOCACTLG.UP=1000 * ALLOCACTLG0;
*********** 6.2 Endogenous Variable Initialization --------------
QKL.L(i)=1 * QKL0(i) ;
QX.L(i)=1 * QX0(i);
QINT.L(i)=1 * QINT0(i);
PKL.L(i)=1 * PKL0(i) ;
QK.L(i)=1 * QK0(i);
QL.L(i)=1 * QL0(i) ;
QINTA.L(i,j)=1 * QINTA0(i,j) ;
PINT.L(i)=1 * PINT0(i) ;
QQ.L(j)=1 * QQ0(j) ;
```

```
QPMD.L(j)=1 * QPMD0(j) ;
QM.L(j)=1 * QM0(j);
PX.L(i)=1 * PX0(i) ;
QPED.L(j)=1 * QPED0(j) ;
QE.L(j)=1 * QE0(j) ;
PM.L(j)=1 * PM0(j) ;
PE.L(j)=1 * PE0(j) ;
QD.L(i)=1 * QD0(i) ;
PD.L(i)=1 * PD0(i) ;
QP2PM.L(i)=1 * QP2PM0(i) ;
QP2PE.L(i)=1 * QP2PE0(i) ;
YL.L(i)=1 * YL0(i) ;
TYL.L=1 * TYL0 ;
YHL.L(h)=1 * YHL0(h) ;
YHK.L(h)=1 * YHK0(h) ;
HD.L(i,h)=1 * HD0(i,h);
SH.L(h)=1 * SH0(h) ;
TYH.L(h)=1 * TYH0(h) ;
GIHTAX.L(h)=1 * GIHTAX0(h) ;
YK.L(i)=1 * YK0(i) ;
TYK.L=1 * TY0 ;
YEK.L=YEK0;
GIETAX.L=1 * GIETAX0 ;
TRANSETH.L(h)=1 * TRANSETH0(h) ;
TYE.L=TYE0;
SE.L=1 * SE0 ;
GVAT.L(i)=1 * GVAT0(i) ;
GINDTAX.L(i)=1 * GINDTAX0(i) ;
TYCG.L=1 * TYCG0 ;
TYLG.L=1 * TYLG0 ;
SCG.L=1 * SCG0 ;
SLG.L=1 * SLG0 ;
CGD.L(i)=1 * CGD0(i);
LGD.L(i)=1 * LGD0(i);
QINV.L(j)=1 * QINV0(j) ;
TSAV.L=1 * TSAV0 ;
WK.L(i)=1 * WK0(i) ;
WL.L=1 * WL0 ;
II.L(j)=1 * II0(j) ;
PK.L =1 * PK0 ;
III.L=1 * III0 ;
PQ.L(j)=1 * PQ0(j);
WALRAS.L =1 * WALRAS0;
TINV.L=1 * TINV0 ;
EXR.L=1 * EXR0 ;
TARIFF.L(i)=TARIFF0(i);
SPF.L=SPF0;
PGDP.L=1 * PGDP0 ;
RGDP.L=1 * RGDP0;
NGDP.L=1 * NGDP0;
HANDINLTCG.L=1 * HANDINLTCG0;
```

```
ALLOCACTLG.L=1 * ALLOCACTLG0;
STOCK.L(i)=STOCK0(i);
*********** 7. Numeraire --------------------------
* 选定基准价格 numerier
WL.FX=1;
*********** 8. Defining and solving the model ----------------
* 定义模型名称并求解
Model GDTSCGE /all/;
OPTION   ITERLIM=4000;
OPTION   RESLIM=4000;
OPTION   LIMROW=0;
OPTION   LIMCOL=0;
OPTION   SOLPRINT=OFF;
GDTSCGE.HOLDFIXED=1;
Solve GDTSCGE maxmizing EV using NLP;
```

第五节　应用案例：区域人口劳动力迁移政策模拟分析

改革开放以来,我国经济快速发展,市场经济各主体活力迸发,劳动力市场越发活跃,实现了劳动力自由流动。总体而言,劳动力迁移一方面增加了劳动力供给,另一方面优化了整个劳动力所处的产业结构,同时促进了我国社会结构的转型,提升了我国工业化、城镇化和现代化水平。发展经济学、地理经济学理论及经济发展的事实证明,区域经济差异引起人们的迁移行为,大多数的人口迁移又反作用于区域经济增长。区域人口劳动力迁移对于本区域的宏观经济,尤其是各行业及其产业结构、社会福利、价格水平等产生怎样的影响? 这是社会经济关注的热点问题,本节采用省区域经济 CGE 模型,模拟分析省区域人口迁移对本区域社会经济的影响。

模拟假设:其他条件不变的前提下,本区域劳动力迁移净流入增加 5%。

模拟相关程序语句为

```
QLS00=1.05 * QLS00;
Solve GDTSCGE maxmizing EV using NLP;
```

模拟结果显示 WALRAS 为零,通过了相关检验,其模拟结果如下。

一、对产业发展的影响

区域间劳动力迁移带来的劳动力供给量的增长将对产业发展有显著的促进作用,具体表现如表 17-2 所示。劳动力数量将影响产出,当一个区域拥有较为丰富的劳动力资源时,该区域的经济发展就获得了基础的保障,劳动力投入的越多,所需的生产资料越多,也能够在极大程度上推动产出数量和速度的增长。一方面,劳动力的迁移带来的区域人口的增长,催生了该区域更多的需求,第一、二、三产业国内需求分别增长 3.374%、2.316%和 3.155%;另一方面,在需求扩张和劳动力供给增加的双重作用下,产出显著增长,三次产业产出分别增长 3.472%、2.267%和 3.034%,社会总产出将增长 2.545 个百分点。劳动力要素投入的增加,也会引发资本等其他要素投入量的增长,受资本和劳动力价格上涨的影响,第一产业、第二产业和第三产业产品价格将发生上涨,其中第三产业产品价格涨幅较大,为 3.147%。复合商品价格由商品的国内价格和国际价格复合形成,用来表现该商品在市场中的实际价格,生产要素价格变动也会导致产品国际价格发生变动,最终导致商品复合价格上涨。

表 17-2　三次产业发展主要变量变化情况　　　　　　　　　　　　　%

项目	国内需求	产出	产品价格	复合商品价格	进口	出口	省际调出	省际调入
第一产业	3.374	3.472	0.977	1.085	0.228	6.619	3.374	3.374
第二产业	2.316	2.267	2.583	2.591	2.531	2.102	2.316	2.316
第三产业	3.155	3.034	3.147	3.161	4.583	1.746	3.155	3.155

各产业部门需求和产出的扩张也促进了进出口贸易的发展。当区域劳动力迁移净流入增加 5% 时,第一产业进口和出口分别增长 0.228% 和 6.619%;第二产业进口和出口分别增长 2.531% 和 2.102%;第三产业进口和出口分别增长 4.583% 和 1.746%。生产活动活跃程度提升也会加速省际贸易的发展,为满足区域内生产需要,三次产业省际调入和调出均发生显著增长(具体情况如表 17-2 所示)。

二、对宏观经济的影响

人口迁移带来的劳动力供给增加在促进产业发展的同时也在很大程度上带动了经济的发展。如表 17-3 所示,受各部门产出价格上涨的影响,GDP 价格指数上涨 2.727%,名义 GDP 上涨 5.645%。

表 17-3　主要宏观经济变量变化情况

项目	变化情况	项目	变化情况
名义 GDP/%	5.645	中央政府总收入/%	5.706
实际 GDP/%	2.841	地方政府总收入/%	5.666
GDP 价格指数/%	2.727	企业总收入/%	6.428
总进口/%	2.807	农村居民总收入/%	5.220
总出口/%	2.063	城镇居民总收入/%	5.427
总储蓄/%	6.173	社会福利/亿元	98.438

一方面,产业的发展提供了更多的就业岗位,提升了劳动者的薪资水平,农村和城镇居民收入增长,进而带动居民储蓄和居民消费的增长。另一方面,税收是政府收入的主要来源,产业的发展扩充了税源,政府增值税和间接税收入增加导致中央政府和地方政府总收入发生显著增长,增幅分别为 5.706% 和 5.666%,进而促进政府储蓄和政府消费的增长。在二者的影响下,社会总储蓄增加,市场需求扩大,消费增加。区域劳动力净流入也会通过刺激内需和扩大产出的方式带动进出口贸易的发展。当区域劳动力净流入量增加

5%时，总进口和总出口分别提升 2.807% 和 2.063%。区域内人口的增加，消费市场的扩大，刺激着需求的增长，也带动相关产业的发展，最终推动区域的经济增长，吸引更多的投资用于生产，进一步提升生产效率和生产规模，形成大循环。在消费、进出口和投资的共同刺激下，使得区域实际 GDP 增长 2.841%。

综上所述，区域人口劳动力迁移对经济增长和产业发展均起到一定的促进作用，在这过程中，国内需求和产出均发生了较为显著的增长，但是由此引发的物价上涨仍是不容忽视的问题，需警惕由于价格上涨带来的风险和隐患。

练 习 题

1. 根据本章程序，模拟本区域劳动力迁移净流出 5%，并与案例结果进行比较。

2. 利用本章的省区域经济的 CGE 模型程序，试算在本区域劳动力迁移净流出 5% 的前提下，生产函数的全要素生产率提高多少才能保持 GDP 不变。分析结果并应用经济学原理进行阐述其背景的经济学原因。

参 考 文 献

[1] 保罗·R.克鲁格曼,茅瑞斯·奥伯斯法尔德,马克·J.梅里兹.国际贸易.费方域,朱保华,译.11版.北京:中国人民大学出版社,2021.

[2] 哈尔·R.范里安.微观经济学现代观点.费方域,朱保华,译.9版.上海:格致出版社,2015.

[3] 哈尔·瓦里安.微观经济学(高级教程).北京:经济科学出版社,2010.

[4] 娄峰.中国经济-能源-环境-税收动态可计算一般均衡模型理论及应用.北京:中国社会科学出版社,2015.

[5] 娄峰.大数据经济学与中国经济社会复杂系统动态CGE模型构建及应用.北京:中国社会科学出版社,2016.

[6] 娄峰.中国科技动态可计算一般均衡模型理论及应用.北京:中国社会科学出版社,2018.

[7] 娄峰.中国财政税收理论与政策模拟:基于CGE模型.北京:中国社会科学文献出版社,2018.

[8] 鲁迪格·多恩布什,斯坦利·费希尔,理查德·斯塔兹.宏观经济学.12版.北京:中国人民大学出版社,2018.

[9] 潘浩然.可计算一般均衡建模初级教程.北京:中国人口出版社,2016.

[10] 王其文,李善同,高颖.社会核算矩阵原理、方法和应用.北京:清华大学出版社,2008.

[11] 王铮,薛俊波,朱永彬,等.经济发展政策模拟分析的CGE技术.北京:科学出版社,2010.

[12] 细江敦弘,长泽建二,桥本秀夫.可计算一般均衡模型导论模型构建与政策模拟.赵伟,向国威,译.大连:东北财经大学出版社,2014.

[13] 约翰·吉尔伯特,爱德华·托尔.贸易理论与政策的数值模拟导论.涂涛涛,译.上海:格致出版社,2023.

[14] 张欣.可计算一般均衡的基本原理与编程.2版.上海:格致出版社,2018.

[15] 赵永,王劲峰.经济分析CGE模型与应用.北京:中国经济出版社,2008.

[16] 张晓光.一般均衡的理论与实用模型.北京:中国人民大学出版社,2009.

[17] 霍尔斯,曼斯博格.政策建模技术CGE模型的理论与实现.李善同,段志刚,胡枫,译.北京:清华大学出版社,2009.

[18] DIXON PETER B,Jorgensond. Handbook of computable general equilibrium modeling. Peter Dixon,2013.

[19] LOFGREN H,HARRIS R L,Robinson. A standard computable general equilibrium (CGE) model in GAMS. International Food Policy Research Institute.

[20] DIXON P B,RIMMER M T. Dynamic general equilibrium modelling for forecasting and policy:a practical guide and documentation of MONAS. Emerald Group.

[21] THURLOW J. A dynamic computable general equilibrium (CGE) model for South Africa:extending the static IFPRI model. Working Paper,2004.

[22] TSUTSUMI M. The economic consequences of the 2018 US-China trade conflict:a CGE simulation analysis. CIS Discussion paper series,2018.

[23] SUÁREZ-CUESTA D,LATORRE M C. Modeling the impact of public infrastructure investments in the US:a CGE analysis. International Advances in Economic Research,2023,29:165-176.

[24] KEJIA YAN,RAKESH GUPTA, SUNEEL MAHESHWARI. Using carbon tax to reach the U. S. 's 2050 NDCs goals:a CGE model of firms,government,and households. Journal of Risk & Financial Management,2023,16:317.

[25] DIXON P B, Rimmer M T. Coping with seasonality in a quarterly CGE model: COVID-19 and US agriculture. Australian Journal of Agricultural and Resource Economics,2021,65: 802-821.

[26] NGUYEN M T,DANG T L,HUYNH T H H. Trade liberalization and income distribution in vietnam: dynamic CGE approach. Asian Economic Journal,2020,34.

[27] ZHANG H,KEL,DING D. The effect of Chinese population aging on income inequality: based on a Micro-Macro multiregional dynamic CGE modelling analysis. Emerging Markets Finance & Trade,2021,57: 1399-1419.

[28] PRADHAN B K,GHOSH J. A computable general equilibrium (CGE) assessment of technological progress and carbon pricing in India's green energy transition via furthering its renewable capacity. Energy Economics,2022,106: 105788.

[29] FREIRE-GONZALEZ J,HO M S. Carbon taxes and the double dividend hypothesis in a recursive-dynamic cge model for spain. Economic Systems Research,2019,31(2),267-284.

[30] MOSTERT J W,VAN HEERDEN J H. A computable general equilibrium (CGE) analysis of the expenditure on infrastructure in the limpopo economy in south Africa. International Advances in Economic Research,2015,21: 227-236.

[31] FOULADI M. The impact of government expenditure on GDP, employment and private investment a CGE model approach. Iranian Economic Review,2015,15(27).

[32] CHITIGA M. Distribution policy under trade liberalization in Zimbabwe: a CGE analysis. Journal of African Economies,2000,9(2): 101-131.

[33] ULUSSEVER T. A welfare policy analysis in the Turkish economy: a simulation based macroeconomic application of the deficit financing policies. Journal of the Franklin Institute. 2011,348: 1416-1434.

[34] KIM E,MOON S W,KAGAWA S. Spatial economic linkages of economic growth and air pollution: developing an air pollution-multinational CGE model of China,Japan,and Korea. Annals of Regional Science,2019,63: 255-268.

[35] DIXON P,GIESECKE J A,NASSIOS J,et al. Finance in a global cge model: the effects of financial decoupling between the US and China. Journal of Global Economic Analysis,2021,6(2): 1-30.

教师服务

感谢您选用清华大学出版社的教材！为了更好地服务教学，我们为授课教师提供本书的教学辅助资源，以及本学科重点教材信息。请您扫码获取。

➤➤ 教辅获取

本书教辅资源，授课教师扫码获取

➤➤ 样书赠送

经济学类重点教材，教师扫码获取样书

 清华大学出版社

E-mail: tupfuwu@163.com

电话：010-83470332 / 83470142

地址：北京市海淀区双清路学研大厦 B 座 509

网址：https://www.tup.com.cn/

传真：8610-83470107

邮编：100084